Terry White

ELITEVERBÄNDE DER WELT

Terry White

ELITE
VERBÄNDE
DER WELT

AUSBILDUNG
BEWAFFNUNG
EINSÄTZE

Motorbuch Verlag
Stuttgart

Einbandgestaltung: Johann Walentek,
unter Verwendung der Abbildung von Seite 179.

© Copyright 1992 Brown Packaging Limited.

Die englische Originalausgabe erschien unter dem Titel:
»The making of the worlds elite forces« bei Sidgwick &
Jackson Ltd., 18–21 Cavaye Place, London SW10 9PG.

Ins Deutsche übertragen von **Karl P.E. Veltzé**.

Deutsche Bearbeitung: **Karl P.E. Veltzé**.

ISBN 3-613-01688-5

1. Auflage 1995.
Copyright © by Motorbuch Verlag, Postfach 103743,
70032 Stuttgart.
Ein Unternehmen der Paul-Pietsch-Verlage GmbH & Co.
Sämtliche Rechte der Speicherung, Vervielfältigung und
Verbreitung in deutscher Sprache sind vorbehalten.
Satz: primustype Hurler GmbH, 73274 Notzingen.
Druck: Dr. Cantz'sche Druckerei, 73760 Ostfildern.
Bindung: Großbuchbinderei E. Riethmüller,
70176 Stuttgart,
Printed in Germany.

Bildnachweis:
Aviation Pictures International: 40–41, 65, 66, 67, 189;
Brown Packaging: 14, 15, 63o, 82, 83, 84o, 84u, 86, 87,
90–91, 138, 139, 154–155, 156, 159, 164–165, 180;
Camera Press: 23, 27, 90;
Express Newspapers: 64;
Ian Hogg: 181, 183;
Robert Hunt Library: 6–7, 8, 9, 10, 11, 32, 43, 71, 74, 75,
94, 95, 104, 118, 120;
Imperial War Museum: 30, 58, 59, 60–61, 97, 132, 133,
134;
PMA Pictures: 2–3, 12–13, 17, 141, 157, 158, 160, 161;
Military Picture Library: 56–57;
Robin Adshead: 28–29, 37, 38, 92–93, 128–129, 176–
177, 179, 184;
Patrick Allen: 39;
Peter Russell: 187;
Popperfoto: 31, 34–35, 44, 46, 51, 72–73, 106, 108, 109,
115, 142–143, 163;
Press Association: 63u;
Rex Features: 49, 50, 52, 80–81, 101, 102–103, 105,
110, 113, 121, 140, 144, 146, 173;
Frank Spooner: 18–19, 21, 36, 45, 77, 78–79, 98, 116–
117, 124, 125, 153, 167, 168, 170–171u, 170–171o, 172,
175, 188;
Steyr: 182, 183;
Sygma: 111;
TASS: 22, 24–25, 119, 122–123, 126, 127, 182;
Telegraph Library: 136–137;
TRH Pictures: 16, 20, 33, 54, 55, 68–69, 71u, 76, 130,
131, 148, 150, 151, 174, 186;
US DOD: 100, 145, 147.

**Die Abbildung auf der Titelseite zeigt einen Marine-
infanteristen der Royal Marines.**

Inhalt

- **6** ELITEN IM WANDEL DER ZEITEN
- **12** AUSLESE UND AUSBILDUNG
- **28** DIE ROYAL MARINES
- **40** DAS US MARINE CORPS & DIE NAVY SEALS
- **56** DIE BRITISCHEN PARAS
- **68** DIE US FALLSCHIRMJÄGER
- **80** DIE ISRAELISCHEN FALLSCHIRMJÄGER
- **92** DIE US ARMY RANGERS
- **102** DIE FRANZÖSISCHE FREMDENLEGION
- **116** DIE SPEZNAS
- **128** DER BRITISCHE SAS
- **142** DIE GREEN BERETS
- **154** DER AUSTRALISCHE SAS
- **164** DER KAMPF GEGEN DEN TERRORISMUS
- **176** WAFFEN UND AUSRÜSTUNG
- **190** STICHWORTVERZEICHNIS

Eliten im Wandel der Zeiten

Die großen Heerführer aller Epochen waren stets bestrebt, innerhalb ihrer Armeen über besondere Einheiten zu verfügen, mit denen sie den Truppen des Gegners auf dem Schlachtfeld den letzten, vernichtenden Schlag versetzen konnten. Doch ebenso wie sich die Art der Kriegsführung wandelte, so veränderten sich auch die Aufgaben dieser Elite-Einheiten.

Die Konzeption von Eliteverbänden ist beileibe keine moderne Idee. Wer sich mit Militärgeschichte beschäftigt, begegnet immer wieder Einheiten, die aufgrund ihrer hervorragenden Ausbildung und Ausrüstung, teilweise aber auch einzig wegen ihrer beträchtlichen Kampferfahrung, besonders herausragen. Die »glorreiche X. Legion« Caesars, die Schweizer Garde der französischen Könige oder die preußischen und britischen Garderegimenter, die deutschen Jägerbataillone des 18. Jahrhunderts oder die *Garde Impériale* Napoleons, die Sturmbataillone der Westfront bis hin zu den Verbänden der Waffen-SS oder der Fallschirmjäger des Zweiten Weltkriegs haben allesamt ihren Elitestatus zu Recht besessen. Obwohl Jahrhunderte zwischen ihnen liegen, so ist ihnen dennoch eines gemeinsam – sie gehörten alle zu den verläßlichsten und effektivsten Verbänden ihrer Armeen. Durch ihre außerordentliche Zuverlässigkeit – etwa die Bereitschaft, selbst unter stärkstem Feuer standhaft zu bleiben und anschließend noch anzugreifen – stellten sie für jeden Befehlshaber einen unschätzbaren Wert dar. Napoleon schöpfte dieses Potential seiner Garde voll aus und hielt sie häufig solange in Reserve zurück, bis der Gegner zum Stehen gebracht worden war und seine »entbehrlicheren« Linienregimenter diesem bereits schwer zugesetzt hatten.

Bezüglich der Aufgaben von Elite-Einheiten fanden im 19. Jahrhundert allerdings einige Umdenkprozesse statt, oftmals als Reaktion auf schmerzhafte Erfahrungen. Viele althergebrachte militärische »Weisheiten« wurden in Folge über den Haufen geworfen. Vormals hatten die Elitetruppen in aller Regel als fester Bestandteil ihrer Armeen gemeinsam mit der Linie gekämpft, und zwar, was mindestens genauso bedeutsam ist, auf konventionelle Art und Weise. Während der Schlacht bei Waterloo (18. Juni 1815) trug Napoleons *Garde Impériale* ihren Angriff gegen die britischen Gardebataillone in den damals üblichen, tiefgestaffelten Kolonnen vor, und diese wiederum schlugen den Angriff mit ebenso herkömmlichem Salvenfeuer ab und warfen die Franzosen mit einem Bajonettangriff zurück.

Doch Wesen und Aufgaben von Elite-Einheiten hatten schon vor diesem Zeitpunkt begonnen, sich zu verändern. So setzten die Briten in der Mitte des 18. Jahrhunderts in ihren nordamerikanischen Kolonialkriegen gegen Franzosen und Indianer vor Ort rekrutierte Trupps erfah-

Bei Waterloo forderte der englische General Hill die eingeschlossenen Grenadiere der Alten Garde Napoleons zur Übergabe auf. Sie weigerten sich und wurden mit Kartätschen zusammengeschossen.

Berdan Sharpshooters beim Scharmützel mit konföderierter Infanterie. Vorstoß der Unionstruppen auf Vicksburg, Mai 1863.

rener Waldläufer ein, etwa die *Rogers-Rangers*. Später, im Amerikanischen Unabhängigkeitskrieg (1775 – 83), rekrutierten sie deutsche Jägertruppen oder zogen die leichten Kompanien ihrer Infanterieregimenter zu Schützenbataillonen zusammen, um besser mit gegnerischen Tirailleurs oder Scharfschützen fertig werden zu können. Obgleich die Strukturen, die Taktik und die Einsatzgrundsätze dieser Einheiten teilweise durch die örtlichen Gegebenheiten (dichte Wälder, die eine lineare Aufstellung nach europäischem Vorbild unmöglich machten) mitbestimmt wurden, so spielte doch die stillschweigende Erkenntnis, daß in konventionellen Kriegen auch mit unkonventionellen Mitteln Erfolge erzielt werden können, oder sich zumindest der Kriegsverlauf dadurch erheblich beeinflussen ließ, ebenfalls eine gewisse Rolle. Im Gegensatz zu den meisten Elitetruppen vor ihnen, setzten sich diese Verbände, etwa mit gezogenen Gewehren bewaffnete Jägertruppen, aus hervorragend ausgebildeten »Einzelkämpfern« zusammen, die, anders als ihre Vorgänger und die meisten Zeitgenossen, unabhängig kämpfen und dabei auch Eigeninitiative im Gefecht zeigen konnten.

Diese »freischaffenden« Einheiten waren jedoch in den Augen vieler in starren Konventionen verharrenden höheren Militärs nur vorübergehende Verirrungen, die schleunigst aufgelöst, oder doch zumindest scharf an die Kandare genommen werden mußten, sobald die jeweiligen Kriege zu Ende gegangen waren. Im 19. Jahrhundert wiesen die meisten europäischen Armeen auch weiterhin solche Einheiten auf, die, zumindest nach dem damaligen Verständnis, Eliten waren.

Entscheidende Impulse für die Entwicklung einer neuen Art von Elite sollte jedoch nicht aus der »Alten«, sondern aus der »Neuen« Welt kommen. Im Amerikanischen Bürgerkrieg (1861 – 65), einem Konflikt, den viele Europäer nicht für voll nahmen, da er hauptsächlich von »undisziplinierten« Wehrpflichtigen ausgetragen wurde, tauchten Elite-Einheiten auf, die mehr mit *Rogers Rangers* als mit Napoleons Alter Garde gemein hatten. Die *Berdan Sharpshooters* beispielsweise kämpften nicht wie die regulären Einheiten in Lineartaktik.

Sie fochten auf sich alleine gestellt oder in kleinen Gruppen und nahmen aus verdeckten Stellungen heraus feindliche Offiziere und andere lohnende Ziele mit präzisen Einzelschüssen aufs Korn. Ihre außerordentliche Treffsicherheit sowie ihre Bewaffnung – weitreichende, gezogene Gewehre – verlieh ihnen gewiß einen Elitestatus.

Auch die Konföderierten stellten eine Anzahl irregulärer Einheiten auf, die von Männern wie John Mosby oder Nathan Bedford Forrest geführt wurden. Diese berittenen Abteilungen, die nur die allernotwendigste Ausrüstung mit sich führten, operierten fernab der eigenen Truppe und schlugen – wie vormals die österreichischen und preußischen Freikorps des Siebenjährigen Krieges – nach Gutdünken gegen verwundbare Ziele entlang der ausgedehnten Nachschub- und Verbindungswege des Gegners los.

Die Lehren, die sich aus dem Amerikanischen Bürgerkrieg ziehen ließen, blieben von den Stabschefs der europäischen Armeen jedoch weitgehend unberücksichtigt; am Ende des 19. Jahrhunderts setzten sie ihre Truppen im Grunde genommen immer noch nach Grundsätzen aus den Zeiten Napoleons ein. Allerdings führten Kriegserfahrungen, vor allem bei den Briten, zu einer radikalen Neubeurteilung der althergebrachten Militärdoktrinen. Im zweiten Burenkrieg (1899 – 1901), ebenso wie zuvor bereits im Ersten (1880 – 81), wurden die Engländer von den Bauernsoldaten der Buren ausmanövriert, die obendrein auch noch wesentlich bessere Schützen waren. Die schwerfälligen Infanterie- und Kavalleriekolonnen der britischen und der Commonwealth-Truppen schleppten sich über das südafrikanische *Veldt* hinter einem äußerst beweglichen Gegner her, der nur schwer zu fassen war und im Einsatz aus geschickt gewählten Stellungen heraus focht. Von dort aus lichteten die Buren mit gezieltem, präzisem Feuer die Reihen der britischen Einheiten, während diese über das teilweise sehr offene Gelände vorwärtsmarschierten. Die Verluste, vor allem die der sogenannten Schwarzen Woche (als die Briten nacheinander drei Schlachten verloren), führten zu einem nationalen Skandal und zwangen die britische Militärführung zu einem Überdenken ihrer Taktik.

Die Sturmsoldaten gingen in kleinen, gut aufeinander eingespielten Trupps vor

Die Briten antworteten darauf mit der Entsendung von Einheiten der *Imperial Yeomanry* [A.d.Ü.: eine ursprünglich 1761 aufgestellte berittene Miliz]. Diese Truppe rekrutierte sich hauptsächlich aus zähen Naturburschen und Kolonisten abgelegener Regionen Australiens, Neuseelands oder Kanadas, die häufig ebenso gute Schützen waren wie die Buren. Gut beritten und leicht ausgerüstet, verfolgte und bedrängte die *Yeomanry* die Buren nun wesentlich erfolgreicher und trug so zweifellos mit zu deren Niederlage bei [wobei der Widerstand der Buren vor allem durch das Niederbrennen ihrer Farmen und die Verschleppung ihrer Familien in Konzentrationslager gebrochen wurde. A.d.B.].

Diese Erfahrung aus dem Burenkrieg war für die britische Armee von großer Bedeutung. Das schnelle, aber gezielte Gewehrfeuer erhielt einen neuen Stellenwert und kam dem britischen Expeditionskorps in Frankreich (*British Expeditionary Force, BEF*) in den Anfangsmonaten des Ersten Weltkrieges sehr zugute, obwohl dem Gedanken an eine Eigeninitiative von Soldaten noch immer mit ziemlichen Mißtrauen begegnet wurde.

Die ersten wirklichen Spezialeinheiten im modernen Sinne brachte jedoch das deutsche Heer hervor – die Sturmbataillone. Sie kamen etwa im Zuge der Michaels-Offensive – einem letzten verzweifelten Versuch, im März 1918 die alliierte Front um Amiens zu durchbrechen, bevor sich die amerikanische Übermacht an Mensch und Material voll entfalten konnte – auf breiter Front zum Einsatz [A.d.Ü: Die erste Abteilung der Sturmtruppen wurde bereits im Februar 1915 aufgestellt. Bis Ende 1916 gab es schon 14 Sturmbataillone]. Die Sturmsoldaten, vorwiegend erfahrene Frontkämpfer, kamen in den Genuß einer besseren Verpflegung, Besoldung, Ausbildung und Ausrüstung. Beim Angriff gingen sie in kleinen, hervorragend aufeinander eingespielten Trupps vor, wobei sie Flammenwerfer und reichliche Vorräte an Handgranaten mitführten. Teilweise waren sie sogar mit der ersten wirklichen Maschinenpistole, der Bergmann MP18 I, ausgerüstet. Anders als bei normalen Einheiten, die nacheinander ganze Grabenabschnitte einnehmen sollten, bestand ihre Aufgabe darin, im Anschluß an einen kurzen, aber verheerenden Feuerschlag der Artillerie durch vorher erkundete Schwachstellen zu stoßen und größere Widerstandsnester einfach zu umgehen.

Um die noch stark verteidigten Stellungsabschnitte kümmerte sich nachfolgende Infanterie, während die Sturmtruppen immer weiter in die rückwärtigen Räume des Gegners vorstießen, um möglichst viel Verwirrung zu stiften und sämtliche Versuche einer koordinierten Gegenwehr zu vereiteln. Im Grunde genommen war dies genau dieselbe Taktik, die später im Zweiten Weltkrieg auf größerer Ebene als »Blitzkrieg« Geschichte machte.

Selbständige Entscheidungen spielten Schlüsselrollen bei der Blitzkrieg-Strategie

Die Strategie des Blitzkrieges, die u. a. auf den Ideen von Broad, Fuller und Liddell Hart basierten [A.d.Ü.: Britische Militärhistoriker und -theoretiker der Zwischen-

Ein Reiter der *Imperial Yeomanry* aus der Zeit des Burenkrieges.

kriegszeit] und von dem deutschen Panzergeneral Heinz Guderian noch weiterentwickelt wurden, verlangte besonders den Kompanie-, Zug- und Gruppenführern, die vorne ihre Männer führten und am Ende der langen Befehlskette standen, sehr viel ab, da sie letztendlich für die Durchführung der ihnen erteilten Aufträge verantwortlich waren – und das auf einem Schlachtfeld, das durch rasch sich verändernde Gefechtslagen gekennzeichnet war. Selbständige Entscheidungen spielten daher auf allen Kommandoebenen eine Schlüsselrolle. Die wichtige Aufgabe einer »Speerspitze«, die den Weg für die Angriffsdivisionen ebnen sollte, übernahmen jetzt ganz neue Einheiten, hauptsächlich die Panzer- und Luftlandeverbände. Die Niederlage Frankreichs und seiner westeuropäischen Verbündeten im Sommer 1940 war zu einem nicht unerheblichen Teil auch den Überraschungserfolgen einer Handvoll Kommandosoldaten zu verdanken. Das Luftlandeunternehmen gegen das belgische Sperrfort Eben Emael durch die Sturmgruppe »Granit«, die aus hervorragend ausgebildeten Fallschirmjägern und Fallschirmpionieren bestand, war eine Operation wie aus dem Lehrbuch für Elite-Einheiten, ebenso die Einnahme einer Eisenbahnbrücke über die Maas bei Gennep in Holland durch eine Gruppe *Brandenburger*, die als niederländische Militärpolizisten verkleidet waren [A.d.B.: die *Brandenburger* waren die deutsche Kommandotruppe des Zweiten Weltkriegs, die schon vor dem britischen *SAS* bestand]. In der späteren Phase des Krieges führten deutsche Soldaten dann eine Vielzahl von Kommandounternehmen durch, die heute noch als klassische Vorbilder dafür gelten, was sich mit Spezialeinheiten erreichen läßt. Zu den spektakulärsten Taten gehörten die Befreiung Mussolinis aus seinem Berggefängnis auf dem Gran Sasso durch Fallschirmjäger und SS-Jagdverbände (September 1943), sowie der Einsatz der Panzerbrigade 150 unter Obersturmbannführer Otto Skorzeny (der schon an der Befreiung Mussolinis beteiligt war) während der Ardennenoffensive im Dezember 1944. Der Sonderverband, der mit amerikanischen Uniformen und Ausrüstungsstücken versehen wurde, stiftete heillose Verwirrung unter den Amerikanern.

Obwohl Deutschland auf dem Gebiet der Spezialeinheiten führend war, holten Großbritannien und die USA doch bald auf. In England war es nicht zuletzt dem Enthusiasmus von Premier Churchill zu verdanken, daß eine Vielzahl größerer und kleiner Einheiten aufgestellt wurde. Die Kommandotruppen des Heeres und die *Royal Marine Commandos*, Fallschirmjäger und eine Vielzahl von Marine-Sonderverbänden, die alle zusammen der *Combined Operations* unterstanden (dem gemeinsamen Stab für Kommandokriegsführung), unternahmen Dutzende von Überfällen, darunter die Raids auf Bruneval (Februar 1942), St. Nazaire (März 1942) und Dieppe (August 1942). In Nordafrika griffen das *Special Air Service Regiment* (SAS) unter David Stirling sowie die *Long Range Desert Group* (LRDG) unter David Lloyd-Owen Ziele im rückwärtigen Gebiet des Afrikakorps und der Italiener an und trugen so ihren Teil dazu bei, die Kampfkraft der Achsenmächte in diesem Operationsgebiet zu schwächen.

Die amerikanischen Ranger- und Fallschirmjäger-Verbände sollten später bei den alliierten Landungen in Nordafrika, Italien und Frankreich zum Zuge kommen; auch zum Sieg über die Japaner im Pazifik leisteten sie ihren Beitrag.

Viele dieser Spezialeinheiten wurden nach Beendigung des Zweiten Weltkrieges wieder aufgelöst. Jedoch kam es in der Folgezeit, im Zuge der schrittweisen Entko-

Der Sturm bricht los … deutsche Sturmsoldaten beim Angriff auf britische Stellungen während der Michael-Offensive 1918.

Fallschirmpioniere der Sturmabteilung Koch nach der Einnahme des belgischen Sperrforts Eben Emael am 10. Mai 1940. In der Mitte ein Kriegsberichterstatter einer deutschen Zeitung.

lonialisierung, in Afrika und Asien zu einer Reihe örtlich begrenzter, kleinerer Kriege. Nationalistische und/oder kommunistische Guerillagruppen erhoben sich gegen ihre ehemaligen Kolonialherren, um die staatliche Unabhängigkeit zu erreichen. In diesen »Buschfeuer«-Kriegen wurden zunächst konventionelle Truppen gegen die Guerillas eingesetzt, teilweise sogar mit recht beachtlichem Erfolg. Doch es schälte sich bald heraus, daß deren Ausbildung und Einsatzgrundsätze bei den herrschenden Bedingungen nicht besonders wirkungsvoll waren. Für diese Art der Kriegsführung wurden Einheiten benötigt, die in sämtlichen Aspekten des Kleinkrieges ausgebildet waren; Einheiten also, die in der Lage waren, dem Gegner ihre eigenen Bedingungen und Regeln aufzuzwingen.

Diese Spezialeinheiten bildeten nach eigens entwickelten Grundsätzen in den Bereichen Waffen- und Sprengstoffwesen, Survival/Militärisches Überleben, Fernmeldedienst oder Sanitätsdienst aus. Eine entscheidende Rolle spielte die Schulung im sogenannten »Herzen-und-Seelen«-Programm. Der britische *SAS* demonstrierte während seiner Einsätze in Malaya, Borneo, Aden und Oman, was eine gute Ausbildung auf dem Gebiet der unkonventionellen Kriegsführung bewerkstelligen konnte. Den amerikanischen *Green Berets* gelang es in Vietnam, das Vertrauen einheimischer Stämme zu gewinnen und mit deren Hilfe dem Viet-Cong schwere Verluste beizubringen.

Doch gerade in der jüngeren Vergangenheit wurden die Spezialeinheiten mit einer neuen Variante der kriegerischen Auseinandersetzung konfrontiert: dem internationalen Terrorismus. Neue polizeiliche Spezialeinheiten wie die deutsche GSG-9 oder die französische GIGN wurden aufgestellt; bereits bestehende militärische Verbände wie der britische *SAS* oder die amerikanische *Delta Force* richteten sich auf die neue Aufgabe ein. Denn mit den bisherigen (militärischen) Taktiken war auf diesem Feld kein Blumentopf zu gewinnen. Neue Ausbildungsrichtlinien und Ausleseverfahren, nachrichtendienstliche Tätigkeiten sowie die Zusammenarbeit auf internationaler Ebene gewannen zunehmend an Bedeutung.

Heutzutage bilden militärische Eliteverbände längst nicht mehr (nur) das Rückgrat ihrer Armeen auf dem Schlachtfeld. Auch wenn sie teilweise gemeinsam mit gut ausgebildeten konventionellen Streitkräften operieren, so sind ihre Aufgaben doch wesentlich vielfältiger. Wie der Golfkrieg 1991 gezeigt hat, bilden Fernspäh- und Kommandounternehmen kleiner Gruppen einen Schwerpunkt. Der Einsatz im Vorfeld von Schwellenkonflikten – etwa als Militärberater nach Art der *Green Berets* – spielt ebenfalls eine gewichtige Rolle. Sicher ist auch, daß schnellen Eingreiftruppen bei der Lösung militärischer Konflikte weltweit eine immer größere Bedeutung zukommen wird.

Auslese und Ausbildung

Die Auswahlverfahren für die Elite-Einheiten sind enorm hart, wodurch gewährleistet werden soll, daß nur Bewerber mit überdurchschnittlich großer geistiger und körperlicher Widerstandskraft und mit Durchhaltevermögen durchkommen. Gefragt sind solche Männer, die auch dann noch weitermachen, wenn andere schon längst aufgegeben haben, und die zudem in der Lage sind, komplizierte technische Geräte zu bedienen.

Spezialeinheiten wie der britische SAS, die amerikanischen *Green Berets*, die deutsche GSG-9 oder die früheren sowjetischen Speznas haben Qualitätsstandards für Spezialeinheiten gesetzt, die auf der ganzen Welt Gültigkeit besitzen. Infolgedessen ist es verständlich, daß sich, wenn man einmal von den aufgabenspezifischen Unterschieden zwischen den jeweiligen Einheiten absieht, die Auswahl- und Ausbildungsverfahren weltweit in vielen Punkten ähneln. Diese Verfahren unterliegen zudem einer ständigen, sehr genauen Überprüfung. Das war jedoch nicht immer so. So wurden im Zweiten Weltkrieg beispielsweise die Angehörigen der *Long Range Desert Group* nach einem persönlichen Gespräch ausgewählt und bekamen ihre Spezialausbildung dann während anschließender Operationen vermittelt; Bewerber, die sich zu David Stirlings SAS gemeldet hatten, sahen sich hingegen mit einem anstrengenden 50-km-Nachtmarsch durch die Wüste oder einen Geländelauf gegen die Uhr über einen nahegelegenen Höhenzug konfrontiert, bevor sie aufgenommen wurden.

Doch die in England und Schottland neu aufgestellten Commandos und die Fallschirmjägertruppe hatten sowohl die Zeit als auch die Einrichtungen, um die Fragen der Auswahl und der Ausbildung ernsthaft betreiben zu können. Die *Royal Marine Commandos* errichteten in der Nähe von Achnacarry in Schottland ein Ausbildungslager, dessen Sturm- und Hindernisbahnen noch erheblich »verfeinert« wurden, indem sie mit scharfem MG-Feuer bestrichen und mit Sprengkörpern bestückt wurden.

Auch die amphibischen Landungsübungen mit den Sturmbooten auf einem nahegelegenen »Loch« fanden unter ähnlichen, realistischen Bedingungen statt, wobei jedoch das Risiko für die Männer, sich während der Ausbildung zu verletzen oder gar umzukommen, auch nicht größer war als später während ihres ersten Fronteinsatzes.

Größtmögliche Realitätsnähe wurde auch zu einem Wahrzeichen der Fallschirmtruppe. Anfänglich setzte sich der Kern des späteren britischen *Parachute Regiment*, das zur Täuschung der deutschen Abwehr zeitweise unter der Bezeichnung *No 11 Special Air Service Battalion* geführt wurde, aus erfahrenen Männern des *No 2 Commando* zusammen. In seiner offiziellen Geschichte der britischen Luftlandetruppen hält Oberstleutnant Otway ihre Auswahl und die Ausbildung von da-

Anwärter für den »Pfadfinder«-Zug der britischen *5 Airborne Brigade* beim Überwinden eines Gewässers. Den Auswahllehrgang in Okehampton, Devon, schaffen nur die besten Kandidaten.

Ein Fallschirmjäger-Rekrut kämpft sich bei einer Mutprobe über das *Trainasium*. Auf dieser speziell angelegten Hindernisbahn stellt sich schon bald heraus, wer wirklich das Zeug dazu hat, aus einem Flugzeug zu springen.

mals fest: »Diese Männer waren zwar harte Burschen, aber mit dem Fallschirmspringen kamen trotzdem nicht alle von ihnen zurecht. Von den Leuten, die vom ursprünglichen *No 2 Commando* übernommen worden waren, weigerten sich 30 zu springen, zwei starben durch Fallschirmversagen, weitere 20 wurden als sprunguntauglich eingestuft oder zogen sich Verletzungen zu.« Oberst Newnham von der RAF äußerte sich in seinem Buch *Prelude to Glory* etwas ausführlicher: »Die meisten Männer hatten eine gute Veranlagung und waren ein wirklicher Verlust für das *[No 2] Commando*. Die meisten schafften es bis an den Rand des Loches im Flugzeug [A.d.Ü.: in den frühen Tagen mußten die »Paras« die Transportmaschine noch durch ein Loch im Boden verlassen, dessen Durchmesser etwa 1 m betrug], bevor sie verweigerten. Vier Mann verloren im Flugzeug das Bewußtsein, während einige, die sich mit letzter Willensanstrengung zum Sprung gezwungen hatten, halb ohnmächtig das Flugzeug verließen.« Diese ziemlich rauhe Art der Auslese war jedoch durchaus notwendig. Sowohl die *Commandos* als auch die Fallschirmjäger traten dem Feind in kleinen, leichtbewaffneten Gruppen gegenüber. Wenn ein Mann nun genau in dem Moment, in dem er das Flugzeug oder das Boot verlassen sollte, wie versteinert stehen blieb, konnte er damit die gesamte Operation gefährden.

Die Elite-Einheiten von heute sind bemüht, bei der Auswahl möglichst keinen Mann durch einen Unfall zu verlieren. Bei mehreren Auswahl- und Ausbildungslehrgängen ist es allerdings schon zu Todesfällen gekommen, vor allem während der Winter-Auswahllehrgänge des SAS und einiger RTI-Übungen (*Resistance-To-Interrogation*; Dichthalten beim Verhör), doch hielten diese Vorfälle sowohl den internen als auch den offiziellen Untersuchungen stand. Wenn nötig, wurden die Ausbildungsmethoden entsprechend geändert. Bei der augenblicklich herrschenden Wirtschaftslage müssen die Auswahl und die Ausbildung kostengünstig gestaltet werden und gleichzeitig muß allen Bewerbern Gelegenheit gegeben werden, dem Lehrgangspersonal zu zeigen, daß in ihnen das Zeug steckt, um ein Para, ein *Green Beret* oder ein SAS-Mann zu werden.

Die meisten modernen Elite-Einheiten kämpfen in kleinen, selbständigen Gruppen

Das Lehrgangs- und Auswahlpersonal hält Ausschau nach zwei Haupteigenschaften. Die erste ist Grundlage jeder Elite: Kampfgeist, körperliche Fitness und *Esprit de Corps* – Korpsgeist. Die zweite Eigenschaft ist aufgabengebunden. Die meisten modernen Elitesoldaten kämpfen in kleinen, selbständigen Gruppen, entweder in vorderster Front oder hinter den feindlichen Linien. Solche Männer müssen über ein hohes Maß an Selbstdisziplin, Motivation, angeborener Intelligenz und Eigeninitiative verfügen.

Im Einsatz müssen sie absolut zuverlässig und selbständig handeln können, wobei sie eine ganze Anzahl moderner Ausrüstungsstücke, Waffen und Einsatzgrundsätze ebenso sicher beherrschen müssen wie zahlreiche weitere besondere Fertigkeiten, die sie zur Erfüllung ihrer Einzelaufgabe benötigen.

Die beiden größten Hürden für Bewerber bestehen erst einmal darin, den ganzen Mut zusammenzufassen, um »es mal zu versuchen«, und später beim Auswahllehrgang auch noch dann dabeizubleiben, wenn es hart auf hart kommt. Und für die Neuankömmlinge beim Ausbildungszentrum des *Parachute Regiment* in Aldershot, Südengland, ist dieser Punkt sehr schnell erreicht. Sie lassen die Bequemlichkeiten des Zivillebens, das Recht, jederzeit tun zu können was man will und die vertraute Routine ihres Alltagslebens hinter sich. Im Gegenzug dafür bietet ihnen die Rekrutenausbildung eine eiserne Disziplin, die um 07 Uhr beginnt und schließlich mit dem Dienstschluß um 20 Uhr endet – 13 Stunden, die bis zur letzten Minute ausgefüllt sind mit der Vermittlung des militärischen Grundwissens und körperlicher Ertüchtigung. Dieser Vorlehrgang soll den Rekruten die Mindestvoraussetzungen mitgeben, die für das Bestehen des Auswahllehrgangs unabdingbar sind.

Natürlich endet der Tag für die Rekruten nicht wirklich mit dem Dienstschluß – all die (noch) unbekannten Einzelheiten über Waffen, Gerät und Ausrüstungsgegenstände, die sie sich in den wenigen Verschnaufpausen in ihre Notizbücher geschrieben haben, müssen noch auswendig gelernt werden; dann sind Spinde zu reinigen, Stiefel müssen auf Hochglanz poliert und Uniformen gewaschen und gebügelt werden. Zu guter Letzt bereiten sie dann noch ihren Dienstanzug für den nächsten Morgen vor. Zum ersten Mal in ihrem Leben sind sie gezwungen, alles was sie verlieren auch aus eigenen Tasche bezahlen zu müssen. Wesentlich schlimmer jedoch ist die Aussicht, diesen Verlust beim nächsten Bekleidungsbzw. Ausrüstungsappell erklären zu müssen, oder ohne Magazintasche, Feldflasche oder ein anderes wichtiges Ausrüstungsstück eine Feldübung anzutreten. Jede »Sünde« zieht die unerwünschte Aufmerksamkeit der Ausbilder auf sich. Im günstigsten Fall dürfen die Rekruten damit rechnen, dem Spott ihrer Kameraden preisgegeben zu werden und dazu noch eine unvorstellbare Anzahl von Liegestützen »abpumpen« zu müssen. Im schlimmsten Fall kommen sie bei den Ausbildern auf die »schwarze Liste« – dies ist gleichbedeutend mit einer Einstufung als »zweifelhaft«. Der Sonntag stellt mehr als nur einen Ruhetag dar, er markiert das Ende einer weiteren Woche, die heil überstanden wurde.

Zu diesem Zeitpunkt ist das Wissen, daß sie jederzeit aufhören können, vielleicht der schlimmste Feind der Rekruten. Bis zum Beginn der achten Ausbildungswoche haben alle Rekruten das Recht, gegen ein symbolisches Bußgeld von £ 100 entlassen zu werden. Diese Möglichkeit nehmen nicht wenige in Anspruch. Der Tropfen, der das Faß endgültig zum Überlaufen bringt, fällt vielleicht in einer verregneten Nacht, wenn sie sowieso schon völlig erschöpft sind und dann um 02 Uhr geweckt werden, um eine Wache zu übernehmen; oder wenn ein 16-km-Eilmarsch nicht an der gewohnten Ziellinie endet, sondern sie noch über die Hindernisbahn und einige Kilometer weiter führt.

Das »Bahrenrennen« der Paras. Im Laufschritt geht es hügelan, hügelab querbeet durchs Gelände.

Eilmärsche durch die Berge werden durch Gefechtseinlagen »aufgelockert«

Am Ende der vierten Ausbildungswoche endet für die »Überlebenden« der erste Abschnitt mit einer Besichtigung und einem abschließenden Vorbeimarsch (sie »verlassen den Exerzierplatz«, oder wie es auf englisch heißt *»pass off the square«*) und sie kommen zum nächsten Abschnitt in die »P« Kompanie, in der ihre Belastbarkeit geprüft wird. Nun sind nur noch die wirklich Motivierten dabei, alle Gedanken daran »auszusteigen« gehören der Vergangenheit an – endlich befindet sich das berühmte und begehrte weinrote Barett in Reichweite. »*Basic Wales*« (etwa als »Infanteristische Grundausbildung in Wales« zu übersetzen) dient nicht nur der Vertiefung der infanteristischen Fertigkeiten der Rekruten, sondern konzentriert sich auch auf die Charaktere und die Motivation der Männer, wobei die Eilmärsche über die Berge von Wales immer wieder durch Gefechtseinlagen »aufgelockert« werden. Nach einem kurzen Abstecher auf die Schießbahn, bei dem die Beherrschung der Waffen durch die Rekruten und ihre Schießleistungen überprüft werden, ist die zwölfte Woche – die »Testwoche« – nur zu schnell erreicht.

Am Freitagmorgen müssen die Rekruten zuerst das sogenannte Jagdrennen absolvieren – hierbei wird der

Elite-Soldaten müssen möglichst viele verschiedene Waffen beherrschen. Hier lernt ein *Green Beret* das Richten am 81-mm-Granatwerfer.

umsitzen und darauf warten, sich über eine Minute lang mit einem Gegner zu prügeln, der in etwa ihre Größe und ihr Gewicht hat.

Am Montag geht der Ausleseprozess mit dem traditionellen 16-km-Gefechtsmarsch weiter. Um diese Strecke in den 105 Minuten bewältigen zu können, die hierfür als gerade noch annehmbar gelten, muß die Gruppe beinahe den ganzen Weg im Laufschritt zurücklegen – jeder schwer bepackt mit einem Bergen-Rucksack [A.d.Ü.: Standard-Rucksack der britischen Armee], der Ausrüstung und seiner persönlichen Waffe – einem Gewicht von insgesamt annähernd 22 kg. Unmittelbar im Anschluß daran müssen die Rekruten, die sowieso schon ziemlich erschöpft sind, zum »dicksten Hund« des Kurses marschieren. Das *Trainasium* ist ein raffiniert konstruiertes Gebilde aus Gerüststangen und schmalen Stegen in sieben bis 15 m Höhe, mit dem sich die Nervenstärke des Rekruten und seine Reaktion auf Befehle prüfen lassen. Nachdem sie über Gräben gesprungen sind, Stacheldrahthindernisse überwunden haben und freihändig in 15 m Höhe über die »Schwebebalken« geschlurft sind, steht den Rekruten auch noch ein Sprung über einen 2,5 m breiten Graben bevor – aus dem Stand. Für jedes Hindernis hat der Rekrut nur drei Versuche, dann muß er seine Angst und seinen »inneren Schweinehund« überwunden haben, ein geistiger Prozeß, mit dem er sich auch jedesmal konfrontiert sehen wird, wenn er in der offenen Tür eines Flugzeuges steht.

Der erste Sprung erfolgt aus dem verhaßten Fesselballon

Dieser Abschnitt der »P« Kompanie endet mit der Hindernisbahn, allerdings stehen den Rekruten noch weitere Leistungsmärsche bevor. Dazu gehört auch das »Bahrenrennen« über die windumtosten Gipfel der Brecon Beacons [A.d.Ü.: rauhe Gebirgslandschaft in Süd-Wales, in der Auswahllehrgänge für den SAS, die Paras und Commandos stattfinden]. Nun darf der Rekrut endlich das weinrote Barett der Paras tragen und wird zur 1. Luftlandeschule der *Royal Air Force* in Marsch gesetzt, um dort seine Springerausbildung zu absolvieren und sich seine Schwingen zu verdienen. In der beinahe zwanglosen Atmosphäre von Brize Norton [A.d.Ü.: das RAF-Gelände in Oxfordshire, auf dem die *No 1 Parachute Training School*, das britische Gegenstück zur LL/LTS in Altenstadt zuhause ist] wird den Fallschirmspringer-Neulingen beigebracht, richtig zu landen und mit verschiedenen Notsituationen in der Luft zurechtzukommen. Nachdem sie mit den Truppenschirmen vom Modell PX1 Mk 4 und Mk 5 sowie dem PR7 Reserveschirm vertraut gemacht wurden, üben die Lehrgangsteilnehmer mit dem Pendel und dem Hänger in der Halle und am 22-m-Schulungsturm, bevor sie sich seelisch für den verhaßten er-

persönliche Leistungsstand sowie die körperliche Fitness des einzelnen überprüft.

Um zu bestehen, muß der Rekrut in einer Durchschnittszeit von 17 1/2 Minuten zweimal eine 1,3 km lange Hindernisbahn überwinden. Die Zusammenarbeit in der Gruppe wird dann bei der nächsten Station, einer echten Belastungsprobe, getestet – dem »Baumstammrennen«. Eine Gruppe von acht Mann muß einen Baumstamm von der Größe eines Telefonmasten in zwölf bis 14 Minuten über einen 2,8 km langen Parcours schleppen, der über sandige Hügel führt. Die Rekruten erfahren eine »Welt der Schmerzen« im Verlauf dieses Testes, der so angelegt ist, daß damit ein In-Stellung-bringen einer »Wombat« simuliert wird, eines rückstoßfreien 120-mm-Panzerabwehrgeschützes. Dabei das *Toggle rope* loszulassen, hat zwei furchtbare Auswirkungen: erstens hat der Mann damit automatisch die »P« Kompanie nicht bestanden, zweitens läßt er seine Kameraden im Stich, da sie sich nun ohne ihn abmühen müssen, um die Ziellinie zu erreichen. [A.d.B.: Das *Toggle rope* ist eine englische Erfindung aus den Tagen des Zweiten Weltkrieges, die hauptsächlich bei britischen Spezialeinheiten zu finden ist. Dieses vielseitig einsetzbare Gerät besteht aus einem etwa 1,80 m langen Seil, das auf der einen Seite eine Öse besitzt und auf der anderen Seite mit einem Knebelverschluß versehen ist.] Am Nachmittag dann bietet das »Milling« (auf gut deutsch etwa »Knochenmühle«) fast schon ein paar Stunden Erholung, während derer die Rekruten um einen improvisierten Boxring her-

Ausbilder des *US 75th Ranger Regiment* demonstrieren ihren Schülern Nahkampftechniken.

sten Absprung aus dem Fesselballon wappnen. Flugzeugdrills, Scheinabsprünge aus der Flugzeugattrappe und der Sprungturm (»*Knacker-Cracker*«, der »Nußknacker«) – der dazu gedacht ist, den 160 km/h Sog eines Flugzeugs zu simulieren – bereiten die Lehrgangsteilnehmer auf das Hauptereignis vor. Falls das Wetter keinen Strich durch die Rechnung macht, bringen die Männer während des vierwöchigen Lehrgangs acht Flugzeugabsprünge hinter sich, darunter Nachtsprünge und Gefechtssprünge unter Einsatzbedingungen. Vor ihnen liegt die weiterführende infanteristische Ausbildung bei ihren Truppenteilen. Nach zwei bis drei Jahren Erfahrung in einer Jägerkompanie besteht die Möglichkeit, innerhalb der verschiedenen Unterstützungszüge und Gruppen eine weitere spezialisierte Ausbildung zu erhalten, oder an der weiterführenden Ausbildung bei den berühmten »Pfadfindern« der *5th Airborne Brigade*, der britischen 5. Luftlande-Brigade, teilzunehmen.

Das 22. SAS-Regiment gehört weltweit zu den berühmtesten Elite-Einheiten. Bewerber können sich nicht direkt zum aktiven SAS melden. Sie müssen ausnahmslos vorher schon eine gewisse Zeit in »normalen« Einheiten der Armee gedient haben. Das Auswahlverfahren und die Spezialausbildung dauern beinahe zwei Jahre und sind so selektiv angelegt, daß nur die wirklich Motivierten bei der Stange bleiben. Vor dem Auswahllehrgang informiert der Regimentsstab die vielversprechenden Bewerber durch Filme und Vorträge über das SAS-Regiment und dessen Aufgaben innerhalb der britischen Armee. David Stirlings Männer begannen in den frühen Tagen des SAS damit, Vorgehensweisen für Operationen hinter den feindlichen Linien zu entwickeln. Das Grundelement des SAS ist die Vier-Mann-Patrouille, die klein genug ist, um unentdeckt zu bleiben, aber dennoch ausreichend ausgebildet und spezialisiert ist, um ihre Sonderaufträge erfüllen zu können. Ein SAS-Mann muß aus eigenem Antrieb handeln und in der Lage sein, auch ohne Befehle von Vorgesetzten das richtige zu tun. Für viele Bewerber bedeutet die Entscheidung für den SAS eine völlige Umstellung ihrer bisherigen Gewohnheiten, da die Soldaten in fast allen anderen britischen Regimentern und Waffengattungen ganz konservativ daraufhin gedrillt werden, sich auf ihre Offiziere und Unteroffiziere zu verlassen.

Die meisten ernsthaften Bewerber nutzen die Wartezeit, bis auf einem Winter- oder Sommer-Auswahllehrgang ein Platz frei wird, sich durch unzählige Dauerläufe zu stählen. Lange Wanderungen durch die Berge von Wales schärfen nicht nur die Fertigkeiten im Orientieren. Der Bewerber lernt dabei auch Härten zu überwinden und wird allmählich selbständiger; beides Eigenschaften, die SAS-Ausbilder sehr schätzen.

Einmal in den Stirling Lines in Hereford angekommen, der Stammgarnison des Regimentes, durchlaufen die Be-

Rekruten des *US Marine Corps* auf der Hindernisbahn des Ausbildungszentrums Parris Island in Südcarolina. Die »Ledernacken« glauben, daß sie ihre harte Ausbildung richtig auf den Ernstfall vorbereitet.

werber zuerst eine kurze Aufbauphase mit Straßenrennen und Querfeldeinmärschen – zwei Wochen für Offiziere und drei Wochen für Unteroffiziere und Mannschaften – bevor dann mit den langen, einsamen Ausdauermärschen die »Endauslese« beginnt. Die Männer gehen körperlich und geistig ausgelaugt in die Testwoche. Vor ihnen liegen mehrere Gewaltmärsche über 30 bis 40 km, die in dem »*Fan Dance*«, oder »*Long Drag*«, gipfeln – einem 60-km-Gewaltmarsch, der sie über einige der höchsten Gipfel der Brecon Beacons führt. Die 60 km müssen mit 25 kg auf dem Rücken innerhalb von 20 Stunden bewältigt werden.

Mit Karte und Kompaß müssen sich die Bewerber ihren Weg suchen, entlang einer Reihe von Anlaufpunkten, die teilweise nur eine sechsstellige Koordinatenzahl auf einem kahlen Hang sind. Die Männer werden zwar bei jedem Anlaufpunkt auf Anzeichen von Unterkühlung oder Hitzschlag untersucht, aber ein Marsch wird weder aufgrund subtropischer Schwüle noch aufgrund eines eisigen Schneesturms abgesagt oder unterbrochen. Vor den Marschierern liegt eine unbekannte Zahl von Anlaufpunkten und Bergrücken, die überwunden werden müssen. Nur diejenigen, die genügend Entschlossenheit und Willenskraft besitzen und geistig nicht einfach abschalten, während sie stetig einen Fuß vor den anderen setzen, werden bestehen.

Etwa zehn Prozent schaffen es und kommen dann zu einem 14wöchigen Lehrgang, der »weiterführenden Ausbildung«. Hier werden ihnen einige Fertigkeiten beigebracht, die für Operationen hinter den feindlichen Linien notwendig sind. Der physische Druck hat zwar etwas nachgelassen, doch gibt es noch genügend psychische Hürden; und selbst an diesem Punkt ist es noch möglich, daß ein Bewerber ausgesondert wird. Die Einsatzgrundsätze der Vier-Mann-Patrouille werden vermittelt und solange geübt, bis sie zur zweiten Natur werden. Die SAS-Anwärter lernen das instinktive Verhalten beim plötzlichen Auflaufen auf den Feind, die Absetzbewegungen und die Feuerbereiche der Waffen, die es einer Patrouille erlauben, auch bei einer überraschenden Begegnung lebend davonzukommen. Sie lernen, »unsichtbar« zu bleiben und die richtige Auswahl für ihre Rucksäcke vorzunehmen, um tage- oder wochenlang in Feindesland überleben können.

Körperpflege und medizinische Vorbeugung erhalten einen völlig neuen Stellenwert

Der Fernmeldelehrgang führt die Anwärter in die Techniken des verdeckten Fernmeldewesens ein, sie lernen das Morsealphabet kennen und die große Vielzahl von Funkgeräten, die beim SAS verwendet werden. Die größten Schwierigkeiten werden die meisten von ihnen anfangs dabei haben, in den sehr schnell gegebenen Morsezeichen nicht nur eine wilde Aneinanderreihung von kurzen und langen Tönen zu hören, sondern Buchstaben und Worte zu erkennen. Die Männer müssen acht Wörter pro Minute absetzen und empfangen können – die Norm für Bataillons-Fernmelder der britischen Armee.

Für Soldaten, die sich hauptsächlich außerhalb des Bereichs der üblichen militärmedizinischen Versorgung bewegen und nicht so einfach evakuiert werden können, ist eine umfassende Erste-Hilfe-Ausbildung überlebenswichtig. In den oft lebensfeindlichen Naturräumen, in denen sich der SAS nur allzu häufig wiederfindet, erhalten Körperpflege und medizinische Vorbeugung einen völlig neuen Stellenwert. Ausgestattet mit diesem Grundwissen dringen die Anwärter langsam zu den stärker spezialisierten lebensrettenden Maßnahmen vor, die normalerweise von Ärzten durchgeführt werden: Knochen einrichten, intravenöse Infusionen legen und eine ganze Reihe infektiöser Krankheiten erkennen und behandeln.

Nach einem kurzen Ausbildungsabschnitt, in dem ihnen der Umgang mit Sprengmitteln beigebracht wird, erlernen die Anwärter als nächstes die Kunst des militärischen Überlebens. Sie üben Feuer ohne Hilfsmittel zu entfachen, Kleinwild zu fangen, Behelfs-Unterschlupfe zu errichten, und nach Möglichkeit nicht in die Hände des Gegners zu fallen. So werden sie auf die ständig gewärtige Gefahr vorbereitet, weit hinter den feindlichen Linien isoliert zu werden. Die darauf folgende, einwöchige Überlebensübung in unzugänglicheren Gegenden Britanniens bietet nicht nur Gelegenheit, das soeben Erlernte auszuprobieren, sondern zermürbt die Männer auch für die anschließende kurze Flucht- und Absetzübung (*Escape and evasion*), die mit einem Verhör endet – dem berüchtigten RTI-Abschnitt.

Den zukünftigen SAS-Männern muß ebenso wie dem fliegenden Personal und anderen Soldaten, deren Aufträge hinter die feindlichen Linien führen können, das geeignete Rüstzeug mitgegeben werden, um einer Gefangennahme zu entgehen. Sollte ein Soldat dennoch gefaßt werden, muß er in der Lage sein, Drohungen, physischer und psychischer Gewalt und sämtlichen Listen seiner Häscher zu widerstehen. Das Preisgeben irgendeiner, selbst der kleinsten militärischen Information, wie unbedeutend sie auch scheinen mag, kann leicht für andere Soldaten der Patrouille den Tod bedeuten und die gesamte Operation gefährden.

Nach der Dschungelkampf-Ausbildung und einem Fallschirmspringerlehrgang mit Automatikschirmen ist die sogenannte Weiterführende Ausbildung des SAS dann beendet. Selbst jetzt noch, in der Endphase, ist es durchaus möglich, daß ein Anwärter abgelöst wird. Es wurden bereits ganze Patrouillen, die sich im Verlauf der Dschun-

gelausbildung verirrt hatten, *RTU'd* (= *Returned to Unit*, also zu ihren Stammeinheiten zurückgeschickt). Obwohl der Auswahllehrgang und die Weiterführende Ausbildung nun offiziell beendet sind, muß der Soldat jetzt noch eine einjährige Probezeit in einer der *Sabre Squadrons* (*Sabre* = Säbel), den Kampfkompanien des Regiments, absolvieren. In diesen zwölf Monaten wird er sich intensiv auf eine der vier grundsätzlichen *Patrol skills* (Spezialaufgabe des einzelnen Soldaten) konzentrieren: Erste Hilfe, Sprengwesen, Sprachen oder Fernmeldewesen. Seine *Troop skills* (Spezialaufgabe des Einsatz-Zuges) sind genauso wichtig. Jede *Sabre Squadron* untergliedert sich in vier Einsatz-Züge zu je 16 Mann, von denen jeder eine Spezialisierung aufweist: Freifaller-Techniken, amphibische Operationen mit Sturmbooten und/oder Ausbildung als Kampfschwimmer, Gebirgs- und Winterkampf oder weitreichende Operationen mit Geländefahrzeugen. Bevor der SAS-Mann die Möglichkeit gehabt hätte, all die neuen Fertigkeiten und Aufgaben zu erlernen, nähert sich die dreijährige Dienstzeit bereits ihrem Ende. Offiziere müssen am Ende dieser Zeit wieder zu ihrem alten Truppenteil zurück. Unteroffiziere und Mannschaften können sich dagegen für weitere drei Jahre verpflichten und haben so die besten Aussichten, ihre Ausbildung in sämtlichen Bereichen noch wesentlich vertiefen zu können.

Teilnehmer eines Kampfschwimmer-Lehrgangs der *US Army Special Forces* begeben sich nach einem ausgedehnten Qualifikationsschwimmen zügig an Land.

Die meisten Bewerber sind *Sergeants* mit mindestens drei Jahren Dienstzeit

Die amerikanischen *Green Berets* sind darauf spezialisiert, die Truppen und irregulären Einheiten »befreundeter« Länder in der Guerilla- und Konterguerilla-Kriegführung zu schulen. Obwohl sie zwar auch in der Lage sind, Kommando- oder Aufklärungsunternehmungen durchzuführen, wird dies nur als Vergeudung ihrer speziellen Talente angesehen. Man überläßt diese Aufgaben daher lieber den *US Army Rangers*. Zum Auswahllehrgang der amerikanischen *Special Forces* überhaupt zugelassen zu werden, ist – gemessen an amerikanischen Verhältnissen – fast ebenso schwierig, wie diesen Lehrgang dann zu bestehen. Die meisten Bewerber aus dem Mannschafts- und Unteroffizierstand sind *Sergeants* mit mindestens drei Jahren Dienstzeit. Offiziere können sich erst nach dem vierten Dienstjahr melden. Alle Bewerber müssen in Stiefeln und Kampfanzug 50 m in einer bestimmten Zeit schwimmen können, die allgemeine ärztliche Untersuchung bestehen und die geforderte Unbedenklichkeitsbescheinigung vorweisen. Darüberhinaus müssen sie auch noch die *High School* abgeschlossen haben [A.d.Ü.: entspricht in etwa der Mittleren Reife] und ihr Sport-Leistungsabzeichen, ihre Spezial-Grundausbildung und den Unteroffizierslehrgang bestanden haben. Die Bewerber sollten ausgebildete Fallschirmspringer sein, und die meisten von ihnen haben die Rangerschule in Fort Benning hinter sich oder sogar beim 75. Ranger-Regiment gedient. Es überrascht wohl nicht besonders, daß die meisten erfolgreichen Bewerber von der Infanterie oder anderen Kampftruppen des Heeres kommen.

Die Bewerber erwartet nach ihrer Ankunft bei der *John F. Kennedy Special Warfare Center and School* (SWCS) ein harter dreiwöchiger Vorauswahl-Lehrgang, der sich *Special Forces Assessment and Selection* (SFAS) nennt und eine Art Eignungstest darstellt. Da die übliche Ausfallquote früher bei ungefähr 25 Prozent lag, wurde die SFAS eingeführt, um die Auslese für die *Special Forces* kostengünstiger zu gestalten. Durch ständige seelische und körperliche Belastungen bringt man diejenigen, die sowieso nur mit halbem Herzen dabei sind, schon zu Beginn des Ausleseverfahrens dazu, abzuspringen. Aus einer Durchschnittsklasse von 300 Bewerbern bestehen gerade mal die Hälfte die SFAS und erringen so für sich einen Platz auf dem *Special Forces Qualification Course*, dem »Q«-Lehrgang.

Dieser Lehrgang ist in drei Abschnitte unterteilt: Grundkenntnisse (*Common skills*), Ausbildung auf den Spezialgebieten (*Speciality training*), und eine Feldübung namens »*Robin Sage*«, bei der den Bewerbern all die Fertigkeiten abverlangt werden, die sie auf dem Lehrgang gelernt haben. Der *Common skills*-Abschnitt dauert fünf Wochen und konzentriert sich darauf, den Bewerbern die grundlegenden Voraussetzungen für den Aufenthalt hinter den feindlichen Linien zu vermitteln. Der Unterricht umfaßt unter anderem Spähtruppunternehmungen, Militärisches Überleben, Orientieren, waffenlose Selbstverteidigung sowie Luftlande-Infiltrations- und -Absetzverfahren. Während des *Common skills*-Abschnittes werden die Bewerber ständig von den Prüfern der jeweiligen »Fachschaften« beobachtet, die nicht nur festhalten, wie gut sie all das Vermittelte in sich aufnehmen können, sondern auch die Selbstdisziplin und das Selbstvertrauen jedes einzelnen Lehrgangsteilnehmers beobachten. Innerhalb der *US Army* ist das Ausleseverfahren der *Special*

Royal Marine Commandos stürmen aus Rigid-Raider-Sturmbooten ans Ufer. Der hohe Ausbildungsstand läßt sich nur durch ständiges Üben aufrechterhalten.

Forces ziemlich ungewöhnlich, weil die Lehrgangsteilnehmer weder irgendeinen äußeren Druck noch aufmunternde Worte erfahren. Wie beim SAS ist die Selbstmotivation die Grundlage der ganzen Ausbildung.

Am Anfang der sechsten Woche werden die Lehrgangsteilnehmer nach ihren gewählten Spezialgebieten – Waffenwesen, Fernmeldedienst, Ingenieurwesen oder Sanitätsausbildung – aufgeteilt und getrennt weitergeschult. Innerhalb eines zwölfköpfigen *A-Teams* wird diese Primär-Spezialisierung später zur Hauptaufgabe des Mannes. Für Offiziere gibt es eine eigene Lehrgruppe, in der die allgemeinen Fachgebiete, nachrichtendienstliche Fertigkeiten sowie die konterrevolutionäre Kriegführung gelehrt werden. Dort werden die künftigen Führer auch mit allen Aufgabenbereichen eines *A-Teams* vertraut gemacht. Der Offizierslehrgang wurde völlig neu konzipiert und orientiert sich mittlerweile an Richtlinien des australischen SAS. Ein Schwerpunkt liegt auf Feldübungen, die dem Bewerber die Lösung von Einsatzproblemen unter erheblichem seelischen und körperlichen Druck abverlangen. Die Amerikaner schmieden Pläne, die australische Vorgehensweise auch auf den Rest des »Q«-Lehrganges auszuweiten.

Die Ausbildung zum *Special-Forces*-Sanitäter ist mit seiner Dauer von 21 Wochen der längste Lehrgang für Mannschaftsdienstgrade und wird an der *Academy of Health Sciences* in Fort Sam Houston, Texas, abgehalten.

Die Bewerber durchlaufen dabei eine Art »Kurz-Medizinstudium«, das von der Anatomie und Physiologie bis hin zur Veterinärmedizin und feldmäßigen Operationen alles umfaßt. Jeder Tag beginnt um 04 Uhr 30 und endet erst lange nach Sonnenuntergang; dann haben die Lehrgangsteilnehmer Zeit für das Eigenstudium. Der Lehrgang ist derart intensiv, daß ein Stabsoffizier vom Lehrstab dieser Schule einmal meinte, daß die meisten zivilen Medizinstudenten den Sanitäterlehrgang der *Green Berets* wahrscheinlich nicht bestehen würden.

Die meisten anderen Lehrgänge dauern im Schnitt etwa 13 Wochen. Waffen-Unteroffiziere werden an den verschiedensten in- und ausländischen Waffentypen ausgebildet, von der Pistole bis zur Panzerabwehrkanone. Bei Einsätzen ist der Waffen-Sergeant später dafür verantwortlich, Einheimische an Waffen auszubilden und in der Taktik für Kleinverbände zu schulen. Die Pioniere lernen, Eisenbahnverbindungen, Brücken und Gebäude mit herkömmlichen und selbstgebastelten Sprengstoffen zu zerstören, und – umgekehrt – Brücken, Landestreifen, Straßen und Stellungen zu errichten.

Verdeckte Nachrichtenverbindungen sind für die Versorgung mit Nachschub, die Heranführung von Verstärkungen und die Herauslösung der *Green-Beret-Teams*, die im feindlichen Hinterland operieren, absolut lebenswichtig. Die Teilnehmer des Funker-Lehrgangs müssen fundierte Kenntnisse in den Bereichen Antennenbau,

Speznas oder russische Fallschirmjäger üben den Nahkampf mit aufgepflanztem Bajonett. Die Speznas erkoren sich den Wolf zum Wahrzeichen – aufgrund seiner Schläue, Zähigkeit und Wildheit.

Verschlüsseln und Entschlüsseln von Meldungen, den Grundlagen der »Hochgeschwindigkeits-Übermittlung« und des »Frequenzen-Springens« vorweisen können. Am Ende des Lehrganges müssen sie in der Lage sein, mit einer Geschwindigkeit von acht Wörtern pro Minute zu morsen und zu empfangen.

Mit dem Fallschirm gehts ab ins »Reich der Kiefern«

Den letzten Abschnitt des Ausleseverfahrens bildet die Feldübung, die so angelegt ist, daß in ihrem Verlauf sämtliche während der beiden übrigen Abschnitte erlernten Kenntnisse und Fertigkeiten getestet werden. Diese Übung simuliert einen realistischen Einsatz. Die Lehrgangsteilnehmer werden in *A-Teams* aufgeteilt und mit dem Fallschirm über dem Uwharrie Forst in Nordcarolina abgesetzt. Sobald sie dann im »Reich der Kiefern« sind, tun sich die Teams mit ortsansässigen Familien zusammen, die die Rolle der einheimischen Widerstandsgruppen spielen.

Sind die »Guerillas« dann ausgebildet und organisiert, werden sie in einer Reihe von Überraschungsangriffen und Hinterhalten gegen die »Truppen des bösen Diktators« geführt, die von der 82. Luftlandedivision dargestellt werden.

Die Männer, die den »Q«-Lehrgang erfolgreich bestanden haben, erhalten in einer Feierstunde ihr grünes Barett

und den Ärmelstreifen mit dem Schriftzug »Special Forces«. Da das grüne Barett auch von allen Spezialisten getragen wird, die den Special Forces angegliedert sind, ist es dieser am linken Oberarm getragenen Ärmelstreifen, der den Absolventen des »Q«-Lehrgangs kennzeichnet.

Die moderne Technologie hat dazu geführt, daß Kommandounternehmen und andere verdeckte Operationen immer schwerer durchzuführen sind. Hochentwickelte Radarsysteme, moderne Kampfflugzeuge, Überwachungsflugzeuge mit AWACS sowie Luftabwehr-Raketensysteme sind dafür verantwortlich, daß Massenabsprünge von Fallschirmjägern, wie sie im Zweiten Weltkrieg und teilweise auch danach noch durchgeführt wurden, heute kaum mehr möglich sind.

Auch lange, einsame Küstenlinien, an denen in der Vergangenheit Spezialeinheiten wie die britischen Commandos unbemerkt an Land gehen konnten, werden mittlerweile durch umfassende Radar- und Sonar-Verteidigungssysteme abgedeckt. Die Folge daraus ist, daß moderne Kommandotrupps ihre Ziele jetzt mit Hilfe kleiner Unterwasserfahrzeuge oder mittels Freifallschirmen angehen. Während die meisten Elite-Einheiten für unkonventionelle amphibische und Luftlande-Unternehmen jeweils über ihre eigenen, hochtrainierten Einheiten verfügen, tun sich die US Navy Special Warfare Groups (NAVSPECWARGRU), die Gruppen der US-Marine für die unkonventionelle Kriegführung, in diesen beiden gefahrenträchtigen Aufgabenbereichen besonders hervor.

Die US-Marine verfügt gleich über zwei dieser Gruppen. NAVSPECWARGRU ONE ist in Coronado, Kalifornien, stationiert und untersteht der Pazifischen Flotte. Darüberhinaus unterhält sie eine vorgeschobene Einheit (Naval Warfare Unit One) zur Ausbildung und Unterstützung im Subic Bay-Komplex auf den Philippinen. NAVSPECWARGRU TWO liegt in Little Creek, Virginia, und steht dem Oberkommandierenden der Atlantischen Flotte (CINCLANTFLT) und dem Oberkommandierenden der US-Seestreitkräfte in Europa (CINCUSNAVEUR) als Marine-Planungsgruppe für unkonventionelle Kriegführung zur Seite. Sie unterhält auf dem Roosevelt Road-Stützpunkt in Puerto Rico die Naval Warfare Unit Two. Jede der beiden Special Warfare Groups setzt sich aus drei Sea-Air-Land-Teams (SEAL) und einem Swimmer Delivery Vehicle-Team (SDV) zusammen (früher unter der Bezeichnung Underwater Demolition Teams geführt).

Dabei werden sie von einer Special Boat Unit unterstützt, deren Angehörige im Umgang mit Kleinbooten besonders ausgebildet sind. Der letzte Bestandteil einer NAVSPECWARGRU sind die Inshore Undersea Warfare Groups, die die Aufgabe haben, Einrichtunge der US-Marine gegen Angriffe feindlicher Spezialeinheiten zu schützen.

Artistische Einlage während der Nahkampfausbildung. Entschlossenheit, Kraft und körperliche Gewandtheit sind Grundvoraussetzungen für den Sieg beim Kampf Mann gegen Mann.

Die *US Navy SEALs* und die SDV-Teams gehören sicher zu den bestausgebildetsten Eliteverbänden der US-Streitkräfte. Ihre Angehörigen durchlaufen das gleiche eiserne Ausleseverfahren, und Soldaten einer ganzen Reihe von Marine-Spezialverbänden haben schon in beiden Einheiten gedient. Wer sich bei den SEALs bewirbt, muß Qualifikationen auf einem der folgenden Spezialgebiete nachweisen können: Sanitätsausbildung, Computer- und Fernmeldetechnik, Pionierwesen oder Elektronik; er muß eine gründliche ärztliche Tauchereignungsprüfung bestehen und bei mehreren körperlichen und psychischen Eignungstests überdurchschnittliche Ergebnisse erzielen. Die einzige Möglichkeit, Zugang zu dieser »Elite der Eliten« zu bekommen, besteht darin, das berüchtigte *Basic Underwater Demolition/SEAL*-Ausbildungsprogramm (BUDS) mit Erfolg abzuschließen.

Die ersten vier BUDS-Wochen kann man mit Fug und Recht als hart bezeichnen. Jeder Abschnitt der Ausbildung verläuft nach Wettkampfprinzipien, da die verschiedenen Teams außer gegen die Uhr auch gegeneinander antreten müssen. Nach einer zweiwöchigen Aufwärmperiode lernt die Ausbildungsabteilung die Handhabung der unterschiedlichen leichten Bootstypen, bevor sie sich dann mit Strandaufklärung und Fernspähtätigkeiten an Land befaßt. Doch erst die schier endlose Wiederholung von Übungen, die im scharfen Schuß stattfinden; und der ständige Druck, die Genauigkeit, die Abstimmung und die Zusammenarbeit innerhalb der Gruppe zu verbessern, führen zur Vervollkommnung. Während ein Großteil der Öffentlichkeit die SEALs für so etwas wie Kampfschwimmer hält, ist sich die US-Marine klar darüber, daß dies eine völlig einseitige Vorstellung ist.

Wie ihr Name bereits sagt, können diese Männer in jeder Umgebung kämpfen, auch weit im Hinterland des Gegners, was auch die jüngsten Operationen im Golfkrieg 1991 bewiesen.

Der erste Auslese- und Ausbildungsabschnitt findet seinen Höhepunkt in der Motivations- oder auch »Höllenwo-

Soldaten beim Üben von *Sambo*, der russischen Kampfkunst. Dieses Bild entstand Anfang Februar.

che«, ein Name, den sie nicht zu Unrecht trägt. Über die Hälfte der ursprünglichen Lehrgangsteilnehmer sind mittlerweile nicht mehr dabei – entweder wurden sie von den Ausbildern abgelöst oder sie läuteten dreimal eine Messingglocke, um ihr freiwilliges Ausscheiden kundzutun.

Mit der sechsten Woche beginnt die Spezialausbildung, zuerst mit langen Schwimmstrecken und Freitauch-Übungen, die das Selbstvertrauen stärken sollen. Um auf dem BUDS verbleiben zu können, muß jeder Mann unter Wasser eine Strecke von 45 m schwimmen und über Wasser einen 8-km-Marathon erfolgreich beenden. Der Lehrgang wird dann für das Tauchtraining paarweise aufgeteilt. Der Unterricht beginnt mit Sporttaucher-Ausrüstungen, führt aber weiter fort, bis hin zum LARV-5 Draeger-Sauerstoffkreislaufgerät, das keine verräterischen Luftblasen mehr entweichen läßt. Durch die jüngsten Entwicklungen im Bereich der Wärmebildgeräte wurde die Verwendung von Taucherausrüstungen, aus denen Blasen aufsteigen, zu einem unverantwortbaren Risiko.

Während sie in pechschwarzem Wasser schwimmen, mit einem Kompaß als einziger Orientierungshilfe, müssen die Lehrgangsteilnehmer auf alle Tauchernotfälle, die auftreten könnten, mit der militärisch richtigen und taktisch geeigneten Hilfsmaßnahme reagieren.

Der CO_2-Filter in dem Gerät hat die Aufgabe, Abfallprodukte zu entfernen und die vom Taucher eingeatmete Luft zu reinigen; doch wenn Meerwasser in das Gerät gelangt, setzen die Chemikalien ein gefährliches Gasgemisch frei, das die Lungen des Tauchers verätzt. Sollte dies eintreten, muß er sofort auftauchen – allerdings ohne dabei die Aufmerksamkeit des Ausbilders, der die Rolle eines feindlichen Postens übernommen hat, auf sich zu ziehen.

Die Lehrgangsteilnehmer lernen außerdem die ganze Vielfalt der verschiedenen Fahrzeuge kennen, mit denen sie sich ihren Zielen nähern können. Sechs Atom-

Uboote wurden speziell für SEAL-Operationen umgebaut, unter ihnen die schon recht betagte THOMAS A. EDISON, die THOMAS JEFFERSON und zwei Boote der Polaris-Klasse, die SAM HOUSTON und die JOHN MARSHALL. Jedes dieser Boote kann an Bord mehrere Behälter mitführen, die für den Transport von SDVs (Klein-Uboote und Unterwasserfahrzeuge) bestimmt sind, mit denen die Teams durch die gefährlichen Gezeiten und Strömungen bis an die feindliche Küste gebracht werden sollen. Die Navigation des SDV-Bootes über Wasser erfolgt mit Hilfe eines rechnergestützten Satelliten- und »Doppler«-Navigationssystems. Sobald das Ziel erreicht ist, lassen sich diese Boote dicht an den entsprechenden Hafenanlagen absinken und setzen Sonargeräte ein, um Uboot-Netzen und Patrouillenbooten aus dem Weg gehen zu können. Um unter Wasser untereinander und mit dem Mutterschiff Kontakt zu halten, verwenden die Lehrgangsteilnehmer UTEL-Mikrofone. Die Vorrichtung ist batteriebetrieben und hat unter Wasser eine effektive Reichweite von rund 9100 m. Nun können gegnerische Schiffe im Hafen mittels eines ganzen Sortiments leichter Plastik-Haftminen und Sprengladungen ausgeschaltet werden, oder, wenn dies nicht möglich sein sollte, von in Küstennähe lauernden SDVs – wie etwa dem EX-IX – mit weitreichenden Mk-37-Torpedos unter Beschuß genommen werden.

Es hat auch seine Nachteile, in 10 km Höhe aus dem Flugzeug zu steigen

Auf die Spezialausbildung für den Unterwassereinsatz folgt ein Fallschirmspringerlehrgang mit Automatikschirmen. Darüberhinaus üben die angehenden *Seals* sogenannte nasse Sprünge mit und ohne Gepäck ins Meer. *SEAL-Teams* kann es, je nach Auftrag, ziemlich weit ins Landesinnere verschlagen. Infolgedessen streben viele SEAL-Angehörige nach ihrer Übernahme eine »Weiterbildung« an und besuchen Lehrgänge in den Freifalltechniken HALO (*High Altitude – Low Opening*, also Absprung in großer Höhe, Schirmöffnung in geringer Höhe) und HAHO (*High Altitude – High Opening*, also Absprung in großer Höhe, Schirmöffnung in großer Höhe). Das militärische Freifallverfahren HALO erlaubt es dem Springer, unbemerkt herabzuschweben, ohne von der gegnerischen Radarüberwachung erfaßt zu werden. Es hat allerdings auch seine Nachteile, in über 10 km Höhe aus dem Flugzeug zu steigen. Erfrierungen können in diesen Höhen schon nach wenigen Minuten auftreten und der Sauerstoffgehalt der Luft ist so niedrig, daß der Fallschirmspringer neben der Schutzbekleidung auch eine Sauerstoffausrüstung tragen muß. Hinzu kommt noch der Haupt- und der Reserveschirm, ein Höhenmesser, Waffen und Gepäck sowie die sonstige Ausrüstung. Bepackt zu sein mit solch einer Unmenge an unhandlicher Spezialausrüstung führt zwangsläufig dazu, daß die Stabilität in der Luft in einem erheblichen Maße beeinträchtigt wird. Sollte der Fallschirmspringer bei seiner Endgeschwindigkeit (190 km/h) ins Trudeln kommen, könnte dies möglicherweise katastrophale Folgen für ihn haben – im günstigsten Fall gelingt es ihm eventuell, noch rechtzeitig die Reißleine zu ziehen und direkt unter den Augen des Feindes herabzuschweben. Die meisten militärischen Freifaller-Schirme sind Matratzenschirme, die eine Gleitzahl von 4 zu 1 und besser aufweisen, wodurch ein Freifallertrupp geschlossen und punktgenau landen kann. Um auszuschließen, daß es durch menschliches Versagen, oder durch das Versagen des Höhenmessers, zu tödlichen Unfällen kommt, wurden die Schirme mit einer barometrischen Öffnungsvorrichtung ausgerüstet, die so eingestellt ist, daß sich die Fallschirmkappe bei 600 m automatisch öffnet.

Die Speznas-Ausbildung strebt größtmögliche Wirklichkeitsnähe an

Eine weitere Technik, Fallschirmspringer aus großer Höhe abzusetzen, stellt das Gleiteinsatzverfahren HAHO dar. Hier muß das Flugzeug nicht in den gegnerischen Luftraum eindringen. Es wurde mit großer Wahrscheinlichkeit auch während der Operation »Desert Storm« verwendet, um Einsatztrupps nach Kuwait und in den Süd-Irak einzuschleusen. HAHO-Fallschirmspringer verlassen ebenfalls in großen Höhen (über 10 km) ihr Flugzeug, öffnen ihren Schirm aber unmittelbar nach dem Absprung. Nun gleiten sie zur festgelegten Landezone (LZ), die sich 50 km und mehr vom Ausgangspunkt entfernt befinden kann. Dies ist ein vergleichsweise einfaches Verfahren, mit dem sich viele Probleme vermeiden lassen, die der HALO-Freifall mit sich bringt. Freilich gab und gibt es hin und wieder Schwierigkeiten, die LZ zu finden, vor allem bei Nachtsprüngen. Dieses Problem läßt sich nun seit einiger Zeit durch ein GPS-Satelliten-Navigationssystem bewältigen, das, in einem kleinen Behälter vor der Brust getragen, den Springer zu seiner LZ lenkt.

Sämtliche Lehrgänge für die *US Navy SEALs* (nach ihrer Übernahme) finden im *Special Warfare Center* in Fort Bragg, Nordcarolina statt, wo für die Männer die meisten Fächer auf dem Lehrplan stehen, die auch während des Ausleseverfahren der *Special Forces* Thema waren. Die Ausbildung der SEALs ist niemals wirklich abgeschlossen, doch wenn die Männer erst einmal ihre Ausbildung in fremden Dschungeln, der Wüste und der Arktis hinter sich gebracht haben, wird ihr Ausbildungsstand als zufriedenstellend erachtet. So also sieht das Programm jener Männer aus, von denen gefährliche Unternehmungen rund um die Welt verlangt werden.

Eine weitere, für ihre harte Ausbildung bekannte Einheit ist *Speznas*, die Spezialeinsatztruppe der ehemaligen Sowjetunion, die auch heute noch in der GUS, der Gemeinschaft Unabhängiger Staaten, weiterbesteht. Ihrem Wesen nach sind die Speznas in kleinen Gruppen operierende Elite-Einheiten, die weit in den gegnerischen Raum eindringen, um dort ganz bestimmte Aufgaben zu erfüllen: Ausschaltung von Abschußvorrichtungen für Nuklearwaffen, Kommandozentren, Luftabwehrsystemen oder die Liquidierung von Schlüsselfiguren

Ein Wink für die Spezialeinheiten der Zukunft? Eine israelische Fallschirmspringerin nach dem Sprung.

des militärischen und politischen Lebens. Da derartig gelagerte Aufträge enorme Risiken mit sich bringen, sehen die Programme der Speznas eine möglichst wirklichkeitsnahe Ausbildung vor, um den Schock des ernsten Einsatzes von vorneherein abzufangen.

Die Sturmbahnen sollen eine möglichst realistische Darstellung von Gefechtssituationen vermitteln und sind daher so angelegt, daß die Speznas-Soldaten dort Feuer- und Wasserhindernisse bewältigen, in beträchtlicher Höhe auf Hausdächern herumspringen und Gelände überqueren müssen, das unter scharfem Beschuß liegt. Das Ausbildungsniveau der Speznas im waffenlosen Nahkampf und in der Beherrschung ihrer Waffen ist beeindruckend. Ebenso wie die Elite-Einheiten der übrigen Welt befinden sich auch die Speznas stets in höchster Alarmbereitschaft. Wie ihre »Vorstellungen« in Afghanistan bewiesen, fehlt es ihnen sicher nicht an Ideen und Kampfgeist.

Die Royal Marines

Die *Royal Marine Commandos* haben sich in den Kämpfen des Zweiten Weltkriegs, während der Suez-Krise, in Aden, aber auch im Fernen Osten und auf den Falklands hervorgetan. Sie bilden heute die amphibische Angriffsspitze der britischen Streitkräfte.

Die britische Marineinfanterie wurde am 5. November 1664 in Bunhill Fields, einem Stadtteil Londons, ins Leben gerufen. Ursprünglich als *Duke of York and Albanys Maritime Regiment of Foot* aufgestellt, wurde sie bald unter dem Namen *Lord High Admirals Regiment* bekannt. Im Zweiten und Dritten Englisch-Holländischen Krieg (1664–67 und 1672–74) wurden diese 1200 »Seesoldaten« auf die Schiffe der *Royal Navy* (Königliche Marine) verteilt, um bei Seegefechten mit den Holländern als Scharfschützen zu kämpfen und feindliche Enterkommandos zurückzuschlagen. Damit nahm eine dauerhafte Verbindung zu der Marine ihren Anfang, bei der die *Marines* die Rolle der Landungs- und Prisenkommandos übernahmen, aber auch für die Aufrechterhaltung der Disziplin an Bord der Linienschiffe [A.d.Ü.: der großen Kriegsschiffe] zu sorgen hatten. Als König Georg III. sie im Jahr 1802 feierlich in *Royal Marines* (RM) umbenannte, schien ihre Zukunft gesichert zu sein. Im Ersten Weltkrieg kämpften die Marines zusammen mit der *Royal Naval Division* an der Westfront und nahmen an dem berühmt gewordenen Überfall auf die deutsche Uboot-Basis in Zeebrugge (23. April 1918) teil. Doch obwohl zu den Aufgaben der Marines mittlerweile auch die von Marineartilleristen hinzugekommen war, so unterschied sich ihre Verwendung am Ende des Ersten Weltkrieges dennoch kaum von der, die sie schon im Siebzehnten Jahrhundert innehatten. Sie waren immer noch in erster Linie »Seesoldaten« und diese Tradition schien unumstößlich zu sein.

Der Wandel hin auch zu amphibischen Operationen begann in den frühen 20er Jahren unseres Jahrhunderts damit, daß die *Royal Marine (RM) Light Infantry* und die *Royal Marine Artillery* wieder zu einem Korps zusammengeschlossen wurden. Dieses Korps wiederum setzte sich aus der *Mobile Naval Base Defence Organisation* (Mobile Marinestützpunkt-Verteidigung), die die Kriegshäfen und Stützpunkte der RN schützte, und der *Royal Marines Division* zusammen, die im Rahmen von Landeoperationen und verschiedenen anderen Unternehmen an Land eingesetzt wurde. Der verbleibende Rest, weniger als ein Drittel des Korps, blieb Bestandteil der Marineartillerie-Abteilungen. Im Jahr 1942 wurden dann die *Royal Marine Commandos* aufgestellt, um gemeinsam mit den elf Bataillonen der *Army Commandos* [A.d.Ü.: die Commando-Bataillone der Marine lassen sich von denen des Heeres dadurch unterscheiden, daß die Bataillonsnummern der Marine-Commandos alle über 40 liegen] in den vier *Special-Service (Commando)-* Brigaden zu dienen, die unter dem Oberbefehl des *Director of Combined Operations* standen [A.d.Ü.: dabei handelt es sich um den Chef des für die Kommandokriegsführung zuständigen Stabes].

Marineinfanteristen an einem lafettierten Maschinengewehr GPMG während eines Gefechtsschießens in Norwegen. Dank häufiger Übungen in nördlichen Gefilden konnte die britische Marineinfanterie mittlerweile wertvolle Erfahrungen im Bereich der Kriegführung unter arktischen Bedingungen sammeln.

Unter den ersten Einheiten, die zum Einsatz kamen, war *40 (RM) Commando*, das im August 1942 gemeinsam mit dem 3. und 4. Commando-Bataillon und 50 Mann des 1. US Ranger-Bataillons auf den blutgetränkten Stränden von Dieppe focht. Das Landungsunternehmen auf dieses kleine französische Seebad war so etwas wie eine Generalprobe für die große Landung in der Normandie und sollte darüberhinaus zur Beschwichtigung der Sowjets dienen, die von den Westalliierten beharrlich die Eröffnung einer zweiten Front in Europa forderten. Doch der Überraschungsmoment dieser Operation ging bereits sehr früh verloren und der große Strand von Dieppe verwandelte sich für die aufeinanderfolgenden Wellen kanadischer Infanterie rasch in eine große Falle. Die Commandos griffen inzwischen die beiden Küstenbatterien an, die in den Flanken des Hauptlandungsabschnittes lagen. Auch wenn die Infanterie sehr hohe Verluste erlitten hatte, waren zumindest die Commando-Operationen einigermaßen erfolgreich verlaufen, und später wurden sowohl die Commandos als auch die Luftlandetruppen eingesetzt, um im Juni 1944 an den Invasionsstränden der Normandie die Flanken zu sichern und auszudehnen.

In Italien erlitt die Commando-Brigade schwerste Verluste

Nach dem Überfall auf Dieppe stieß *40 Commando* zum *43 Commando*, sowie zum 2., zum 9. und zum 10. Commando-Bataillon, die für die Operationen in Italien zur *2nd Special Service (Commando) Brigade* zusammengefaßt worden waren. Während des gesamten Feldzuges wurde die Brigade als normaler Infanterieverband mißbraucht und erlitt schwerste Verluste, als sie deutsche Stellungen im Appeninengebirge nehmen sollte. Im April 1943 wurden dann die Commandos wieder mit einer unkonventionellen Aufgabe betraut, die ihnen gerechter wurde – der Unterstützung von Titos Partisanen auf den Inseln Dalmatiens. Gegen Ende des Krieges kehrte die Brigade wieder nach Italien zurück, wo sie im April 1945 gemeinsam mit anderen Commando-Einheiten und dem *Special Air Service* (SAS) den Angriff über die Comacchio-Lagune durchführte.

Für den Einsatz in Fernost wurde im November 1943 die *3 Special Service (Commando) Brigade* aufgestellt, die sich aus dem 1., dem 5., dem 42. (RM) und dem 44. (RM) Commando-Bataillon zusammensetzte. An der endgültigen Rückeroberung Burmas durch die Alliierten war die Brigade ebenso beteiligt wie an den amphibischen Landungen in Arakan; sie unterstützte zudem den Vorstoß auf Mandalay.

Die beiden anderen *Special Service Brigades* wurden als Unterstützungsverbände speziell für die Invasion in Frankreich gebildet. Die *1 Special Service (Commando) Brigade* wurde von Brigadegeneral Lord Lovat aufgestellt und setzte sich aus dem 3., 4., 6. und 45. (RM) Commando zusammen, während die *4 Special Service (Commando) Brigade* ausschließlich aus *Royal-Marines*-Angehörigen bestand – zusammengesetzt aus vier Commando-Bataillonen (41., 46., 47. und 48.) unter dem Befehl eines *Royal Marine*, Brigadegeneral (»Jumbo«) Leicester.

Die Stellungen lagen bereits unter dem Feuer der 21. Panzerdivision

Die Commandos sollten am Tag der Invasion eine Bresche in den deutschen Atlantikwall schlagen, der aus Kampfständen für die Infanterie und Artilleriestellungen

Männer des *40 Commando* am Comacchio-See, April 1945. Die Kämpfe, die um diese Schlüsselpositionen ausgefochten wurden, forderten von den Commandos einen hohen Blutzoll.

bestand, die mit Minenfeldern gesichert waren. Diese teilweise hervorragend ausgebauten Abwehrstellungen, in die auch die Fischerdörfer und Seebäder mit einbezogen worden waren, durch die leicht bewaffneten Commandos direkt angreifen zu lassen, wäre verheerend gewesen. Daher wurde zuerst Infanterie an Land gebracht, deren Aufgabe darin bestand, mit Unterstützung von Panzern und speziellen gepanzerten Fahrzeugen die Hindernisgürtel zu durchbrechen und am Strand einen Brückenkopf zu bilden. Die Commandos selber landeten erst 90 Minuten später. Sie sollten die zahlreichen deutschen Kampfstände ausschalten und die Brückenköpfe nach vorne und in den Flanken erweitern, um eine Verbindung zwischen den britischen und den kanadischen Truppen zu schaffen und die *6 Airborne Division* zu verstärken.

Die Commandos von Lord Lovats Brigade landeten im Angriffsabschnitt »Sword« und nahmen ihre ursprünglichen Angriffsziele, überließen allerdings die schwer befestigte Geschützstellung im Innern des Casinos von Ouistreham den französischen Commandos [A.d.Ü.: diese waren, als Kontingent der »Freien Franzosen« des General de Gaulle, der 1. Brigade zugeteilt]. Zur Mittagszeit erreichten die Commandos die »Pegasus«-Brücke über den Kanal von Caen. Im Süden lagen die Verteidigungsstellungen bereits unter dem Feuer von Teilen der 21. Panzerdivision, die in Richtung auf die Invasionsstrände durchzubrechen versuchte. Die Batterie von Merville, nahe der Küste, die beim Angriff der Fallschirmjäger in den frühen Morgenstunden gestürmt worden war, befand sich wieder in deutscher Hand und nahm den »Sword«-Strand unter Feuer. Weiter nördlich hielten die Deutschen noch immer die Küstenstädte Franceville Plage und Cabourg sowie die Straßen in der Umgebung. Lord Lovats Männer ließen bei der Brücke eine Abteilung zurück und marschierten auf ihre Angriffsziele zu. Endlich, gegen Abend, erblickten sie die sehnlichst erwarteten Verstärkungen der *6 Air-Landing Brigade*, die in ihren Lastenseglern über der französischen Küste heranschwebten.

Während der nächsten beiden Tage kämpften sich die Commandos immer weiter nach Norden auf die Küste zu. Während zwei *Troops* [A.d.Ü.: entspricht in etwa einem Einsatzzug] des 3. Commandos abgestellt wurden, um die Batterie zum Schweigen zu bringen, säuberten die *Royal Marines* vom *45 Commando* Sallenelles und Merville, bevor sie die deutschen Truppen in Franceville Plage angriffen. Die *Royal Marines* hatten ihre Rucksäcke am Stadtrand abgelegt und kämpften sich nun, Garten für Garten, Haus für Haus, zum Strand vor. Als jedoch die Deutschen einen Gegenangriff vortrugen, konnten die *Royal Marines* ihre Stellungen in Franceville Plage nicht mehr länger halten. Die Stadt Sallenelles hinter ihnen hatte in erbitterten Nahkämpfen bereits mehrmals den Besitzer gewechselt. Über die Hälfte der Männer vom *45 Commando* waren tot, vermißt oder verwundet. Am 8. Juni gegen Mitternacht zogen sich die *Royal Marines* auf die britischen Linien bei Merville zurück. Einige der Commandos, die durch drei Tage ununterbrochenen Kämpfens völlig

Soldaten des *41 Commando* bereiten in Korea eine strategisch wichtige Eisenbahnlinie zur Sprengung vor.

erschöpft waren, schliefen einfach ein und wurden von den bösen Deutschen getötet, als diese die Stadt zurückeroberten.

Auch an den übrigen britisch-kanadischen Angriffsabschnitten mußten die anderen *Royal Marine Commandos* empfindliche Verluste einstecken. Im »Sword«-Abschnitt griff das 41. Commando unter heftigem Abwehrfeuer Lion-sur-Mer an, bevor es gegen die Funkmeßstellung bei Douvres vorging. Sowohl das 48. als auch das 46. Commando-Bataillon landete im »Juno«-Abschnitt, wobei das *48 Commando* annähernd die Hälfte seiner Männer auf dem Kieselstrand des Badeortes St. Aubin verlor, der im Schußfeld der noch vorhandenen Beton-Bunker auf der anderen Seite lag. Dennoch rückten sie weiter ostwärts vor, um die gleichfalls heftig verteidigte Küstenbefestigungen von Langrune anzugreifen. Das *46 Commando*, das am Tag darauf landete, marschierte nach Süden, wo es ihm gelang, die Übergänge über die Mue zu sichern und die jungen Soldaten der 12. SS-Panzerdivision »Hitlerjugend« aus den Ortschaften Le Hamel und Rots zu werfen. Das *47 Commando* schließlich landete auf dem Strand im »Gold«-Abschnitt, um das Fischerdorf Port-en-Bessin von hinten her einzunehmen. Hier, bei diesem stark verteidigten Hafen, zwischen den Stränden von »Gold« und »Omaha«, sollte die Treibstoff-Leitung der Alliierten, »Pluto« (*Pipeline Under The*

Marineinfanteristen in Port Said. Im Zuge der Operation »Musketeer« landeten 1956 britische und französische Verbände in Ägypten.

Ocean), die auf dem Meeresgrund des Ärmelkanals hindurchführte, schließlich enden.

Während der nächsten, entscheidenden Wochen, in denen sich die Alliierten auf den Ausbruch vorbereiteten, hielten die beiden Commando-Brigaden und die Fallschirmjäger auch weiterhin die linke Flanke besetzt. Am 17. August, als die Alliierten dann ostwärts in Richtung Seine vorstießen, wurde die linke Flanke der kanadischen Ersten Armee noch immer von den Männern mit den grünen und den roten Baretts gesichert. Als sich die Deutschen endlich zurückzogen, die Brücken über Kanäle und Flüsse hinter sich in die Luft jagend, blieben ihnen die Commandos und Paras dicht auf den Fersen.

Bei Pont l'Eveque erzwang die *3 Parachute Brigade* unter heftigem Artilleriefeuer den Übergang über den tiefen Fluß Touques und drang in die Stadt ein, die ein einziges Flammenmeer war und in der solch eine Hitze herrschte, daß in den Straßen die Panzer einfach anfingen zu brennen. Die Paras kämpften sich langsam durch die Außenbezirke der Stadt vor, und es gelang ihnen, dank der Unterstützung der beiden Commando-Brigaden, die zur selben Zeit einen Flankenangriff unternahmen, die Brücken über den Fluß zu sichern. Der Kommandeur der Fallschirmtruppen, Generalmajor Richard Gale, meinte dazu später: »...die Grünen und Roten Baretts haben gekämpft wie eins.«

Als sich die *Royal Marines* der *4th Special Service Brigade* im September 1944 nach Walcheren in den Niederlanden durchkämpften, erlebten sie erneut eine Landung, der erbitterter Widerstand entgegenschlug. Bei diesem Einsatz halfen sie dabei, die Schelde-Mündung zu räumen, um so den Hafen von Antwerpen für die alliierte Schifffahrt freizubekommen. Nachdem Walcheren eingenommen worden war, fuhr die Brigade damit fort, die

Malaysia, 1965: Bootspatrouille des *42 Commando* auf einem Fluß der Provinz Sabah, nahe der indonesischen Grenze.

deutschen Kräfte auf den Inseln im Mündungsgebiet von Maas und Rhein zu bedrängen. Mittlerweile wurde die *1st Special Service Brigade*, zu der das 45. und *46 (RM) Commando* gehörten, dazu verwendet, um an mehreren Stellen den Westwall zu durchstoßen. Als es im April 1945 zum Angriff auf Osnabrück und zur Überquerung der Weser kam, tat sie sich erneut mit der *6 Airborne Division* zusammen.

Nach 1945 nahmen die *Royal Marines* an zahlreichen außereuropäischen Einsätzen teil. So machten das 40., 42. und 45. Commando-Bataillon 1956 die Operation »Musketeer« in Ägypten mit. Die britisch-französische Intervention erfolgte als Reaktion auf die Verstaatlichung des Suez-Kanals durch Präsident Nasser. Am 6. November 1956 gingen *40 Commando* und *42 Commando* in Amphibienfahrzeugen und Sturmbooten bei Port Said an Land. Das *45 Commando* kam aus der Luft – es führte einen der ersten Hubschrauber-Luftlandeeinsätze unter Gefechtsbedingungen durch. Gemeinsam mit den Paras und den Panzern des *6th Royal Tank Regiment*, unterstützt von Marinefliegern der *Fleet Air Arm* und den Schiffsgeschützen, warfen die Commandos in den folgenden Tagen die ägyptischen Truppen aus Port Said. Die *Royal Marines* waren in erheblichem Maße daran beteiligt, als es anschließend an die undankbare Arbeit ging, die einzelnen Gebäude der Stadt nach ägyptischen Soldaten zu durchsuchen. Sie verloren während des Ägypten-Abenteuers, das sich als politischer Fehlschlag entpuppte, insgesamt neun Tote und 60 Verwundete.

Nach einem langen Marsch in glühender Hitze griffen die Marines an

Von April 1960 bis November 1967 standen die *Royal Marines* in der Stadt Aden und in der gleichnamigen Kolonie [A.d.Ü.: dem heutigen Jemen]. Die Commandos mußten in ihren Kämpfen mit den Einheiten der *National Liberation Front* (NLF), der *Front for the Liberation of South Yemen* (FLOSY) und der Südarabischen Liga alles aufbieten, was sie an Durchhaltevermögen und Kraft besaßen.

Die britischen Verbände unternahmen zahlreiche Vorstöße in die von Rebellen kontrollierten Gebiete. Einer davon, die Operation »Cut« aus dem Jahre 1965, verdient vielleicht eine besondere Erwähnung. Dabei griff das *45 Commando* eine Rebellenstellung etwa 10 km östlich von Dhala in der unwirtlichen Radfan-Region an. Dieser Einsatz unterschied sich in keiner Weise von denen, die sonst in diesem menschenfeindlichen Gelände stattfanden: nach einem langen Anmarsch bei glühender Hitze griffen die Marines die Rebellen mit Luftunterstützung an. Die Stellung wurde anschließend genommen, nur um bereits nach kurzer Zeit wieder aufgegeben zu werden.

Ihrer überlegenen Ausbildung verdankten die Marines manchen Erfolg

Der Krieg gegen einen Feind, der einfach nicht zu fassen war, ging unvermindert weiter; so unternahm *45 Commando* 1965 über einen Zeitraum von zwei Monaten nicht weniger als 305 größere Aufklärungsunternehmen alleine im Gebiet des Radfan. Als sich die britische Herrschaft in der Kolonie ihrem Ende zuneigte, wurde *45 Commando* auch für Sicherungsaufgaben in der Hafenstadt Aden eingesetzt. Die labyrinthähnlichen, verwinkelten Straßen und Gassen der Altstadt waren für Heckenschützen und Handgranatenüberfälle geradezu ideal. Die Briten, und damit auch die Marines, zu denen kurzzeitig noch das *42 Commando* gehört hatte, verließen die Stadt am 29. November 1967 endgültig.

Royal Marines waren auch im Fernen Osten im Einsatz, wo sie an der Verteidigung des frischgegründeten Bundesstaates Malaysia gegen seinen aggressiven Nachbarn Indonesien teil hatten. Sowohl das *No 40 Commando* als auch das *42 Commando* wurden hauptsächlich im Südwesten des Landes, in der Region Sarawak eingesetzt. Zwischen 1962 und 1966 führten die Marines eine Vielzahl von Operationen in den Sümpfen, Flüssen und Wasserwegen der Region durch; sie legten Hinterhalte und unternahmen grenzüberschreitende Überfälle. Ihrer überlegenen Ausbildung und Waffenbeherrschung verdankten die Marines so manchen Erfolg. Im August 1963 kam es zu einem besonders erwähnenswerten Zwischenfall, als eine stärkere Abteilung von Guerillas und regulären indonesischen Truppen einen Grenzposten angriff, der von einer Kompanie des *42 Commando* und einer Abteilung der örtlich aufgestellten *Border Scouts* besetzt war. Obwohl sie während der folgenden drei Nächte wiederholten und heftigen Angriffen ausgesetzt waren, hielten sie die Stellung. In der vierten Nacht wagte die Besatzung sogar einen Ausfall und warf den Feind wieder über die Grenze zurück. Die Operationen in dieser fremdartigen Dschungelwelt, bei denen auf lange Zeiträume, die lediglich mit Spähtrupps und Feindbeobachtung ausgefüllt waren, plötzlich wieder kurze, heftige Zusammenstöße mit dem Feind folgten, stellten die Marines auf eine harte Probe. Doch Anfang 1966 hatte die Standfestigkeit der Soldaten aus Großbritannien, Malaysia und den Ländern des Commonwealth die Indonesier langsam zermürbt. Präsident Sukarno, der die »Konfrontation« ausgelöst hatte, wurde im März des Jahres nach blutigen Unruhen gestürzt. Fünf Monate später schlossen Indonesien und Malaysia Frieden.

Seit Beginn der sogenannten »Unruhen« im Jahre 1969, patrouillieren die *Royal Marines* auch in den sechs nordirischen Provinzen und leisten so vielleicht mit einen Beitrag, den Terror in diesem schier endlosen Krieg einzudämmen.

Im April 1982 kam es im Südatlantik zu einem größeren Konflikt, als argentinische Truppen auf den Falkland-Inseln landeten und sie zu Bestandteilen Argentiniens erklärten. Die *Royal Marines* führten die Kampfgruppe an, die die britische Souveränität über die Inselgruppe wiederherstellen sollte.

Der Angriff auf Mount Longdon kostete 18 Gefallene

Der Vormarsch auf die Hauptstadt Stanley wurde vom *3 Para Battalion* (3 PARA) und dem *45 Commando* angeführt, nachdem die Briten am 21. Mai bei San Carlos ge-

Ost-Falkland, Juni 1982. Ein Mörsertrupp des *45 Commando* am Mount Kent. Die naßkalte Witterung führte aufgrund von Mängeln in der persönlichen Ausrüstung zu zahlreichen Ausfällen bei den Engländern – vor allem durch den berüchtigten »Fußbrand«.

landet waren. Vor ihnen, an den Berghängen, lag eine Reihe argentinischer Stellungen, die teilweise hervorragend angelegt worden waren. Dort standen schätzungsweise 8000 bis 9000 argentinische Wehrpflichtige. In der Nacht vom 11. auf den 12. Juni wurde der erste Abschnitt in der Schlacht um die Ausschaltung dieser Bergstellungen eingeleitet. Alle drei Bataillone der 3. Commando-Brigade – sowie das unterstellte 3 PARA – griffen Mount Longdon, Mount Harriet und den Doppelgipfel der Two Sisters an. Das Gefecht begann mit dem Angriff des 3 PARA auf Mount Longdon, dessen Einnahme 18 gefallene Fallschirmjäger kostete. Einer von ihnen, Sergeant Ian McKaye von der »B« Kompanie, erhielt posthum das zweite *Victoria Cross* [A.d.Ü.: die höchste britische Tapferkeitsauszeichnung] des *Parachute Regiment* für diesen Feldzug verliehen.

Noch während der Kampf um Longdon tobte, nahm *45 Commando* seinen Bereitstellungsraum für den Angriff auf die zwischen den beiden anderen Berggipfeln gelegene Two-Sisters-Gruppe ein. Die »X« Kompanie eröffnete den Angriff. Sie sollte den Bergkamm mit dem Spitznamen »*Long Toenail*« (»Langer Zehennagel«) nehmen, von wo aus die Marines, zur Unterstützung des Hauptangriffs aus dem Nordwesten, die Argentinier mit ihren schweren Waffen niederhalten sollten. Außerdem hatten sie den Auftrag, den Goat Ridge-Höhenzug zu sichern, der im Angriffsstreifen des *42 Commando* lag. Dessen Operationsziel hieß Mount Harriet.

Jedoch wurde der Angriffsschwung der »X« Kompanie durch das unwegsame Gelände und das Gewicht der Ausrüstung und der mitgeführten schweren Waffen erheblich gebremst. Die erste Spitze des »Zehennagels« wurde zwar schnell erreicht, doch dann geriet die »X« Kompanie in das Feuer schwerer MGs, so daß es weder für den 1. noch den 3. Einsatzzug möglich war, entlang des Kammes vorwärtszukommen. Als *2 Troop* endlich den Gipfel erreichen konnte, wurde er sofort von argentinischer Artillerie unter Beschuß genommen.

Die »Y« und die »Z« Kompanie nutzten diese Verzögerung. Sie traten aus ihrem Bereitstellungsraum bei Murrell Bridge den Vormarsch an und bahnten sich, nachdem sie zuerst feindliches Artillerie-Sperrfeuer umgangen hatten, das quer zu ihrer Angriffsachse gelegt worden war, langsam ihren Weg nach vorne. Doch kurz nach Mitternacht – die beiden Kompanien befanden sich schon knapp 300 m vor den argentinischen Stellungen – schob sich der Mond plötzlich aus den Wolken und beleuchtete die Gegend taghell. Es entspann sich ein heftiges Feuergefecht. Ein festgelegter Feuerschlag der britischen Artillerie hielt die Argentinier nieder, so daß sich die »Z« Kompanie den Stellungen nähern konnte und sie im Nahkampf einnahm. An ihrer rechten Flanke ging die »Y« Kompanie unter heftigem Feuer aus Granatwerfern und schweren Maschinengewehren (Kaliber .50 = 12,7 mm) zwischen den beiden Gipfeln vor und säuberte die gesamte Kammlinie im Umfeld des Höhenzuges. Die Two Sisters wurden schließlich nach einem rund zweieinhalbstündigen Gefecht genommen, bei dem vier *Royal Marines* fielen und elf weitere verwundet wurden.

Der südlich gelegene Mount Harriet, nach Westen und Süden hin von ausgedehnten Minenfeldern gesichert, erschien als noch gewaltigere Aufgabe. Dieses letzte Angriffsziel der Brigade für diese Nacht wurde dem *42 Commando* zugewiesen. Durch den geschickten Einsatz von Spähtrupps gelang es dem Kommandeur Oberstleutnant Nick Vaux, eine minenfreie, wenn auch recht lange Umgehung zu finden, um die Anhöhe schließlich von hinten her zu nehmen. Die britische Artillerie ließ auf die westlichen Anhöhen des Mount Harriet ein heftiges Ablenkungsfeuer niedergehen. Es sollte die Argentinier Glauben machen, daß die Commandos einen selbstmörderischen Frontalangriff über die 900 m des offenen und verminten Geländes im Westen versuchen würden. Die Ablenkung funktionierte, und die »L« und die »K« Kompanie befanden sich bereits mitten unter den Argentiniern, als bei diesen endlich Alarm ausgelöst wurde. Während gegnerische Scharfschützen und schwere MG durch Milan-Panzerabwehrlenkraketen ausgeschaltet wurden, schwärmten die Commandos die Hänge hinauf und säuberten die Laufgräben. Dieses Gefecht, bei dem den Briten 300 Gefangene ins Netz gingen, wobei sie selber nur zwei Tote und 20 Verwundete verloren, lobte später Brigadegeneral Julian Thompson (Kommandeur der 3. Commando-Brigade) als »ein wahrlich schlauer, gerissener Angriff, der durchweg die Handschrift der Commandos trug – einfach großartig.«.

Die *Royal Marines* unterstehen dem *Commandant-General Royal Marines*, dem kommandierenden General der RM, und somit dem *Headquarters Commando Forces*, dem Stab der Commando-Truppen, der für sämtliche Operationen und Übungen der in Großbritannien stationierten Commandos und außerdem für die Verlegung der gesamten *3 Commando Brigade* zuständig ist. Zu den Aufgaben der Brigade gehören die Sicherung und Verteidigung der NATO-Nordflanke in Norwegen sowie die Bereitstellung von Truppen für »Out-of-Area«-Einsätze, bei denen es um nationale Interessen oder auch um humanitäre und friedensschaffenden Maßnahmen unter UN-Mandat gehen kann. Das in Arbroath an der Ostküste Schottlands stationierte *45 Commando* gehörte mit zu den ersten Einheiten, die sich auf Arktis/Winterkampfführung spezialisierten. Es führt in Nord-Norwegen regelmäßig Übungen durch. In den 70er Jahren kam auch das *42 Commando* dazu. Die beiden Bataillone bilden heute den Kern eines mit Skiern ausgerüsteten und im Gebirgs- und Winterkampf besonders geschulten Verbandes, der die Nordflanke der NATO schützen soll. Die *First Amphibious Combat Group* und die »Whiskey«-Kompanie des Königlich-Niederländischen Marine Korps stehen ebenfalls unter dem Kommando der *3 Commando Brigade*. Sollte es in Norwegen zu einer Auseinandersetzung kommen, würden die Briten außerdem noch durch die *ACE Mobile Force* verstärkt, zu der eine Amphibische Brigade der US-Marines und die *Canadian Air-Sea Transportable (CAST) Brigade Group* (ein kanadisches biphibisches Regiment) gehört. Die Hauptaufgabe des *40 Commando* hingegen sind »Out-of-Area«-Operationen. Und so führt es in den Urwäldern von Bru-

Gepäck aufnehmen! ... Ein getarnter Marineinfanterist »trabt« während einer Übung schwer bepackt durchs Gelände. Man beachte den prallgefüllten Bergen-Rucksack und die fingerlosen Handschuhe, deren Kappe sich zum Fäustling umklappen läßt.

Zu den bewährten »Arbeitspferden« des *Special Boat Service* zählt das zweisitzige Klepper-Kajak. Das leichte Faltboot mit hölzernem Rahmen ermöglicht eine unauffällige, lautlose Annäherung auf dem Wasserweg.

nei regelmäßig Ausbildungslehrgänge durch und nimmt an den jährlichen amphibischen Manövern der Nato in Europa und der Karibik teil.

Das Top-Malo-Haus wurde unter Einsatz von Panzerfäusten gestürmt

Zu den *Royal Marines* gehören auch einige Teileinheiten für Sonderaufgaben. Die *Commachio Group*, zusammen mit dem *45 Commando* in Arbroath stationiert, widmet sich auch Aufgaben der inneren Sicherheit. Eine Hälfte der Einheit ist für die Sicherheit der Flottenstützpunkte und der britischen Nuklearanlagen verantwortlich, während die andere Hälfte sich auf den Schutz von Bohrinseln spezialisierte. Die meisten dieser Marineinfanteristen sind Absolventen der Personenschutz- und Nahkampf-Lehrgänge, die von der Marines-Antiterrorschule in Poole in Dorset veranstaltet werden.

Das *Mountain and Arctic Warfare Cadre (M&AWC)* stellt eine Kadertruppe für den Gebirgs- und Winterkampf dar, die aus dem sogenannten *Cliff Assault Wing* entstanden ist. Diese Einrichtung soll den Commandos die Kriegführung unter arktischen Bedingungen beibringen und die Soldaten der *Reconnaissance Troops*, der speziellen Aufklärungszüge, im Hochgebirgsklettern ausbilden. Für den Kriegsfall ist das M&AWC dazu bestimmt, für das *Headquarters Commando Forces* verschiedene Fernspähtruppaufträge und Stoßtrupps im feindlichen Hinterland durchzuführen. Die Kadertruppe, darin geschult, auch unter härtesten Bedingungen zu überleben, zeichnete sich bereits auf den Falklandinseln aus. Als die Krise ausbrach, war das M&AWC gerade mitten in einem Bergführer-II-Lehrgang. Die Ausbilder bildeten nun gemeinsam mit ihren Schülern den Grundstock einer Einsatzabteilung, die der *3 Commando Brigade* unterstellt war.

Schon eine Woche nach den Landungen machte die Einheit durch ein spektakuläres Unternehmen von sich reden. Als 3 PARA und *45 Commando* den Brückenkopf um San Carlos verließen, wurden auch Aufklärer und Spähtrupps weit voraus geschickt.

In der Nähe der Siedlung Teal Inlet, einem der britischen Angriffsziele, hatten sich im sogenannten »Top Malo-Haus« 18 Angehörige einer argentinischen Spezialeinheit festgesetzt [A.d.Ü.: sie waren ironischerweise Angehörige der Marinekommandokompanie 602 und gehörten damit also zur selben »Familie« wie ihre britischen Gegenspieler]. 20 Soldaten des M&AWC wurden nun mit Hubschraubern herangeführt, um die Argentinier auszuschalten. Am 31. Mai stürmten sie das Haus – das einzige Nahgefecht des Falklandkrieges, das bei Tageslicht stattfand. Dabei setzten die Engländer neben ihren Sturmgewehren und Maschinenpistolen auch 66 mm LAW-Panzerfäuste ein. Fünf argentinische Soldaten wurden getötet und 13 gefangengenommen, als sie aus dem brennenden Gebäude zu entkommen suchten.

Der andere Sonderverband, der den *Royal Marines* unterstellt ist und sich aus ihren Reihen rekrutiert, ist ihre

Ein *Sea-King* kurz vor der Aufnahme eines *Rigid-Raider*-Sturmbootes mitsamt Besatzung. Diese Boote werden von der *539 Assault Squadron* – der Sturmabteilung – verwendet, die in Plymouth stationiert ist.

Special Boat Squadron (SBS), die mittlerweile in *Special Boat Service* umbenannt wurde. Der SBS-Mann von heute ist ein hochspezialisierter Kampfschwimmer/Kanute und Fallschirmspringer, der eine Vielzahl unterschiedlicher Kampfaufgaben beherrschen muß. Der *No 2 SBS* war 1982 im Südatlantik an der Wiedereroberung von Südgeorgien beteiligt, während mit die ersten Aufklärungstrupps, die auf den Ost-Falklands landeten, vom *No 6 SBS* gestellt wurden. Nachdem sie die zugewiesenen Beobachtungsräume erreicht hatten, um die Landungen bei San Carlos vorzubereiten, nahmen SBS-Trupps an den Vorbereitungen für den Überfall auf den argentinischen Feldflugplatz auf Pebble Island teil. Kampfschwimmer konnten sogar in das alte Wrack der LADY ELIZABETH einsickern, das vor Port Stanley im Hafenbecken lag. Von seinem kalten, klammen Beobachtungspunkt aus meldete der Spähtrupp, daß die Offiziere der argentinischen Garnison jeden Abend im Postamt zusammenkamen. In der Morgendämmerung des 11. Juni näherte sich ein englischer Wessex-Hubschrauber und feuerte zwei AS-12 Raketen auf diese requirierte Offiziersmesse ab. Da sie jedoch aus 4570 m Entfernung abgeschossen worden waren, traf eine Rakete die Polizeistation auf der gegenüberliegenden Straßenseite und die andere verschwand im Meer.

Im Falklandkrieg wurde dann ein weiterer Sonderverband aufgestellt, der amphibische Unternehmungen mit kleinen Booten durchführen sollte. Diese *Task Force Landing Craft Squadron* vereinte Elemente der *Landing Craft Branch* und der *1st Raiding Squadron*, die beide amphibische Unterstützungselemente waren. Nach Rückkehr der *Royal Marines* in die Heimat entstand daraus die *539 Assault Squadron (RM)*. Zur Zeit besteht sie aus vier *Troops*: 1. Dem *Raiding Troop* mit zwei Gruppen, die mit je fünf Rigid-Raider-Sturmbooten ausgerüstet sind. 2. Dem Landungsboot-Zug mit zwei LCUs (*Landing Craft, Utility*, also Allzweck-Landungsbooten) und vier LCVPs (*Landing Craft, Vehicle Personnel* = Mannschaftstransportboote) sowie einer ABU (*Assault Beach Unit*), der Sturmlandungsgruppe. 3. Dem *Support Troop*, der für die technische und pioniertechnische Unterstützung verantwortlich ist, und 4. dem *Headquarters Troop*, also dem Kompanieführungszug.

Alle Soldaten die den Commando-Lehrgang absolviert haben, dürfen das berühmte grüne Barett tragen. Die Unterstützungs-Einheiten und die des Heeres tragen es mit den Mützenabzeichen ihrer Stammeinheiten. Die *Royal Marine Commandos* haben ihr eigenes Barettabzeichen, den von Lorbeer eingerahmten »Großen Globus«, der das Motto trägt *Per Mare, Per Terram* – Über Wasser, Über Land.

Schutz für die Kurden – *Royal Marines* beim Einsatz im Nord-Irak, Mai 1991.

Das US Marine Corps & die Navy Seals

Das *US Marine Corps* ist ein selbständiger amphibischer Kampfverband, eine Armee innerhalb der Armee. Eigene Flottenverbände und eine eigene Luftflotte versetzen es in die Lage, die Interessen der Vereinigten Staaten rund um den Globus durchzusetzen.

1775 beschloß der Kongress der Vereinigten Staaten die Aufstellung des *United States Marine Corps* (USMC). Als langer Arm der amerikanischen Außenpolitik war – und ist – es immer als erstes zur Stelle, wenn es um die Wahrung amerikanischer Interessen in der Welt ging. Ursprünglich sollte das Marinekorps Scharfschützen und Enterkommandos für die Marine stellen. Sein Aufgabenbereich dehnte sich jedoch mit der Zeit aus; bald schon gehörte der Schutz der zahlreichen amerikanischen Stützpunkte dazu, die die wichtigen Handelswege nach Afrika und den Fernen Osten sichern sollten.

Zwar unterstehen die US-Marines heute theoretisch dem Marineministerium, doch de facto sind sie eine eigenständige Teilstreitkraft, deren Befehlshaber zu den *Joint Chiefs of Staff* (= Vereinigte Stabschefs) gehört, dem obersten militärischen Führungsgremium der USA.

Das USMC ist der zahlenmäßig größte Elite-Verband der Welt und wohl eine der ersten schnellen Eingreiftruppen, die zum Einsatz kamen. 1931 umriß der damalige US-Kriegsminister Patrick J. Hurley die besondere Rolle der Marines in der amerikanischen Außenpolitik folgendermaßen:

»Das *Marine Corps* kann auf fremdem Territorium landen, ohne daß es als ein kriegerischer Akt betrachtet werden würde; doch wenn sich das Heer auf fremdes Territorium begibt, ist dies ein kriegerischer Akt, und das ist einer der Gründe, die für das Korps sprechen.«

Es verwundert daher kaum, daß die US-Marines im Kapitol auch als die »Truppen des Außenministeriums« bezeichnet wurden.

Und sie hatten natürlich auch im Ernstfall ihr Engagement und ihren Wert unter Beweis stellen können. So wurden beispielsweise an der Westfront 1918 über 13 000 Marineinfanteristen getötet oder verwundet. Als japanische Flugzeuge am 7. Dezember 1941 die amerikanische Pazifik-Flotte in Pearl Harbour angriffen, waren auf zahlreichen Südsee-Inseln bereits Abteilungen der Marines stationiert. Die Japaner eroberten in der nachfolgenden Offensive im Südwest-Pazifik fast ganz Neu-Guinea und einen Teil der Salomonen. Als vor der Küste Guams eine japanische Kampfgruppe erschien, standen gerade mal 130 US-Marines zur Verteidigung bereit. Während der ersten, für die Amerikaner verlustreichen Kriegsmonate, besann sich das Marinekorps auf die Commando/Ranger-Taktik und stellte daher vier Bataillone *Marine Raiders* und zwei *Raider Regiments* auf [A.d.Ü.: *Raider* bezeichnet den An-

US-Marines in Saudi-Arabien. Nachdem irakische Truppen im August 1990 Kuwait besetzt hatten, gehörten Marines zu den ersten alliierten Kontingenten, die in die Golfregion verlegten.

41

gehörigen eines Handstreichunternehmens]. Nachdem sich das Kriegsglück zugunsten der Alliierten gewendet hatte, wurden diese Sonderverbände zusammen mit der 1. und 2. *Marine Division* damit beauftragt, die Inseln des Pazifik zurückzuerobern. Während dieses »Inselspringens« fochten sie einige der blutigsten Gefechte des Krieges aus.

Im Brennpunkt der Schlacht um die Salomonen stand Guadalcanal

Auf den Salomonen prallten die gewaltigen Kriegsmaschinerien der USA und Japans zusammen. Im Brennpunkt der Schlacht um die Salomonen stand die Insel Guadalcanal – ein tropisches Paradies, gerade mal 145 km lang und 40 km breit. Die Japaner besetzten die Insel zunächst mit schwachen Kräften und errichteten eine Start- und Landebahn, die für sie von großer Wichtigkeit war, da die Reichweite der landgestützten japanischen Flugzeuge nur bis zu dieser Inselkette reichte. Daher wurde die Landung der Japaner am Anfang von See her versorgt und verstärkt, über einen langen, ungeschützten Schiffahrtsweg mitten durch die Inselgruppe, der den Namen »Schlitz« erhielt. Guadalcanal und seine Start- und Landebahn bekam für beide Seiten eine enorme strategische Bedeutung.

Zwischen dem 7. und dem 14. August 1942 unternahmen die Amerikaner eine gewaltige Gegeninvasion, bei der sie auf Guadalcanal und dem nahegelegenen Tulagi landeten. Am 21. August hatten sie die Start- und Landebahn in Lunga erobert; unter der Bezeichnung »Henderson Field« wurde sie mit Unterstützung eines im Süden Guadalcanals liegenden Flugzeugträgerverbandes wieder in Betrieb genommen. Den Japanern blieb nunmehr keine andere Wahl, als ihre Verstärkungen für Guadalcanal auch weiterhin auf dem Seeweg heranzuführen, was es den US-Kriegsschiffen und Flugzeugen ermöglichte, sie abzufangen. In den folgenden zwei Seeschlachten wurden zwei Kreuzer und sechs Zerstörer der Amerikaner versenkt, während die Japaner in der selben Zeit zwei Schlachtschiffe, zwei Kreuzer, drei Zerstörer und elf Truppentransporter verloren.

Immer neue Wellen von Japanern brandeten heran

Die Kämpfe auf der Insel, für die mindestens eine Woche veranschlagt worden waren, entwickelten sich zu einer verbissenen Schlacht, die noch bis zum Februar 1943 dauern sollte. Die Marine-Divisionen, *Paramarines* (Fallschirmjägerkompanien der Marines) und die *Raiders*, die alle an den ersten Landungen teilgenommen hatten, klammerten sich an ihren Brückenkopf um Henderson Field. Anfang September, als die Japaner Truppen für eine Gegenoffensive zusammenzogen, bereiteten die Marines ihrerseits einen Präventivschlag vor. Drei Kompanien des *1st Raider Battalion* und mehrere *Paramarines*-Kompanien landeten bei Tasimboko und schwenkten von dort aus nach Westen ab, um die 4000 Mann des Generalmajors Kawaguchi in der Flanke und von hinten her zu packen. Die völlig überraschten Japaner zogen sich zurück, und die Marines schwenkten seitlich ein, um ihre Verteidigungsstellungen auszudehnen. Zwei Nächte später unternahmen drei Bataillone der Brigade Kawaguchi einen Gegenstoß und brandeten in immer neuen Wellen gegen die amerikanischen Gräben an. In einem zehnstündigen, erbitterten Kampf Mann gegen Mann drängten die Japaner die US-Marines auf einen derart kleinen Raum zusammen, daß die Granaten der 105-mm-Haubitzen aufgrund des eingeschränkten Richtbereichs beinahe wieder auf die Geschützmannschaften zurückfielen. Trupps der Japaner, die durch die Linien brachen, wurden von den »Ledernacken« in unerbittlichen Nahkämpfen ausgelöscht. Bei Tagesanbruch flauten die Kämpfe ab. Die überlebenden Japaner zogen sich zurück, damit war die Start- und Landebahn fest in den Händen der Amerikaner.

Der Schlacht um den Feldflugplatz folgten erbitterte Kämpfe der Späh- und Stoßtrupps, als die Amerikaner ihre Kontrolle über die Insel immer mehr ausdehnten. Ein Fernaufklärungsunternehmen machte besonders von sich reden – nicht nur wegen des Schadens, den es beim Gegner verursachte, sondern auch wegen der Tage und Wochen, die die Beteiligten hinter den feindlichen Linien verbrachten.

Am 4. November errichteten Teile des 147. Infanterie-Regiments und des 5. Flugabwehr-Regiments bei Aolo einen zweiten Brückenkopf. Das 2. *Raider*-Bataillon erhielt den Auftrag, die 240 km lange Dschungelstrecke bis zu den amerikanischen Stellungen bei Henderson Field zu erkunden. Während des folgenden Monats lieferten sich die *Raiders* ständige Gefechte mit dem 228. Infanterie-Regiment der Japaner, wobei sie schätzungsweise 175 Gegner töteten, selber aber nur sechs Marines verloren. Den Amerikanern gelang es, die japanischen Verbindungslinien auf breiter Front zu unterbrechen. Wesentlich bedeutsamer war jedoch, daß dieses Aufklärungsunternehmen in mehrere Überfälle gipfelte, bei denen japanische Geschütze, die Henderson Field unter Beschuß genommen hatten, ausgeschaltet werden konnten. Durch solche Aktionen wurde das japanische Oberkommando dazu gebracht, Guadalcanal aufzugeben und die 10 652 Mann starke Inselbesatzung in den Nächten vom 2. zum 8. Februar 1943 abzuziehen.

Rechnet man die Männer mit, die mit Truppentransportern untergegangen waren, hatten die Kämpfe zu Land und auf See die Japaner ungefähr 20 000 Soldaten gekostet, dazu 860 Flugzeuge und 24 Schiffe.

Die Landungen der Marines wurden stets durch eine massive Feuerwalze vorbereitet

Die im Südwest-Pazifik gemachten Kriegserfahrungen der US-Marines waren eine große Hilfe dabei, ihre heute

Männer der 2. Marine-Division im Einsatz auf Saipan, Juli 1944. Die zäh verteidigenden Japaner konnten oft nur mit Hilfe von Flammenwerfern bezwungen werden.

vertretene Philosophie zu formulieren, nach der amphibische Landungen nur dann durchgeführt werden, wenn die eigenen Kräfte massiv überlegen sind und starke Unterstützung vorhanden ist. Bei sämtlichen Kämpfen, die um die Inseln bis hin zur japanischen Küste ausgetragen wurden, konnten die Marines auf ihre überlegenen Kräfte rechnen. Die Inselketten boten den USA sichere Stützpunkte, von denen aus der letzte entscheidende Ansturm auf das japanische Festland durchgeführt werden

konnte. Mit jeder eroberten Insel kamen die Amerikaner der Bucht von Tokio einen Schritt näher, doch die Japaner sollten nie wieder die Besatzung eines größeren Stützpunktes evakuieren. Nach dem Verlust von Guadalcanal versuchten die Japaner, die Amerikaner mit geballten und in Wellen vorgetragenen Angriffen zu werfen – Mensch gegen Material. Nachdem die Amerikaner Saipan genommen hatten (6. Juli 1944), änderten die Japaner ihre Taktik erneut. Auf Guam, Tinian, Leyte, Iwo Jima und Okinawa kämpften die Japaner aus sorgfältig ausgebauten Befestigungsanlagen.

Die Landungen der US-Marines und der Infanterie wurden stets durch eine massive Feuerwalze von Schiffsgeschützen und Bombern vorbereitet. Hunderte von US-

Flugzeugen und die Geschwader der Kriegsschiffe trommelten erbarmungslos auf die Verteidigungsanlagen los, löschten Wälder aus und zerstampften den Korallenboden zu Hunderttausenden kleinen, schrapnellartigen Splittern, was die Wirkung der Bomben und Granaten noch erheblich steigerte. Unter der Erde, in ihren Tunnels und Bunkern, warteten die japanischen Infanteristen geduldig, bis das Bombardement nachließ. Danach strömten sie in ihre Schützengräben und nahmen die Landungsboote, die währenddessen den schützenden Schirm um die Landungsschiffe verlassen hatten, in ein mörderisches Kreuzfeuer von Mörsern und Maschinengewehren. Bei Tarawa (November 1943) waren die Marines wegen des umliegenden Korallenriffs dazu gezwungen, unter schwerem Feuer mehrere hundert Meter durch das seichte Wasser zu waten. Auf Hollandia (April 1944) drohten sie im Schlamm der Mangrovensümpfe steckenzubleiben.

Am Strand war es schließlich fast unmöglich, Schützenlöcher zu graben, da das Korallenskelett der Inseln nur von einer dünnen Schicht aus Vulkanasche, Schlamm oder Sand bedeckt wurde. Also kämpften sich die Marines weiter vor und nahmen die Verteidigungsanlagen mit grimmiger Entschlossenheit. Während sich Acht-Mann-Gruppen einem Bunker oder Graben näherten, stürmten an den Flanken zwei Mann nach vorne und warfen Handgranaten hinein. Sobald die anderen Zugänge entdeckt und mit Handgranaten bearbeitet worden waren, wurden die Tunnels mit Bajonetten, Handgranaten und Maschinengewehren gesäubert. Die nachfolgenden Landungswellen brachten M4-Sherman-Panzer der *US Army* mit, die die Bunker mit 75-mm-Granaten oder Flammenwerfern ausschalteten. Es war nicht selten, daß sich die Japaner in einen Tunnelkomplex zurückzogen, um dann im Rücken der Marines wieder aufzutauchen – in einem Graben, den diese für gesäubert hielten. Im Dschungel hielten sich zudem viele Heckenschützen verborgen, die die erste Welle der Amerikaner in aller Ruhe passieren ließen, bevor sie das Feuer eröffneten – gefährliche Gegner, die oft nur dann zum Vorschein kamen, wenn Flammenwerfer eingesetzt oder die Baumkronen mit schweren MGs »abgeerntet« wurden. Jede Nacht horchten übermüdete Grabenposten auf verräterische Geräusche von einsickernden Stoßtrupps oder Selbstmordkommandos, bevor am nächsten Morgen das blutige Geschäft von neuem begann.

Iwo Jima (Februar – Mai 1945) wurde teuer erkauft – mit dem Blut von 6800 Marineinfanteristen und 900 Seeleuten; weitere 20 000 wurden verwundet. Dazu kamen noch 2000 Angehörige der Marine, die als verwundet oder als vermißt gemeldet wurden. Als die Kämpfe schließlich geendet hatten, war die Insel mit den Leichen von mehr als 20 000 japanischen Soldaten übersät.

Okinawa hieß das nächste amerikanische Operationsziel. Die Inselfestung in der Ryukyu-Inselkette wurde von einer 130 000 Mann starken japanischen Armee gehalten, die sich in unzähligen Bunkern und verschachtelten

Korea, September 1950. Bei Inchon bringen Landungsboote Marineinfanteristen an Land.

Eine typische Szene aus dem Vietnamkrieg. Ein »Huey«, der soeben Nachschub in einen Stützpunkt der Marines brachte, hebt wieder ab.

Grabensystemen verborgen hielt. Zwischen Okinawa und Japan lagen nur noch 800 km....Auch wenn die Amerikaner nicht davon ausgegangen waren, daß die Garnison sich kampflos ergeben würde, so waren sie dennoch beileibe nicht auf den Alptraum vorbereitet, der sie erwartete.

Ganze Einheiten kämpften lieber bis zum letzten Mann als zu kapitulieren

Nach einem massiven Trommelfeuer der Schiffsgeschütze landeten amerikanischen Truppen am 1. April 1945 auf der Insel. Die Landung stieß auf keinerlei Gegenwehr, und es sah zuerst so aus, als ob die Beschießung die Moral der japanischen Truppen gebrochen hätte. Erst als die Verteidiger aus den Tunnels strömten, wurde den Amerikanern klar, daß sie in etwas hineingeraten waren, das einem gigantischen Hinterhalt gleichkam. Leichte Geschütze und Panzer, die in die Berghänge eingegraben worden waren, wurden mit furchtbarer Wirkung eingesetzt.

General Buckner, der Oberbefehlshaber der 10. US-Armee, wurde getötet, als eine eingegrabene Batterie von 47-mm-Panzerabwehrkanonen seinen Stab unter Feuer nahm. Auf Buckner und seine Offiziere ging ein gewaltiger Schauer aus tödlichen Korallensplittern nieder, die von den Detonationen hochgeschleudert worden waren. Bei Kunishi Ridge sah sich das 7. Marine-Regiment einem Verteidiger gegenüber, der seine Stellungen bis tief in den Höhenrücken hineingetrieben hatte. Er wurde Abschnitt für Abschnitt zerstört. Die von den Japanern erbittert verteidigten Tunneleingänge und Bunker wurden zuerst mit Panzergranaten beschossen und hinterher durch die Infanterie gesäubert. Anschließend wurden Eingänge und Tunnels, die die Bunker und Gräben miteinander verbanden, zugesprengt – man nimmt an, daß auf diese Weise mindestens 20 000 japanische Soldaten qualvoll sterben mußten.

Auf Okinawa fielen 100 000 Japaner, da es ganze Einheiten vorzogen, bis zum letzten Mann zu kämpfen, anstatt die Waffen zu strecken. Die blutige Schlacht dauerte bis zum 21. Juni an, wobei weitere 9000 Japaner bei den folgenden Säuberungsunternehmen ums Leben kamen. Gerade einmal 10 000 Mann ergaben sich den Amerikanern. Auch diese mußten schwere Verluste hinnehmen – die drei Regimenter der *1. Marine Division* beispielsweise verloren über 7500 Soldaten. Als immer mehr kampferprobte Landser durch Verwundung oder Tod ausfielen, mußte eilig Ersatz nach vorne geworfen werden. Diejenigen, die fielen, bevor sie in die Kompanielisten aufgenommen werden konnten, wurden einfach als »vermißt« geführt. Einige Einheiten verloren das Einenhalbfache ihrer Gesamtstärke.

Auch im Koreakrieg (1950–53) wurden die Marines verstärkt eingesetzt. General Douglas MacArthur ließ die 1. Marine-Division am 15. September 1950 bei Inchon landen. Sie sollte die kommunistische Offensive aufhalten, die die gesamte koreanische Halbinsel zu überrollen drohte. Am 15. September, kurz vor dem Morgengrauen, machten sich 20 000 US-Marines bereit, an Land zu stürmen. MacArthurs kühner Plan überraschte den Gegner vollkommen, und am Abend des 16. September war Inchon nach nur schwachen Kämpfen fest in amerikanischer Hand. Drei Tage später hatten die Marines den

Flughafen Kimpo eingenommen, womit sie nur noch knapp 15 km westlich von Seoul lagen.

Nun gliederten sich die nordkoreanischen Truppen um und führten eine Reihe von Gegenangriffen durch, um die Kontrolle über Seoul wiederzuerlangen. Am 26. September griffen die Nordkoreaner mit starken Kräften, darunter Panzer und Geschütze auf Selbstfahrlafetten, die Stellungen des 1. Marine-Regimentes an. Die Marines wiesen den Angriff ab, wobei sie sieben Panzer zerstörten und mehr als 500 feindliche Soldaten töteten. Bis zum 29. September waren die Nordkoreaner wieder auf dem Rückzug, und das ganze Gebiet konnte gesichert werden. Obwohl Inchon die spektakulärste Aktion war, an der die Marines teilgenommen hatten, leistete das Marinekorps im Verlaufe den Feldzugs auch weiterhin einen nicht unerheblichen Beitrag, bis dann im Juli 1953 der Waffenstillstand unterzeichnet wurde.

Teile der 3. Marine-Divison landeten im März 1965 bei Da Nang

Nur zwölf Jahre danach kamen die US-Marines erneut in den Fernen Osten, in einen anderen Krieg – Vietnam. Der langjährige Einsatz des Marinekorps begann im Jahr 1962, als 24 *UH-34D-Militärhubschrauber* zur Unterstützung der südvietnamesischen Streitkräfte in das Land verlegt wurden. Im Februar 1965 fiel dann die Entscheidung, in Vietnam auch Bodentruppen einzusetzen. Teile der 3. Marine-Division landeten im März bei Da Nang. Im August standen bereits vier Regimenter US-Marines und vier Marineflieger-Geschwader in Vietnam. Weitere Marines-Einheiten kamen in den Jahren 1965 und 1966 ins Land; eine davon war das 26. Marine-Regiment, das in Khe Sanh, einem abgelegenen Tal im Nordwesten des Landes, einen wichtigen Flugplatz sichern sollte. Dies war Bestandteil eines Plans von General Westmoreland, der die fünf nördlichsten Provinzen stärker in den Griff bekommen wollte (General Westmoreland leitete bis Juli 1968 das amerikanische *Military Assistance Command, Vietnam* (MACV), das »Kommando für militärischen Beistand in Vietnam«). Ursprünglich sollte Khe Sanh nur so etwas wie ein »Stachel im Fleisch« der Kommunisten sein, der gegen ihre Versorgungsadern entlang der langen Grenze mit Laos reiben sollte. Es entwickelte sich jedoch zu einem logistischen Strudel, in den eine Unmenge an Menschen und Material hineingesogen wurden, darunter eine große Anzahl Hubschrauber und 175-mm-Batterien des Heeres für die Feuerunterstützung.

Am 24. April 1967 geriet eine Gruppe von fünf VBs (vorgeschobene Beobachter) an der Höhe 861 in einen Hinterhalt. Drei Tage lang versuchten zwei Kompanien der US-Marines, den Hügel wieder zu nehmen; dann mußten sie endlich erkennen, daß die Höhe 861 mitsamt den beiden angrenzenden Anhöhen – Höhe 881 Süd und 881 Nord – durch die 325. C-Division der regulären nordvietnamesischen Armee besetzt worden war. Nur wenige Meter vor den kommunistischen Stellungen gerieten die Marines in einen Feuerhagel aus Handfeuerwaffen und Granatwerfern.

Trotz Artillerieunterstützung und der ständigen Präsenz der Kampfhubschrauber und Jagdbomber des 1. Marineflieger-Geschwaders, ließen die Nordvietnamesen auch dann nicht locker, als die Marines ihre Toten und Verwundeten bargen. Nachdem die Höhe schließlich zurückerobert worden war, bot sich Generalleutnant Lew Walt ein Anblick, wie er ihn seit dem Krieg im Pazifik nicht mehr gesehen hatte. Die Anhöhe war in eine gewaltige Festung verwandelt worden, mit 400 Schützenlöchern und 25 Bunkern, die durch Laufgräben miteinander verbunden waren. Die Bunker selber, bedeckt mit einer zwei Meter dicken Schicht aus Bambus und festgestampfter Erde, waren so angelegt, daß sie gegen alles Schutz boten, außer gegen direkte Treffer der schwersten Kaliber. Die Anhöhen waren zu einem tödlichen Hinterhalt ausgebaut worden; je weiter sich die Marines dem Gipfel näherten, desto schlimmer wurde es. Auf der Höhe 881 Süd entdeckten die Marines eine unterirdische Festungsanlage, die zehnmal so groß war wie die auf der nördlichen Anhöhe. Walt befahl daher seinen Marines, sich von den Höhen zurückzuziehen und forderte Luftangriffe mit 500 und 1000-Kilo-Bomben an, die mit Verzögerungszündern versehen werden sollten. Ihre massiven Druckwellen sollten die Untergrundfestungen zum Einsturz bringen. Zu guter Letzt brachten Pioniere rund um den Fuß der Hügel ein Netz aus seismischen Detektoren an, die direkt mit der Feuerleitstelle verbunden waren. Die Kämpfe um die Anhöhen hatten 155 Marines das Leben gekostet; weitere 425 Verwundete waren ausgeflogen worden.

Khe Sanh wurde 77 Tage lang belagert

Ende 1967 deuteten alle Anzeichen und die Ergebnisse der Feindaufklärung darauf hin, daß sich die Kommunisten auf eine Großoffensive vorbereiteten. Nach Westmorelands Überzeugung konnte nur Khe Sanh das Ziel dafür sein; und wie um ihn in dieser Ansicht auch noch zu bestärken, besetzten 20 000 nordvietnamesische Soldaten, zu denen noch ein Artillerieregiment kam, erneut die Anhöhen, von denen aus man den Luftstützpunkt einsehen konnte. Unter den vietnamesischen Einheiten war auch die 304. Division. Ihre Fahnen zierte der Name einer siegreichen Schlacht, die letztendlich zum Rückzug der Franzosen geführt hatte, und der unter ähnlichen Bedingungen und in einem vergleichbaren Gelände errungen wurde: Dien Bien Phu. Zur 6000 Mann starken Besatzung Khe Sanhs gehörten US-Marines, südvietnamesische Rangers und andere Unterstützungselemente. In der Nacht des 20. Januar wurden die Vorpostenstellungen der Marines in den Hügeln angegriffen. Am Morgen erschütterten die Detonationen von Granaten und 122-

Khe Sanh, 1967. Ein Hubschrauber CH-46 *Sea Knight* wirbelt die Zeltplanen von den Gefallenen der letzten Nacht. Die Kämpfe um Khe Sanh kosteten das Marinekorps 199 Tote und 830 Verwundete.

mm-Raketen den gesamten Stützpunkt, Volltreffer ließen die Munitionsdepots in die Luft fliegen; Tränengas aus einem brennenden Munitionslager machte das Durcheinander komplett.

So begann eine 77tägige Belagerung, die bis Anfang April dauern sollte; doch sie war nur der Auftakt für eine viel größere Offensive, die über ganz Süd-Vietnam hereinbrach. In den frühen Morgenstunden des 31. Januar, während die Welt noch auf die Ereignisse in Khe Sanh starrte, schlugen insgesamt 15 Bataillone des Viet-Cong überall in Süd-Vietnam gegen Städte und Großstädte los – die Tet-Offensive war ins Rollen gekommen. Die USA und ihre Verbündeten traf sie völlig unvorbereitet, zumal die Nordvietnamesen für die Tet-Feiertage eine siebentägige Waffenpause verkündet hatten. Da die 1. Marine-Division über den gesamten Abschnitt des I. Korps verteilt worden war und die Verstärkungen in taktischer Bereitstellung für den Entsatz von Khe Sanhs standen, mußten zwei Bataillone der US-Marines und unterstützende Einheiten der südvietnamesischen Armee die strategisch wichtige Stadt Hue wieder zurückerobern, wobei sie einige der härtesten Kämpfe des ganzen Konfliktes auszufechten hatten.

Die Marines blieben bis zum bitteren Ende vor Ort

Die Marines blieben bis zum bitteren Ende in Vietnam. Beim schrittweisen Abzug der amerikanischen Truppen, der 1969 begann, wurden die scheidenden Bataillone des Heeres zunächst durch Einheiten der Marines ersetzt. Bis zum September 1970 waren dann auch das 5. und das 7. Regiment der Marines abgezogen worden, die 3. Amphibische Kampfgruppe war durch eine Amphibische Brigade ersetzt worden, und von der 1. Marine-Division blieben noch drei Regimenter im Land. Im Juli 1971 wurde dann das Marines-Kontingent in Vietnam bis auf die Botschaftswachen und Militärberater abgezogen. Das Marinekorps sollte jedoch noch einmal zurückkehren. 1975 ankerte ein Amphibischer Verband 44 Tage vor der kambodschanischen Küste, bevor er die amerikanischen Staatsangehörigen aus Phnom Penh evakuierte. Später wurde dieser Verband der Marine-Brigade unterstellt, die bei der Evakuierung Saigons mithalf. US-Marines spielten auch eine wichtige Rolle beim letzten amerikanischen Kampfeinsatz dieses Krieges – der Befreiung der USS MAYAGUEZ und ihrer Besatzung aus den Händen der Roten Khmer.

In den 80er Jahren erlebte das *US Marine Corps* bedeutende Veränderungen, die infolge des sich weltweit wandelnden Wesens der Konflikte notwendig wurden.

Ein direkter militärischer Konflikt zwischen den USA und der Sowjetunion wurde zunehmend unwahrscheinlicher, doch dafür kam es immer häufiger zu Schwellenkonflikten, zum Teil gerade aufgrund der abnehmenden Rivalität zwischen den Supermächten. Diese Schwellenkriege machten eine neue Art des militärischen Einsatzes erforderlich. Die sich ändernde Rolle der Marines wurde nicht zuletzt auch durch die zahlenmäßige Verringerung der US-Flottenstützpunkte im Ausland beeinflußt, die von 450 im Jahr 1947 auf gerade mal 120 in den Achtzigern zurückgingen.

All diese Veränderungen hätten für die US-Marines das Aus bedeuten können, doch das Marinekorps verstand es, sich anzupassen. Es baute für besondere Aufgaben selbständige, integrierte Landungs- und Fliegerverbände auf, die *Marine Air-Ground Task Forces* (MAGTF). Überraschend auftretende Konfliktsituationen werden normalerweise durch die vorgeschobenen *Marine Expeditionary Units* (MEU) erledigt, die sich jeweils aus einem verstärkten Infanteriebataillon, einer Hubschrauberstaffel und den Unterstützungswaffen innerhalb einer schnellen amphibischen Kampfgruppe zusammensetzen. Zwei MEUs gibt es zur Zeit, die eine im Mittelmeerraum und die andere im westlichen Pazifik.

Sollten stärkere Kräfte benötigt werden, können die MEUs auch zu einer *Marine Expeditionary Brigade* (MEB) zusammengefaßt werden, die ihrerseits die vorderste Staffel der übergeordneten *Marine Expeditionary Force* (MEF) darstellt [A.d.Ü.: vor 1989 wurde bei MEU, MEB und MEF anstelle des Begriffes »Expeditionary« der Begriff »Amphibious«, also amphibisch, verwendet]. Zur Zeit gibt es drei MEFs, von denen zwei dem *US Pacific Command* und eine dem *US Atlantic Command* unterstehen. Zu jeder MEF gehören Hubschrauber und Flugzeuge der Marineflieger-Geschwader, Kampftruppen und Unterstützungswaffen (Marine-Division), sowie eine Kampfunterstützungsgruppe, die aus Pionier- und Versorgungseinheiten besteht. Alles in allem 50 800 Marines, 2600 Seeleute und dazu die erforderliche Wehrtechnik, um Kampflandungen durchführen zu können: 70 Panzer, 200 gepanzerte Mannschaftstransportwagen (MTWs), 120 Geschütze, 156 Kampfflugzeuge und 24 Kampfhubschrauber. Das Marinekorps ist längst nicht mehr auf Landstützpunkte oder Flugplätze angewiesen, die Flugzeugträger verfügen beispielsweise über moderne Senkrechtstarter vom Typ *Harrier AV-8B* (Jagdbomber) und bordgestützte *F-18 Hornet*.

Darüber hinaus wurden MEUs für Sondereinsätze ausgebildet und auf das Verhalten in Schwellenkonflikten vorbereitet. Nach erfolgreicher Ausbildung werden diese Einheiten als MEU-SOCs bezeichnet, wobei das SOC für *Special Operations Capable* (sondereinsatzfähig) steht. In einer Anfang der 80er Jahre durchgeführten Studie stellte sich heraus, daß nur 33 von 113 Großstädten, die als wichtig für die Interessen der USA eingestuft werden, weiter als 100 km von einer Küste entfernt liegen. Es sind nicht weniger als 18 unterschiedliche, ganz spezifische Einsatzarten, in denen die MEU-SOCs ausgebildet werden, zu denen auch amphibische Handstreichunternehmen, der Einsatz von mobilen Ausbildungsteams, Aufgaben im Bereich ziviler Hilfsprojekte und der Katastrophenhilfe, und notfalls auch Geiselbefreiungsoperationen gehören. Bei einer Operation im großen Maßstab kommen zwar die leichtbewaffneten Rangers und Luftlandetruppen als erste zum Einsatz, doch es ist die Fähigkeit der Marines, sich selbst zu versorgen, auf die es gerade bei ausgedehnteren Konflikten ankommt. Dies war auch ein Hauptgrund für General Westmoreland gewesen, in Vietnam den Marines den Vorzug gegenüber Luftlandeverbänden zu geben.

Die »Pfadfinder« gerieten schon in Salines in arge Bedrängnis

Die Fähigkeit, integrierte Großverbände bei Rettungsaktionen einzusetzen, wurde im Oktober 1983 auf die Probe gestellt. Nach einem Staatsstreich auf der kleinen Karibikinsel Grenada saßen 1000 amerikanische Staatsbürger, die meisten von ihnen Medizinstudenten, dort fest. Die Regierung unter Premierminister Maurice Bishop hatte enge Kontakte zum Ostblock aufgenommen, kubanische Militärberater hielten sich auf der Insel auf. Der neue 16köpfige Revolutionäre Militärrat sorgte für einen starken Linksruck. Am 19. Oktober wurden die schlimmsten Befürchtungen der Amerikaner wahr, als das neue Regime den alten Premier Maurice Bishop und mehrere seiner Minister hinrichten ließ. Die USA wurden von den Westindischen Assoziierten Staaten um Intervention gebeten. Die Planung der Operation oblag dem Oberbefehlshaber der atlantischen Flotte (CINCLANT). Eine *Marine Amphibious Unit* (MAU) und eine Flugzeugträgergruppe, die von der gewaltigen USS INDEPENDENCE angeführt wurde, befanden sich zu diesem Zeitpunkt gerade auf dem Marsch ins Mittelmeer, als sie die CINCLANT-Planungsgruppe auf eine Kartenkoordinate vor der Küste Grenadas umdirigierte. Der endgültige Plan sah vor, daß Rangers und die *82nd Airborne Division* in den frühen Morgenstunden des 25. Oktober den Luftwaffenstützpunkt Point Salines nehmen sollten, um anschließend schnellstens über die Südhälfte der Insel vorzustoßen. Die Marines, die 20 Prozent der 6500 Mann starken Invasionstruppe ausmachten, sollten die nördliche Inselhälfte sichern.

Das endgültige Drehbuch hätte auch von den Marines stammen können. Die »Pfadfinder« der 82. Division gerieten schon in Salines in arge Bedrängnis, und die aufeinanderfolgenden Wellen der Rangers stießen auf unerwarteten Widerstand. Ein SEAL-Strandaufklärungstrupp (Abkürzung für *Sea-Air-Land*; See-, Luft- und Bodenkommandos) meldete, daß der Strand neben dem Flughafen Pearls zwar nicht mit gewöhnlichen Schiffen anzufahren sei, sich jedoch für Landungsboote mit flachem Boden eig-

Ein *Light Armoured Vehicle* (LAV) der Marines während der Operation »*Just Cause*« im Dezember 1989. Insgesamt verfügt das USMC über 416 dieser Schützenpanzer.

nen würde. Die Marines nahmen ihre ersten Angriffsziele mit Hubschraubern. Die »Fox«-Kompanie landete ohne Gegenwehr bei Grenville, während die »Echo«-Kompanie am Flugfeld nur auf leichten Widerstand stieß. Die Feindaufklärung hatte weitgehend versagt und die Landungsabschnitte waren sumpfig, doch innerhalb von 30 Minuten waren die Ziele genommen. Die Fallschirmjäger steckten noch immer in Salines fest und mehrere Spezialeinsätze der SEALs und der *Delta Force* waren gescheitert, doch die Marines marschierten unaufhaltsam voran.

Beim letzten Tageslicht wurde die »Golf«-Kompanie in der Grand-Mal-Bucht an Land gesetzt, auf der anderen Seite der Insel und ganz in der Nähe der Hauptstadt St. George. »Golf« wurde rasch durch die »Fox«-Kompanie verstärkt, die vom Flughafen Pearls mit Hubschraubern herangeflogen wurde – mit einem Schlag hatten die Marines 80 Prozent der Insel besetzt. In den Morgenstunden des 26. Oktobers befreite eine Vorausabteilung der Marines den Generalgouverneur und ein *SEAL-Team*, das ebenfalls versucht hatte, ihn in Sicherheit zu bringen. Am nächsten Morgen gingen die Marines mit den Luftlandetruppen gemeinsam vor, während die letzten Widerstandsnester um den Grand-Anse-Campus von den Jagdbombern der USS INDEPENDENCE zusammengeschossen wurden.

Kurz nachdem irakische Truppen Kuwait besetzt hatten, trafen bereits die ersten Marines am Golf ein

1990 vereinten die US-Marines und Luftlandeeinheiten ihre Kräfte zur Befreiung Kuwaits erneut. Eine MEU traf bereits kurz nachdem die irakische Armee den kleinen Ölstaat überrannt hatte (2. August) in der Golfregion ein.

Als dann die Operation »*Desert Shield*« langsam in Schwung kam, stießen zu dieser MEU noch die 1. MEB (Hawaii) und die 7. MEB (Kalifornien). Schließlich kamen auch noch die dazugehörigen 1. und 2. MEFs dazu – damit standen jetzt 500 M-60-Panzer, 300 Flugzeuge und Hubschrauber sowie 90 000 Marines bereit. 16 000 – die ganze 4. MEB – warteten in ihren Landungsschiffen vor der Küste Kuwaits. Diese Bedrohung reichte aus, um die Iraker aus dem Gleichgewicht zu bringen, die sich nun auf die Abwehr amphibischer Landungen rund um Kuwait-Stadt beschränkten. Zahlreiche Sturmlandungen und Spezialeinsätze auf der Insel Faylakah vor der kuwaitischen Küste verstärkten diese Täuschung noch.

Zum Auftakt der Operation »*Desert Storm*« wurde noch ein weiteres Täuschungsmanöver veranstaltet, das eine Massierung von alliierten Truppen an der Grenze

Gemeinsames Suhlen im Schlammbad stärkt das Zusammengehörigkeitsgefühl während der Ausbildung und nimmt jedem künftigen Marineinfanteristen oder SEAL-Bewerber die Scheu auch vor dem größten Dreck.

Mörsertrupp der Marines mit 60-mm-Granatwerfern M224 irgendwo in Saudi-Arabien. Einheiten der Ledernacken führten das Unternehmen »Wüstensturm« an.

zwischen Kuwait, Saudi-Arabien und dem Irak einschloß. Die 1. und die 2. Marine-Division schlugen dann die Bresche durch den bedrohlichen Hindernisgürtel vor den irakischen Stellungen. Die Marines gingen am rechten Flügel unter dem Schutz der gewaltigen 16-inch-Geschütze (40,64 cm) der MISSOURI vor, einem Schlachtschiff der »Iowa«-Klasse. Hinter ihnen stürmten Truppen aus Saudi-Arabien, Kuwait und Katar auf der Küstenstraße in Richtung Kuwait-Stadt vor. Als sie sahen, wie die Marines und das »schwere« VII. amerikanische Korps tief in die Wüste hineinjagten und noch unter dem Eindruck massiver Flächenbombardements stehend, beschlossen Zehntausende von irakischen Soldaten, sich lieber zu ergeben, als sich dieser gewaltigen Streitmacht entgegenzustellen. Kuwait war wieder frei.

Das US Marine Corps wird zur Zeit umgegliedert, um auch für die Operationen des 21. Jahrhunderts gerüstet zu sein. Seine offizielle Stärke liegt zur Zeit bei 195 300 Soldaten (darunter 10 500 Frauen), von denen 134 000 zu den Einsatzkräften gehören – der Fleet Marine Force (Marinekorpskräfte der Flotten). Die drei Marineflieger-Geschwader verfügen zusammen über 486 Flugzeuge und 468 Hubschrauber. Amphibische Landungen werden mit Unterstützung einer Reihe von Spezialschiffen durchgeführt, deren Hauptaufgabe darin besteht, die Bataillone der Marineinfanterie möglichst schnell an Land zu bringen. Die meisten haben breite, flache Oberdecks, die Platz für V/STOL-Senkrechtstarter oder Hubschrauber bieten. Mit Ausnahme der Landing Platforms, Helicopter, kurz LPHs (Landungsschiffe mit Hubschrauberdeck) verfügen sie auch über Landungsboote.

LPHs kommen logischerweise bei Unternehmen mit Hubschraubern zum Einsatz. Die übrigen befördern Truppen, Fahrzeuge, Panzer und Versorgungsmaterial, die entweder auf Docklandungsschiffe umgeladen werden (Landing Ships, Dock, LPDs, und Landing Platforms, Dock, LSDs) – oder in Panzerlandungsschiffen (Landing Ships, Tanks, LSTs) direkt am Strand angelandet werden. Bei den meisten Strandlandungen werden sowohl luftgestützte Truppen eingesetzt, die mit Hubschraubern den Landungskopf von oben her umfassen sollen, als auch amphibische Truppen. Letztere gehen in Landungsbooten, Luftkissen-Landungsfahrzeugen (Landing Craft, Air-Cushion, LCAC) oder den leichtgepanzerten amphibischen Landungsfahrzeugen AAVP-7A1 Amtrac [A.d.Ü.: früher als LVTP-7 bezeichnet] an Land.

Jedes Marine-Bataillon setzt sich zusammen aus einer Stabskompanie, drei Schützenkompanien (die in jeweils 13 Mann starke Gruppen unterteilt sind) und einer (schweren) Unterstützungskompanie. Die Standardwaffen der Infanteristen sind das M16-A2-Sturmgewehr, an dem ein dazugehöriges 40-mm-Granatgerät befestigt werden kann, und das leichte Maschinengewehr SAW vom Kaliber 5,56 mm x 45, mit dem jedes *Fire Team* [A.d.Ü.: in etwa mit »Schützentrupp« zu übersetzen] ausgerüstet ist. Für die direkte Feuerunterstützung sorgen die acht Fahrzeuge der *Fire Teams* der schweren Kompanie, die mit MGs vom Kaliber .50 und Maschinengranatwerfern MK19 (Kaliber 40 mm) bewaffnet sind. Als schwere Unterstützungswaffen werden M-60-Panzer, 155-mm-Haubitzen (mot. Zug oder auf Selbstfahrlafette), 203-mm-Haubitzen auf Selbstfahrlafette, 81-mm- und 60-mm-Granatwerfer sowie das TOW-Panzerabwehr-Lenkwaffensystem eingesetzt (*Tube-launched, Optically-tracked, Wire-guided*; d. h. rohrgefeuert, optisch verfolgt, drahtgesteuert). Zur Luftabwehr werden die wirkungsvollen Ein-Mann-Stinger- und Redeye-Boden-Luft-Raketensysteme eingesetzt.

Auch wenn die Ausbildung der MEU-SOCs für Sondereinsätze zur Zeit noch nicht abgeschlossen ist, kann das Marinekorps dennoch auf eine entschlossene Truppe für unkonventionelle Kriegsführung zurückgreifen, die als »*Recons*« bekannt sind. Diese Aufklärungseinheit unterteilt sich in die Gruppen der *Force Recon Company* und der *Battalion Recon Company*. Bei der *Force Recon* werden Vier-Mann-Trupps eingesetzt, die mit mehreren spezialisierten Aufgabenbereichen betraut sind: Fernaufklärung, Zielauffindung für Artillerie und Schiffsgeschütze, Strandaufklärung, Einsatz als vorgeschobenes Fliegerleitpersonal und Stoßtruppunternehmen. Alle Soldaten sind als Kampfschwimmer und Fallschirmspringer ausge-

bildet und können mit Kleinbooten umgehen. Jeder Mann ist darüber hinaus in mindestens zwei Spezialgebieten geschult (Sprengwesen; Fernmeldewesen; Erste Hilfe; Sonderwaffen und -ausrüstung). *Force Recon* führt für den Führer der Landungsoperation riskante strategische Aufträge durch. Mit knapp 500 Mann ist die weniger spezialisierte *Battalion Recon* um einiges größer; ihre Aufgabe ist es, das Gelände zu erkunden, in dem die übergeordnete Marine-Division Landungen durchführen will.

Eine schwimmende Unterkunft liegt im Mekong-Delta vor Anker. Von solchen Booten aus unternahmen SEAL-Trupps zahlreiche Einsätze.

Die Einsatzzüge der SEALs suchten die Nachschubwege und Stützpunkte des Viet-Cong heim

Noch besser ausgebildet und noch spezialisierter sind die Teams der *US Navy SEALs*. Die *SEAL-Teams* Eins und Zwei wurden am 1. Januar 1962 von Präsident John F. Kennedy ins Leben gerufen, um die US-Marine eine offensive Einheit für verdeckte Operationen zur Hand zu geben. Sie mußten als Guerilla und als Konterguerilla kämpfen, Aufklärungsergebnisse beschaffen, abgeschossene Piloten bergen bzw. herausholen und außerdem zivile Hilfsprojekte und militärische Ausbildungsprogramme durchführen können. Diese Formation wurde Teil der *Naval Special Warfare Groups*. Zu ihnen stießen auch noch die bereits bestehenden *Underwater Demolition Teams* (UDTs), die bereits im Zweiten Weltkrieg und in Korea zum Einsatz gekommen waren. Obwohl die UDTs einige offensive Operationen durchgeführt hatten, lagen ihre besonderen Talente doch in der Strandaufklärung und im Räumen von Minen.

Als der Vietnamkrieg immer weiter eskalierte, wurden die UDTs, die SEALs und ihre Kameraden der *Special Boat Unit* schnell nach Südostasien verlegt, um die »Braunwasser«-Flotte zu unterstützen, die in den Kanälen, Mündungsarmen und Flüssen Süd-Vietnams operierte. Die Einsatzzüge der SEALs suchten die Nachschubwege und Stützpunkte des Viet-Cong heim, die an den unzähligen Wasserläufe lagen, und operierten dabei von kleinen, gepanzerten Schnellbooten aus. Im Gebiet von Rung Sat unterbrachen SEALs die Aktivitäten der kommunistischen Sturmpioniere (die sogenannten »Sappers«) derart erfolgreich, daß noch vier weitere Einsatzzüge dorthin verlegt wurden, um auch in Regionen, die weiter vom Wasser entfernt lagen, Aufklärung zu betreiben und Hinterhalte zu legen. Die SEALs führten im Rahmen des »Bright Light«-Programms zahlreiche Gefangenenbefreiungen durch, wobei sie sich beim Einsickern und beim Lösen vom Feind ihr Element, die Wasserstraßen, zunutze machten.

Ende 1970 stürmte ein Trupp aus 15 SEALs und 19 Angehörigen der vietnamesischen Miliz ein Lager in Laos und befreite 19 südvietnamesische Kriegsgefangene. Ein vietnamesischer und ein amerikanischer SEAL retteten gemeinsam Oberstleutnant Hambleton, einen Piloten, dessen elektronisches Aufklärungsflugzeug »Bat 21« in der Nähe des Song-Mieu-Giang-Flusses abgeschossen worden war. Insgesamt wird den SEALs die Befreiung von 150 Kriegsgefangenen und die Ausschaltung von etwa 800 feindlichen Soldaten zugeschrieben. Mit zwei *Presidential Unit Citations*, einer *Navy Unit Commendation*, einer *Meritorious Unit Commendation* und 852 persönlichen Auszeichnungen, von der *Medal of Honor* bis zur *Navy Achievement Medal*, waren die SEALs eine der höchstdekorierten Einheiten des Vietnamkrieges.

Auch an der Invasion Grenadas 1983, die unter dem Decknamen »Urgent Fury« lief, waren die SEALs beteiligt. Sie erfüllten am ersten Tag der Invasion, dem 25. Ok-

tober, mehrere wichtige Aufgaben – mehr schlecht als recht.

Die Männer des *SEAL-Teams* Vier erhielten den Auftrag, den Generalgouverneur zu befreien und an einen sicheren Ort zu verbringen, während ein weiteres SEAL-Team die Senderanlage von »Radio Freies Grenada« zerstören sollte. Am 25. Oktober landeten die SEALs ge-

Der Dschungel brennt. Ein mutmaßlicher Stützpunkt des Viet-Cong wurde von einer Flußpatrouille unter Feuer genommen.

gen 22 Uhr an der Nordwestküste Grenadas. Da die im Vorfeld betriebene Aufklärung schon ziemlich lückenhaft war, konnten sie die in sie gesetzten Erwartungen nicht erfüllen. Das Team, das eigentlich den Radiosender ausschalten sollte, lief geradewegs in einen Hinterhalt und verlor dabei zwei Mann. Es mußte sich schleunigst zurückziehen, ohne den Sender überhaupt zu Gesicht bekommen zu haben. Auch die SEALs, die den Gouverneur befreien sollten, gerieten in große Schwierigkeiten. Kaum waren sie an der Gouverneursresidenz angelangt, waren sie auch schon von Soldaten der »Revolutionären Volksarmee Grenadas« eingeschlossen.

Die SEALs taten das, was amerikanische Soldaten in solchen Fällen immer tun: sie forderten Luftunterstützung an. Vom Flugzeugträger GUAM starteten zwei Kampfhubschrauber *AH-1T Cobra*. Sie gerieten in heftiges Flakfeuer und wurden abgeschossen. Admiral Metcalf, der Befehlshaber der amerikanischen Kampfgruppe, ließ nun die trägergestützten A-7-Jagdbomber starten. Die Maschinen zerschlugen zwar die Fla-Batterien, doch konnten sie nicht alle gegnerischen Soldaten um die Residenz ausschalten. Am Abend des 25. Oktober lagen die SEALs noch immer fest.

Eine Kompanie Marineinfanterie nahm die Residenz

Metcalf setzte nun die Marines an Bord des Panzerlandungsschiffes MANITOWAC ein. In den frühen Morgenstunden des 26. Oktobers landete eine Kompanie Marineinfanteristen in der Grand-Mal-Bucht, an der Westküste der Insel. Aufgesessen auf LVTP-7-MTWs und unterstützt durch fünf M-60-Panzer, fegten sie den schwachen Widerstand beiseite und stießen weiter ins Landesinnere vor. Um 07 Uhr war die Residenz des Gouverneurs fest in amerikanischer Hand, und dieser selbst konnte schließlich mit einem Hubschrauber an Bord der GUAM in Sicherheit gebracht werden.

Auch während des Golfkrieges im Jahr 1991 führten die *US Navy SEALs* eine Reihe von Aufträgen durch. Dazu gehörte auch die Strandaufklärung, um mögliche Landungsplätze für die US-Marines zu finden, für den Fall, daß der »Wüstensturm« durch Kuwait und den Irak steckenbleiben sollte. Darüber hinaus veranstalteten sie mehrere Täuschungsmanöver auf der Insel Faylakah direkt vor der Küste Kuwaits. Die Iraker sollten glauben, daß eine großangelegte amphibische Landung unmittelbar bevorstünde – und tatsächlich zogen sie entlang der Küste starke Kräfte zusammen. An Land waren SEAL-

SEALs waten während einer Übung an Land, die M16-Sturmgewehre im Anschlag.

Teams an der Jagd nach den Boden-Boden-Raketen *Scud* beteiligt, die auf Ziele in Israel und Saudi-Arabien abgefeuert wurden. Fernspähtrupps erhielten den Auftrag, die Abschußrampen zu lokalisieren und mit Laserleitsystemen zu markieren, so daß sie alliierte Flugzeuge mit »schlauen Bomben« zerstören konnten. Andere Aufgaben, auch in Zusammenarbeit mit dem britischen *Special Air Service*, beinhalteten die Entführung hochrangiger irakischer Offiziere oder das Erbeuten irakischer Flugzeuge und Boden-Luft-Raketen, um deren Bedrohlichkeit abschätzen zu können.

Die britischen Paras

Auf der ganzen Welt wird das weinrote Barett, das vom britischen *Parachute Regiment* zuerst getragen wurde, als Symbol einer militärischen Elite verstanden. Von der Niederlage bei Arnheim bis hin zu den Gefechten auf den Falkland-Inseln haben die Paras immer wieder bewiesen, daß sie kämpfen und sterben können.

Am Sonntag, dem 17. September 1944, lockte das Geräusch einer gewaltigen Flugzeug-Armada die Bewohner der holländischen Stadt Arnheim kurz nach der Mittagszeit auf die Straßen. Viele Niederländer fieberten seit den Landungen in der Normandie im Juni ungeduldig ihrer Befreiung entgegen – in diesem trostlosen fünften Kriegsherbst sollte Holland eine Hungersnot bevorstehen.

Westlich der Stadt begann es zu schneien: Tausende britischer Fallschirmjäger sprangen aus ihren Transportmaschinen ab – die größte Luftlandeoperation des Krieges nahm ihren Anfang. So schnell hatte die Bevölkerung Arnheims die Alliierten wirklich nicht erwartet. Die Front war noch 130 km entfernt und jetzt, da sie bis an die Grenzen ihres eigenen Landes gedrängt wurde, war die Entschlossenheit der Deutschen Wehrmacht zum Kampf größer denn je. Dieselben Verteidigungsanlagen, die im Frühjahr 1940 unter Einsatz einiger deutscher Elite-Verbände durchbrochen worden waren, wurden nun von der Wehrmacht ihrerseits zur Abwehr eingerichtet. Deutsche Soldaten bereiteten sich hinter dem Labyrinth aus Kanälen und Flüssen darauf vor, die *Festung Holland* zu verteidigen.

Die Einnahme der Straßenbrücke von Arnheim sollte einen »Luftlandeteppich« vervollständigen, der es dem alliierten XXX. Korps ermöglichen sollte, die deutschen Linien am Waal zu durchbrechen. Die Alliierten hätten dann in das industrielle Herz Deutschlands, ins Ruhrgebiet einschwenken können, so daß der Krieg mit etwas Glück Ende 1944 zu Ende gewesen wäre. Weiter südlich waren die *Screaming Eagles* (»Schreienden Adler«) der amerikanischen *101st Airborne Division* gelandet, um die Kanalbrücken zwischen Eindhoven und Veghel zu nehmen. Ihre Landsleute von der *»All American« 82nd Airborne Division* waren im Norden abgesprungen, um die großen Brücken über die Flüsse Maas und Waal sowie über den Maas-Waal-Kanal zu nehmen.

Doch in Arnheim sollte es anders kommen. Wegen des sumpfigen Bodens in den Niederungen des Rheins lagen die eigentlichen Lande- und Absprungzonen weit westlich der Stadt. Die US-Luftwaffe (USAAF) hatte darauf bestanden, die britische *1st Airborne Division* bei Tageslicht abzusetzen; und überall in Holland wurden die Fallschirmjäger nur auf einer Seite ihrer Angriffsziele abgesetzt. Die Berichte des Nachrichtendienstes erweckten den Eindruck, daß nur

MG-Schütze des 2. Fallschirmjäger-Bataillons beim Gefechtsschießen unter erschwerten Bedingungen. Die Waffe ist das Standard-MG der britischen Streitkräfte, das L7A2 GPMG im Kaliber 7,62 mm.

rund 10 000 deutsche Soldaten in der unmittelbaren Umgebung zur Auffrischung lagen. Ihre Verbände hatten an der Ostfront schwere Verluste hinnehmen müssen und daher war wohl nur geringer Widerstand zu erwarten. Diese Informationen waren zwar zutreffend, doch hatten die alliierten Generalstäbler bei der Planung ihrer Operation die Tatsache nicht berücksichtigt, daß der größte Teil dieser deutschen Soldaten zu einem Eliteverband gehörte – zu dem kampferprobten II. SS-Panzer-Korps unter Obergruppenführer Bittrich. In den Stäben wurde darüberhinaus auch entschieden, die Paras ohne Unterstützung durch »Fliegende Artillerie« – Jagdbomber vom Typ *Typhoon* und *Tempest* – kämpfen zu lassen. Die Feldherren vergangener Zeiten hatten sich bei ihren Elite-Einheiten stets darauf verlassen können, daß diese selbst in »aussichtslosen Lagen« noch für ein paar entscheidende Stunden länger hielten. In den nächsten zehn Tagen bekam dieser Begriff sowohl durch das *Parachute Regiment* als auch die Waffen-SS eine neue Bestätigung.

Die ersten Fallschirmjäger, die landeten, waren »Pfadfinder« der 21. Selbständigen Fallschirmjäger-Kompanie, die die Absprung- und Landezonen freikämpften und sicherten – Widerstand gab es kaum. 20 Minuten später schwebte die Luftlandebrigade mit 319 *Horsa*- und *Hamilcar*-Lastenseglern heran. Eine Stunde später begann es zu »schneien«, als die 1. Fallschirmjäger-Brigade aus knapp 100 m Höhe abgesetzt wurde. Ihr Einsatzplan war einfach: sie sollte die Brücken von Arnheim nehmen, rund um die Stadt einen Brückenkopf bilden und diesen so lange halten, bis die gepanzerten Verbände des XXX. Korps sie entsetzten.

Bei den ersten Landungen gingen 39 Lastensegler verloren, die meisten davon hatten die Männer und Jeeps der *1st Air-Landing Reconnaissance Squadron* an Bord, jener Aufklärungskompanie, die eigentlich so schnell wie möglich die erste Brücke nehmen sollte. Noch schien der Krieg unendlich weit entfernt, als die noch verbliebenen Jeeps, jeder mit einem Vickers-Zwillings-MG bewaffnet, schließlich auf der Straße nach Arnheim rollten. Ihr größtes Problem schienen Hunderte von Zivilisten zu sein, die die Straßen säumten.

Hinter ihnen kam das *2nd Parachute Battalion* (2 PARA), das – zu Fuß – nördlich des Flusses vorging. Es sollte die Eisenbahn- und die Pontonbrücke nehmen und sich dann mit der Aufklärungskompanie vereinigen. Weiter im Norden strebte das 3 PARA über die Straße, die von Heelsum nach Arnheim führt, ebenfalls in Richtung der Straßenbrücke, während das Gros des 1. britischen Fallschirmjäger-Bataillons einen langen Gefechtsmarsch begann, um das Höhengelände zu nehmen, das Überblick über die ganze Stadt bot.

Die Deutschen reagierten sehr rasch auf die Landungen, manche von ihnen allerdings in nicht gerade angemessener Weise. Feldmarschall Walther Model erfreute sich in seinem Hauptquartier am Stadtrand von Arnheim gerade an einem Glas Weißwein vor dem Mittagessen, als die ersten alliierten Flugzeuge erschienen. Nur wenige Minuten später suchte er in seinem Stabswagen das Weite, da er fälschlicherweise annahm, die britischen Fallschirmjäger seien Teil einer Sondereinheit, die ihn entführen sollte. Andrerseits waren die Alarmeinheiten der 9. SS-Panzer-Division »Hohenstaufen« schon um 15 Uhr 00 auf dem schnellsten Wege in Richtung der Landeplätze der Alliierten unterwegs und begannen im Westen der Stadt einen Verteidigungsring aufzubauen.

Ein Bild aus den Anfangstagen der britischen Fallschirmtruppe im Jahre 1940. Vor einem Übungssprung treten Paras gemeinsam mit ihren Absetzern auf dem Ringway Airport in Manchester an.

Die zwölf Führer und 294 Mannschaften des SS-Panzergrenadier-Ersatz- und Ausbildungs-Bataillons 16 unter Sturmbannführer Krafft lagen bereits zwischen den Landeplätzen und der Brücke in Stellung. Bis zum späten Nachmittag waren die meisten britischen Fallschirmjäger und Luftlandetruppen auf diese deutschen Kräfte gestoßen und in heftigen Straßenkämpfen verwickelt. Einzig dem 2 PARA war es bis zum Einbruch der Dunkelheit gelungen, sich bis zum Nordende der Straßenbrücke durchzukämpfen, nachdem seine Männer zuvor mit ansehen mußten, wie die beiden anderen Brücken vor ihren Augen in die Luft gejagt wurden – damit waren die Kräfte der Briten jetzt wirksam in zwei Teile gespalten worden.

Die Waffen-SS warf die Briten aus ihren Landezonen

Nachdem Oberstleutnant Frosts Männer das nördliche Brückenende genommen hatten, wurde die Brücke selbst zum Schauplatz schwerer Kämpfe, als sie zweimal den Versuch unternahmen, auch das Südende noch in ihre Hände zu bekommen, aber jedesmal zurückgeschlagen wurden. Während der Kämpfe war in einem deutschen Munitionslager ein Feuer ausgebrochen, das sich auf vier LKWs und schließlich die Brücke selber ausbreitete [A.d.Ü.: von dieser Version scheint nur der Autor zu wissen. Überall sonst wird das Feuer auf der – aus nicht brennbarem Material konstruierten – Brücke brennenden Fahrzeugen der Kampfgruppe Gräbner von der Panzeraufklärungsabteilung 9 der SS-Panzer-Division »Hohenstaufen« zugeschrieben, die von den Paras zusammengeschossen worden war]. Die Nacht war nun durch die brennende Brücke gespenstisch erleuchtet und angefüllt mit den Schreien der Sterbenden, so daß weitere Angriffe nicht mehr möglich waren; deshalb zogen sich die Paras in die Gebäude beiderseits der Brückenauffahrt zurück, von denen aus sie das Nordende überblicken konnten.

Es folgten neun Kampftage, in denen die Paras mit dem Mut der Verzweiflung einen deutschen Angriff nach dem anderen abschlugen und auf das Eintreffen des XXX. Korps warteten. Am Montag folgte die zweite Welle, mit der Brigadegeneral Hacketts *4th Parachute Brigade* abgesetzt wurde, doch unter den pausenlosen Angriffen der deutschen Einheiten schrumpfte der Verteidigungsgürtel der Division immer mehr, und schließlich warf die Waffen-SS die Briten aus ihren Landezonen.

Als dann die Flugzeuge der RAF auftauchten, um Nachschub abzuwerfen, landete ein Großteil davon bei der anderen Feldpostnummer. An der Brücke selber hatten die wiederholten deutschen Angriffe die Stellungen von Frosts Männern in ein Trümmerfeld verwandelt. Als die Munition langsam zur Neige ging, wurden die Gegenangriffe zum Teil mit blanker Waffe abgewehrt. Viele Paras, die an diesen improvisierten Sturmangriffen teilnahmen, waren bereits in den ersten Gefechten verwundet worden. Einzig die Sterbenden und Schwerverwundeten wurden in die behelfsmäßigen Verbandplätze gebracht, die in den Kellern eingerichtet worden waren.

Die fünf *Victoria Crosses* (VC) die für Arnheim verliehen wurden, stellen, was Tapferkeit und Durchhaltevermögen betrifft, lediglich die »Spitze des Eisberges« dar,

Britische Paras an einer Sechspfünder-Pak in der Nähe von Oosterbeek. Auf dem Schutzschild der Kanone steht »Gallipoli«. Nomen est omen – die Luftlandung bei Arnheim 1944 scheiterte ebenso wie das Landeunternehmen an den Dardanellen 1915 unter hohen Verlusten.

doch dokumentieren sie, mit welcher Härte die Kämpfe im Innern des »Hexenkessels« geführt wurden. Hauptmann Queripel vom 10 PARA etwa, tat sich an der Straße nach Utrecht hervor, wo seine Einheit sich eingegraben hatte. Obwohl bereits im Gesicht verwundet, trug er unter schwerem Panzer- und Artilleriebeschuß einen schwerverwundeten Unteroffizier aus der Feuerlinie heraus und kehrte anschließend zu seinen Leuten zurück, um einen Angriff auf eine deutsche Stellung anzuführen, bei dem zwei Maschinengewehre zerstört wurden sowie eine britische Panzerabwehrkanone, die den Deutschen in die Hände gefallen war. Queripels Männer, die sich aus einem Straßengraben heraus verteidigten, schlugen wiederholte Angriffe deutscher Panzergrenadiere zurück. Als schließlich die meisten seiner Truppe tot oder verwundet waren, blieb der Hauptmann, mittlerweile auch noch an beiden Armen verwundet, zurück, um den Rückzug seiner Leute zu decken. Zuletzt wurde er gesehen, wie er Stielhandgranaten zurückwarf; für seine Taten wurde ihm ein posthumes Viktoriakreuz verliehen.

An der Brücke von Arnheim selbst führte die Einsatzfreude von Leutnant John H. Grayburn vom *2nd Parachute Battalion* zur Verleihung eines weiteren *Victoria Cross*. Er hatte den Befehl erhalten, das südliche Ende der Brücke in Besitz zu nehmen, doch als er seinen Zug hinüberführen wollte, wurde er von einem Geschoßhagel empfangen. Grayburn, der unmittelbar verwundet worden war, versuchte weiterhin, seinen Auftrag zu erfüllen, bis er schließlich den Befehl zum Rückzug erhielt. Während der nächsten 48 Stunden unternahm er einen zweiten Versuch, seine Männer über die Brücke zu führen. Er wurde schließlich tödlich verwundet, doch seine Tapferkeit bleibt unvergessen.

Gewöhnliches Heldentum fiel gar nicht weiter auf

Währenddessen bekämpfte an der Abwehrfront in Oosterbeek Sergeant Baskeyfield, Geschützführer eines Panzerabwehrgeschützes des *2nd South Staffordshire Regiment (1st Air-Landing Brigade)* ganz alleine die deutschen Panzervorstöße mit seinem Geschütz, nachdem die Bedienung ausgefallen war. Als sein Geschütz vernichtet wurde, eilte er zu einem anderen, dessen Bedienung ebenfalls gefallen war, und setzte mit diesem den Kampf fort. Er fiel, als die deutschen Grenadiere durchbrachen. Major Cain von den *Royal Northumberland Fusiliers* erhielt das einzige VC dieser Operation, das nicht posthum verliehen wurde.

Völlig auf sich alleine gestellt, konnten er und seine kleine, mit Beutewaffen ausgerüstete Gruppe *Fusiliers* immer wieder Angriffe deutscher Truppen aufhalten.

Gewöhnliches Heldentum fiel in dieser Schlacht, mit ihrer geringen Anzahl an Überlebenden, gar nicht weiter auf. Brigadegeneral Hackett selber ignorierte feindliches Gewehrfeuer, als er einen verwundeten Stabsoffizier aus einem Jeep rettete, in dem dieser sonst verbrannt wäre. Leutnant McKay hatte bereits 40 seiner Fallschirmpio-

Männer des 3. Fallschirm-Bataillons landen am 5. November 1956 auf dem El-Gamil-Flugplatz in Port Said.

niere verloren, als er mit den ihm noch verbliebenen zehn Mann gegen 50 deutsche Soldaten antrat, die von zwei Panzern unterstützt wurden. Bei ihrem letzten Angriff feuerten die Pioniere beim Vorwärtsstürmen ihre Bren-Maschinengewehre aus dem Hüftanschlag. Als sich der Pulverdampf legte, standen nur noch vier auf den Beinen.

Die RAF verlor bei ihren 601 Flugeinsätzen, die sie zur Unterstützung der Paras flog, insgesamt 84 Maschinen. Eine besonders tollkühne Tat einer Flugzeugbesatzung wurde als außergewöhnlich genug empfunden, um ebenfalls mit einem Viktoriakreuz gewürdigt zu werden. Die *Dakota*-Transportmaschine von Hauptmann David Lord brannte bereits lichterloh, als sie endlich den Abwurfplatz für die Versorgungsgüter erreichte. Am Boden unten konnten die Paras zusehen, wie die Lademeister verzweifelt versuchten, die letzten Paletten aus der Maschine zu stoßen, obwohl sie selber bereits von Flammen eingeschlossen waren. Der Flugzeugführer versuchte noch kurz, die Maschine hochzuziehen – dann schlug sie am Boden auf. Der dringend benötigte Nachschub war zwischen den deutschen Stellungen niedergegangen.

Es gab auch zahlreiche Akte der Ritterlichkeit. Einen Großteil der abgefangenen Rationen und Vorräte verteilten die deutschen Soldaten an die darbende holländische Zivilbevölkerung. Die deutschen Einheiten unterbrachen die Kämpfe häufig, um es den Briten zu ermöglichen, ihre Verwundeten zu den deutschen Verbandplätzen (!) zu evakuieren. Dr. Skalka von der Waffen-SS und die anderen deutschen Feldärzte machten keine Unterschiede zwischen deutschen und britischen Verwundeten. Die letzten britischen Verwundeten an der Brücke wurden von Panzergrenadieren der Waffen-SS herausgeholt, die sie anschließend mit Weinbrand und Schokolade bewirteten und ihnen ihre Hochachtung für ihre Standhaftigkeit aussprachen.

Endlich rückte die britische *Guards Armoured Division* heran, doch sie kam nicht über den Fluß. Am Montag, dem 25. September, zogen sich die Überlebenden der Luftlandeoperation, die keinerlei Verpflegung mehr besaßen und Regenwasser tranken, unter dem Schutz der Artillerie des XXX. Korps langsam zurück. Die Fallschirmjägerbrigaden waren auf Kompaniestärke zusammengeschmolzen, während die Luftlandebrigade gerade mal noch ein Bataillon zusammenbekam. Diejenigen Verwundeten, die nicht mehr in der Lage waren zu gehen, blieben zurück, um den Rückzug zu decken. Einigen tausend Mann gelang die Überquerung des Niederrheins, doch viele andere mußten noch sterben, als die Deutschen merkten, daß die Briten abhauen wollten. Von jenen Paras, die zurückblieben, entkamen einige ins Landesinnere, in der Hoffnung, von der Fluchtorganisation des MI9 (einer Abteilung der britischen Abwehr) herausgeholt zu werden. Andere wiederum schlossen sich der niederländischen Widerstandsbewegung an, wurden als Partisanen in Zivil geschnappt und in ein Konzentrationslager eingeliefert. Die meisten gerieten jedoch bei Arnheim in Kriegsgefangenschaft.

Fallschirmjäger-Offiziere verkleideten sich als einfache Soldaten anderer Waffengattungen

Das *Parachute Regiment* sah Ende März 1945 noch einen weiteren Einsatz, der den Decknamen »Operation Varsity« trug, als es zur Sicherung des alliierten Rheinüberganges bei Wesel absprang.

In den Nachkriegsjahren leistete das mittlerweile verkleinerte und umorganisierte Regiment auch weiterhin ausgezeichnete Dienste, diesmal in der neuen Rolle einer Friedenstruppe. Zum letzten Mal wurde das Regiment 1956 während der Suezkrise im Sprungeinsatz unter Gefechtsbedingungen verwendet. Acht Jahre später erhielten die Paras Gelegenheit, eine weitere »aussichtslose Stellung« zu verteidigen, diesmal in der trostlosen südarabischen Sandwüste.

In den frühen 60er Jahren wurden die zahlreichen kleinen Emirate an der Südspitze der arabischen Halbinsel mit der britischen Kolonie Aden zu einer neuen staatlichen Gemeinschaft zusammengefaßt – der Südarabischen Föderation. Die Engländer hatten der Föderation die Unabhängigkeit unter der Bedingung versprochen, daß angesichts der regen Guerilla-Tätigkeit auch weiterhin britische Truppen und Stützpunkte im Land verbleiben konnten.

Im April 1964 hatte das 3 PARA, zusammen mit den *Royal Marine Commandos* und anderen Einheiten, eine erfolgreiche Operation durchgeführt, mit der die aufständischen Stämme in den unwirtlichen Bergen des Radfan isoliert werden konnten. Die Regenten der Föderation wurden zwei Jahre darauf durch die plötzliche Ankündigung der britischen Regierung, sich ganz aus dieser Region zurückzuziehen, völlig überrascht. Das 1. Fallschirmregiment erhielt nun die undankbare Aufgabe, den Rückzug der britischen Garnisonen zu decken – ein Auftrag, für den eine ganz andere Art von Einsatz verlangt wurde.

Zu seinen ersten Aufgaben gehörte es, bei der Ausschaltung oder Festnahme der Widerstandskämpfer der »Front für die Befreiung des Süd-Jemens« (FLOSY) behilflich zu sein, die nun selber nach der Macht griffen, indem sie auf den Märkten und in den engen Gassen der Hafenstadt Aden britische Soldaten umbrachten. Offiziere der Fallschirmjäger verkleideten sich als einfache Soldaten anderer Waffengattungen und Regimenter und wurden im Rahmen routinemäßiger Fußstreifen in das heruntergekommene Scheich-Othman-Viertel eingeschleust. Dort errichteten die Paras der »C« und »D« Kompanien eine Anzahl von Beobachtungsposten, von denen sie Märkte, Moscheen und Hauptstraßen einigermaßen überblicken konnten.

Diese Vorgehensweise machte sich schon bald bezahlt. Am 1. Juni 1966 nahm die Befreiungsfront einen Generalstreik zum Anlaß, den offenen Aufstand zu wagen. Der erste Überfall fand im Morgengrauen statt, als vier Widerstandskämpfer eine Handgranate sowjetischer Bauart unter eine britische Patrouille warfen, die vor der Hauptmoschee Dienst tat. Die Attentäter versuchten nun in der Menge der Gläubigen unterzutauchen, die sich in der Moschee befanden – ohne Erfolg. Von der anderen Straßenseite her eröffnete ein Beobachtungsposten der Paras das Feuer und erwischte zwei Rebellen noch auf der Treppe; der dritte starb, als er sich in einen Laden retten wollte. Der vierte entkam zwar dem Geschoßhagel, rannte aber direkt einer britischen Streife in die Arme. Aus diesem kleinen Zwischenfall erwuchs ein mittleres Feuergefecht, als Heckenschützen der FLOSY die Beobachtungsposten unter Beschuß nahmen. Die Schießerei hielt den ganzen Tag über an, und die Paras erhielten Unterstützung von ein paar leichten Spähwagen. Sie stellten aber deutlich unter Beweis, daß sie den Arabern in Sachen Treffsicherheit und Taktik weit überlegen waren: die Kämpfer der FLOSY erlitten empfindliche Verluste; ihr Ziel, die Stadt in ihre Hände zu bekommen, konnten sie getrost vergessen.

Am 20 Juni mußten die Paras ihre größte Bewährungsprobe im Jemen bestehen, als es unter der Südarabischen Polizei zu einer Meuterei kam und britische Soldaten und Zivilisten getötet wurden. Den Auslöser für die Meuterei bildete das haltlose Gerücht, britische Soldaten seien zur Zerschlagung eines Aufstandes innerhalb der Südarabischen Streitkräfte eingesetzt worden. Um dieser Lüge nicht weiteren Nährstoff zu liefern, beschlossen die Engländer, Ruhe und Ordnung wiederherzustellen, ohne das Feuer der Polizisten zu erwidern. Diese beinahe schon selbstmörderische Aufgabe wurde der »C« Kompanie übertragen, die in offenen LKWs in die Polizeikaserne einrückte. Bald schon wurden die Paras unter sporadisches Feuer aus Gewehren und Maschinengewehren genommen, durch das ein Fallschirmjäger getötet und acht weitere verwundet wurden. Doch noch immer blieben die britischen Waffen gesichert. Während die Polizei entwaffnet und aufgelöst wurde, wurden in der Kaserne selber noch einmal vier Fallschirmjäger verwundet. Während der ganzen Operation hatte nicht ein einziger Soldat das Feuer erwidert, nicht einmal dann, als Kameraden getroffen zu Boden stürzten.

Das kalte, nasse und unwirtliche Klima erforderte außergewöhnliche soldatische Leistungen

1982 erlebte das *Parachute Regiment*, nach beinahe zehn Jahren turnusmäßiger Einsätze in Nordirland, wieder einen »richtigen« Krieg. Am 2. April hatten argentinische Truppen die Falkland-Inseln oder Malvinas besetzt und eine 11 000 Mann starke Garnison eingerichtet. Für die Argentinier sollte sich die Annahme, daß es die Briten wegen der Inselgruppe im Südatlantik nicht zu einem Krieg kommen lassen würden, als schwerwiegende Fehleinschätzung herausstellen. Die Inseln wurden wieder unter britische Vorherrschaft gebracht, in erster Linie durch die vereinten Anstrengungen dreier Bataillone der *Royal Marine Commandos* und zwei des *Parachute Regiment* – der »Red and Green Fighting Machine«, der »rot-grünen Kampfmaschine«. Als die Commandos und Paras am Tag X, dem 21. Mai 1982, bei San Carlos an Land wateten, waren sie zahlenmäßig zwei zu eins unterlegen. Die Kämpfe fanden unter Bedingungen statt, die einer trostlosen Version von Dartmoor oder den Brecon Beacons glichen. In dem kalten, nassen und unwirtlichen Klima wurde es bald deutlich, daß hier außergewöhnliche soldatische Leistungen notwendig sein würden, um nicht in einem Abnützungskrieg steckenzubleiben – von beiden Seiten.

Das Ziel der Operation »Corporate« war die Ausschaltung oder die Kapitulation der argentinischen Kräfte auf Ost-Falkland, der Hauptinsel. Der größte Teil der argentinischen Truppen hatte sich entlang der beiden Höhenzüge eingegraben, die die Inselhauptstadt Stanley von den westlichen Einöden trennt, und konnte somit sämtliche Anmarschwege verteidigen.

Der anfängliche Operationsplan von Brigadegeneral Thompson sah vor, zuerst den geschützten Ankerplatz in San Carlos zu sichern, bevor 3 PARA und das *45 Commando* in Richtung Teal Inlet vorgingen. Das *42 Commando* sowie eine Vier-Mann-Patrouille des SAS sollte auf Mount Kent in Stellung gehen. Port Stanley lag mehr

Feuerunterstützungstrupp des 2. Bataillons während einer Übung in Oman. In der Mitte ein schweres Browning-Maschinengewehr im Kaliber .50.

Der Preis des Sieges – Sammeln der Gefallenen. Die Falkland-Kämpfe forderten von den Paras 40 Gefallene und 82 Verwundete.

als 80 km in östlicher Richtung entfernt. Doch nur 32 km südlich des Landeplatzes, in Darwin und Goose Green, waren schon argentinische Truppen stationiert. Die Meldungen besagten, daß es sich dabei um nicht mehr als eine Kompanie handeln würde und demzufolge nicht mehr als ein Stoßtruppunternehmen erforderlich wäre. Als London auf die Einnahme der beiden Orte drängte, um der Öffentlichkeit einen medienwirksamen Sieg präsentieren zu können, bekam Oberstleutnant Herbert Jones vom 2. Fallschirmjäger-Bataillon den Befehl, sich nach Süden in Marsch zu setzen.

Gegen Mittag blieb der Angriff im argentinischen Feuer liegen

Die Orte Darwin und Goose Green liegen am südlichen Ende einer schmalen und leicht zu verteidigenden Landenge, an der Ost-Falkland durch das Meer beinahe zweigeteilt wird. Die beiden Siedlungen wurden von rund 1200 argentinischen Wehrpflichtigen gehalten; darunter Angehörige des 12. und Teile des 25. Infanterie-Regiments sowie des 601. Flugabwehr-Bataillons, die neben vier 105-mm-Haubitzen, zwei 35-mm- und sechs 20-mm-Flugabwehrgeschützen zusätzlich über sechs 120-mm-Mörser verfügten. Außerdem erhielten die Siedlungen Luftunterstützung von Schlachtflugzeugen des Typs *Pucara* und *Skyhawk*. Zu allem Unglück ließ London auch noch Einzelheiten des Angriffs durchsickern, die angeblich über den »BBC World Service« verbreitet wurden, gerade als 2 PARA zu seinen Ausgangsstellungen unterwegs war. Die Argentinier wurden in volle Gefechtsbereitschaft versetzt.

Am 28. Mai, um 02 Uhr 30, verließ die »A« Kompanie des *2nd Parachute Battalion* ihren Bereitstellungsraum und begann den Angriff auf die argentinischen Stellungen beim Burntside House, wo sich eigentlich ein gegnerischer Zug hätte aufhalten müssen, die jedoch verlassen waren. Um 03.10 Uhr ging die »B« Kompanie am rechten Flügel des Bataillons nach vorne, während die »C« Kompanie, die zwischen der »A« und der »B« Kompanie als Bataillons-Reserve vorging, ebenfalls nur auf geringen Widerstand stieß. Als der Morgen graute, nahm das argentinische Artillerie- und Granatwerferfeuer immer mehr zu, und plötzlich lag die »A« Kompanie unter heftigem MG-Feuer, das von Darwin Hill auf sie herabprasselte. Da die argentinischen Stellungen in deckungslosem Gelände lagen, mußten sich die Paras in tiefster Gangart vorarbeiten. Die Taktik wurde den Umständen angepaßt; Ausbildungsvorschriften wurden »über Bord geworfen« und die berühmte Eigeninitiative der Fallschirmjäger kam voll zu ihrem Recht. Gelegentlich wurden Milan-Raketen zur Aufweichung des Widerstandes eingesetzt, bevor eine Gruppe oder ein Zug vorwärts stürmte, um eine Stellung zu stürmen. Bei anderen Gelegenheiten wiederum robbten die Paras bis auf 50 m an die argentinischen Gräben heran, wobei sich die Gruppen abwechselnd gegenseitig Feuerschutz gaben. Doch letzten Endes waren es der Angriffsgeist und die unerbittlichen Nahkampfmethoden der besser ausgebildeten Elitesoldaten, mit denen die Gräben der Wehrpflichtigen genommen wurden.

Gegen Mittag blieb der Angriff des Bataillons jedoch im argentinischen Handwaffen- und Artilleriefeuer liegen. Die »B« Kompanie lag völlig exponiert auf dem kahlen Hang oberhalb von Boca House fest. Auch der »A« Kompanie war es nicht besser ergangen, sie war konzentriertem Feuer aus den argentinischen Gräben ausgesetzt. Schließlich kam Bataillonskommandeur Oberstleutnant Jones nach vorne, um den Angriff der »A« Kompanie persönlich voran zu bringen. Während er gerade mit Teilen der Bataillonsführungsgruppe eine flankierende Bewegung ausführte, erfaßte Jones eine MG-Garbe. Trotz der tödlichen Verwundung stürmte er noch ein paar Schritte vorwärts und feuerte aus seiner Stirling-Maschinenpistole, bevor er zusammenbrach.

Wutentbrannt setzten die Paras daraufhin die Milan-Raketen der Unterstützungskompanie ein, um die Feindstellungen um Boca House zu zerschlagen. Der »B« Kompanie gelang es, die argentinischen Gräben unter Ausnutzung des toten Winkels von der Flanke her zu umfassen. Während des Angriffs wurde das Bataillon immer wieder von *Pucaras* und *Skyhawks* mit Bomben und

Ein MG-Schütze des *3rd Parachute Battalion* am Mount Longdon. Die Stellungen waren in der Nacht vom 11. auf den 12. Juni nach erbitterten Kämpfen genommen worden.

Bordwaffen beharkt. Nun richtete sich die Wut der Paras gegen die Flugzeuge. Auf einen Angriff von *Skyhawks* folgten zwei *Pucaras*, doch konnten die Maschinen vertrieben werden.

Als die Nacht hereinbrach, wurde Darwin eingenommen und Goose Green eingeschlossen. Der Erfolg bei Goose Green hatte die Südroute nach Stanley geöffnet. Diese sollte später dazu dienen, die argentinische Garnison von Stanley von der Richtung des Hauptangriffes abzulenken und so die Einschließung der Hauptstadt zu vervollständigen. Generalmajor Moore, der Befehlshaber der britischen Bodentruppen, übertrug nun der 5. Infanterie-Brigade unter General Wilson die Aufgabe, Bluff Cove und Fitzroy einzunehmen, wobei ihr das 2 PARA unterstellt wurde. Während Wilson sich noch darauf vorbereitete, seine Brigade auf den langen Marsch nach Bluff Cove in Bewegung zu setzen, bewiesen die Paras erneut Eigeninitiative.

Sie traten die Türen des verlassenen Swan-Inlet-House ein und riefen über das zivile Telefon in Bluff Cove an, nur um von dort die überraschende Nachricht zu erhalten, daß sich in der Siedlung überhaupt keine Argentinier befänden. Am Abend des selben Tages wurden dann 80 Mann vom 2 PARA in einen *Chinook*-Hubschrauber gepfercht und nach Bluff Cove geflogen. Als am nächsten Tag das ganze Bataillon verlegt worden war, hatte das 2. Fallschirmjäger-Bataillon den schnellsten Vor-

Para-Psychologie: Im »Bauch« einer *Hercules* macht sich Nervosität breit. Eine Sprungreihe Paras wartet auf grünes Licht.

Grünes Licht – und ab! Der Sprung eines Bataillons von der Laderampe einer *Hercules* aus gesehen. Die weißen Fallschirme weisen auf Lasten hin, die vor den Männern abgesetzt wurden.

Ein vernichtendes Sperrfeuer pflügte die Grabenstellungen um

Um 21.45 Uhr verließ die »D« Kompanie ihre Ausgangsstellungen und bewegte sich durch die argentinischen Stellungen, die unter schwerem Beschuß gelegen hatten, auf »Rough Diamond« zu. Sie fand einige Gefallene vor, doch der größte Teil der argentinischen Kräfte hatte sich zurückgezogen. Die Paras gingen rascher vorwärts, als die feindliche Artillerie ihrerseits mit hohen Sprengpunkten auf ihre alten Stellungen feuerte. Es fing an zu schneien und im Süden dröhnte von Tumbledown Gefechtslärm herüber. Zur Linken gingen die »B« und die »A« Kompanie nach vorne, um »Apple Pie« zu nehmen. Durch das Feuer der britischen Artillerie erschüttert und völlig demoralisiert, waren die Verteidiger bis auf ihre Hauptverteidigungslinie auf Wireless Ridge zurückgefallen. Und während sich nun die »D« Kompanie bereitstellte, die argentinischen Bunker und Grabenstellungen auf dem Höhenrücken zu säubern, wurden um »Apple Pie« herum schwere Maschinengewehre, Milan Panzerabwehr-Lenkraketen und die leichten Panzer zusammengezogen, um Feuerschutz zu geben.

Gerade als die »D« Kompanie die letzten argentinischen Stellungen aufrollen wollte, die noch vor Stanley lagen, leisteten ihr plötzlich zwei Kompanien und ein Regimentsstab des Gegners erbitterten Widerstand. Vor ihnen pflügte ein vernichtendes Sperrfeuer die Grabenstellungen um, so dicht, daß ein Para des 11. Zuges durch eigenes Feuer umkam. Sich von Bunker zu Bunker nach vorne kämpfend, säuberten die Paras den Höhenrücken vom Feind und gruben sich anschließend ein. Im Morgengrauen unternahmen die Argentinier den einzigen Gegenangriff des Krieges. Dieser letzte ernsthafte Versuch, die Falkland-Inseln zu halten, wurde zurückgeschlagen, obwohl 2 PARA kaum noch Munition hatte. Der Rückzug der Argentinier artete in eine wilde Flucht aus. Am frühen Nachmittag marschierte das *2nd Parachute Battalion* auf Stanley zu; die Männer tauschten ihre Helme nun gegen die berühmten weinroten Baretts.

Die *5 Airborne Brigade* setzt sich derzeit aus folgenden Truppenteilen zusammen: zwei (von drei) Bataillonen des *Parachute Regiment*, dem Elite-*Pathfinder Platoon*, einem Bataillon Gurkhas, einem Infanteriebataillon, einem gepanzerten Aufklärungsbataillon, einem Artilleriebataillon sowie verschiedenen fallschirm- bzw. luftlandefähigen Unterstützungs- und Versorgungstruppen. Dazu zählen etwa Pioniere, Heeresflieger des *Army Air Corps* und Fernmelder, die das *Royal Corps of Signals* abstellt. Das charakteristische weinrote Barett mit dem silbernen geflügelten Fallschirm ist den Angehörigen des *Parachute Regiment* vorbehalten. Die Unterstützungs-

marsch des gesamten Krieges hinter sich gebracht, so schnell, daß sogar der Operationsstab in Generalmajor Moores Hauptquartier darüber vollkommen durcheinander geriet.

Bluff Cove und Fitzroy wurden am 2. Juni besetzt. Elf Tage später nahm 2 PARA an den letzten Kämpfen des Krieges teil. In der Nacht vom 13. auf den 14. Juni erhielt das Bataillon den Auftrag, Wireless Ridge zu erobern, eine Hügelkette südöstlich des Mount Longdon, der sich bereits in der Hand von 3 PARA befand. Der neue Kommandeur des Bataillons, Oberstleutnant David Chaundler, hatte den Männern und Offizieren des 2 PARA zugesichert, daß sie diesmal nicht wieder wie in Goose Green und Darwin ohne Unterstützung kämpfen müßten [A.d.Ü.: allerdings hatte dort eine Batterie Feldartillerie Unterstützung geleistet]. Bei Wireless Ridge würde das Bataillon durch die leichten *Scimitar*- und *Scorpion*-Panzer der *Blues and Royals* unterstützt, durch das 4,5-inch-Geschütz (11,4 cm) der Fregatte AMBUSCADE, zwei Batterien Artillerie mit 105-mm-Geschützen und der geballten Feuerkraft der 81-mm-Granatwerfer des 2. und des 3. Fallschirmjäger-Bataillons. Man hoffte, mit dieser »geräuschvollen« Feuerzusammenfassung nicht nur der Eroberung Stanleys einen gewaltigen Schritt näher zu kommen, sondern zudem auch die Aufmerksamkeit des Gegners von dem Angriff der *Scots Guards* auf Tumbledown Mountain ablenken zu können.

und Versorgungstruppen tragen das gleiche Barett, aber mit den Abzeichen ihres jeweiligen Truppenteils. Da Luftlandetruppen und Spezialeinheiten den größten Teil ihrer Ausrüstung im Einsatz selbst tragen müssen, wurden sie mit einem Bergen-Rucksack ausgerüstet [A.d.Ü.: der Standard-Rucksack der britischen Armee], der ein besonders großes Fassungsvermögen besitzt. Mit diesem »Bergen« lassen sich problemlos an die 50 kg Gewicht transportieren, er läßt sich unter dem Reserveschirm am Fallschirmgurtzeug befestigen und in besonderen Fällen sogar zur Überwindung von Gewässern einsetzen, da er auf der Oberfläche treibt.

Einmal gelandet, muß der britische Para – genau wie alle anderen Luftlandesoldaten der Welt – auch ohne stärkere Unterstützung kämpfen können. Das bewährte L1A1 SLR (*Self-Loading Rifle*, das britische Sturmgewehr im Kaliber 7,62 mm) wurde mittlerweile durch das kürzere und leichtere SA-80 im Kaliber 5,56 mm abgelöst. Diese neue Waffe ist im Feld auch unter Einsatzbedingungen leicht zu zerlegen und zu reinigen, und seine kompakte »Bullpup«-Bauweise gewährleistet, daß es problemlos in allen Anschlagsarten – Hüfte, Schulter oder liegend – eingesetzt werden kann [A.d.Ü.: allerdings leidet diese neue Waffe noch an erheblichen »Kinderkrankheiten« und viele Angehörige englischer Spezialeinheiten ziehen aus diesem Grunde andere und bewährtere Waffen vor]. Das in der gleichen Baureihe hergestellte LSW (*Light Support Weapon*, leichte Unterstützungswaffe) soll allmählich das mittlerweile schon leicht veraltete L7A2 GPMG (*General Purpose Machine Gun*, Allzweck-Maschinengewehr) ablösen, das dann nur noch als schweres MG auf Lafette eingesetzt werden soll. Zu den weiteren Unterstützungswaffen der Paras gehören Mörser im Kaliber 81 mm und 51 mm sowie eine ganze Reihe von Panzerabwehrwaffen, wie Milan, Carl Gustav und die 66 mm LAW (*Light Anti-Tank Weapon*, eine leichte Panzerfaust). Im Krieg um die Falklands konnten sowohl die *Royal Marines* als auch die Paras die Vielseitigkeit von Panzerabwehrwaffen unter Beweis stellen, indem sie diese mit großem Erfolg gegen argentinische Bunker und befestigte Stellungen einsetzten, wobei sich vor allem das Milan-Panzerabwehrsystem bewährte.

Angehöriger einer Streife des 2. Fallschirm-Regiments in Süd-Armagh, dem »Banditen-Gebiet« Nordirlands. Seit 1969 haben die Paras unzählige Einsätze in dieser britischen Kolonie hinter sich gebracht.

Die US Fallschirmjäger

Die 82. und die 101. Luftlande-Division gehören von ihrer Ausbildung und Ausrüstung her zu den besten Großverbänden der US-Streitkräfte. Im Golfkrieg 1991 bewiesen sie, daß sie zudem Meister des modernen Bewegungskrieges sind.

Bereits im Jahr 1918 regte US-General »Billy« Mitchell den Einsatz amerikanischer Fallschirmformationen an. Weil jedoch die damals vorherrschende Militärdoktrin sich hauptsächlich an herkömmlichen Infanterietaktiken orientierte, konnten sich die Generalstäbler den Einsatz von Fallschirmspringern höchstens für Sabotageaktionen zweifelhaften Wertes vorstellen. Sie ließen daher die Idee schnell wieder fallen. Die Sowjetunion und später Deutschland leisteten jedoch in der Entwicklung von Einsatztaktiken für Fallschirmtruppen in den 20er und 30er Jahren Pionierarbeit. In den Vereinigten Staaten wurden derartige Ideen erst 1939 wieder aufgegriffen. Der damalige Inspekteur der US-Infanterie regte die Aufstellung einer eigenen Fallschirmformation an. Die US-Luftwaffe, die damals noch zum Heer gehörte, war der Ansicht, daß die Fallschirmtruppe in ihren Zuständigkeitsbereich fallen sollte – als eine Art »Fallschirm-Marines«. Sie begründete dies damit, daß auch die deutschen Fallschirmjäger zur Luftwaffe gehörten. Doch die Argumente der *US Army* besaßen wohl größere Überzeugungskraft. Das *War Department* (Kriegsministerium) beauftragte einen gewissen Major William Lee damit, zur Entwicklung der Auswahl- und Ausbildungsmethoden für die neu aufzustellende Formation einen speziellen Fallschirm-Versuchszug aufzustellen: 48 Freiwillige des *29th Infantry Regiment* bildeten den Kader der späteren amerikanischen Luftlandetruppe.

Auf der Weltausstellung 1939 in New York führte die Firma *Safe Parachute Company* einen Sprungturm vor, der ursprünglich dazu entwickelt worden war, Flugzeugbesatzungen eine Vorstellung vom Fallschirmspringen zu vermitteln. Den Besuchern wurde nun die Gelegenheit geboten, selber einen kontrollierten, drahtgelenkten Sprung zu erleben. Der Probesprung begann damit, daß der »Fallschirmspringer« an einem der vier Arme der Anlage nach oben gezogen wurde, wobei ein großer Metallring die Kappe des Fallschirms geöffnet hielt. Auf ein Zeichen des Ausbilders hin wurde der Fallschirm ausgeklinkt, und die Person schwebte sanft nach unten, um auf einem weichgepolsterten Bereich am Fuße des Turms zu landen. In Fort Benning, Georgia, dem neuen Standort der Luftlande/Lufttransport-Schule der *US Army* und Heimstätte der amerikanischen Luftlandetruppen, wurde dann eine Nachbildung dieses Turms errichtet. Noch heute stellt die Ausbildung am Sprungturm einen wichtigen Bestandteil des Fallschirmspringer-Lehrgangs in Fort Benning dar. Die Lehrgangsteil-

Paras der *82nd Airborne Division* bei einem Übungssprung. Die Division war die erste amerikanische Einheit, die im Zuge der Operation »*Desert Shield*« im August 1990 nach Saudi-Arabien verlegt wurde.

nehmer haben es während ihres Aufenthaltes dort mit insgesamt drei Nachbauten des Originalturmes zu tun, der damals in der »Turmwoche« auf der Weltausstellung zu sehen war.

Am 16. August 1940 fand zu Demonstrationszwecken ein Massenabsprung aus einem Douglas B-18 Bomber statt, der die Organisationsabteilung der amerikanischen Armee derart beeindruckte, daß sie umgehend das *501st Parachute Infantry Battalion* (PIB) aufstellte. Zu Beginn gab es nur wenig Flugzeuge, Fallschirme und Unterstützung – die US-Springer mußten, wie die Fallschirmjäger der Deutschen Wehrmacht auch, ihre Schirme selber packen. Die spektakuläre Luftlandeoperation der deutschen Fallschirmjäger auf Kreta im Mai 1941 gab den Amerikanern entscheidende Anstöße, ihre neue Waffengattung weiter auszubauen. Bis zum Ende des Jahres waren drei weitere Bataillone, das 502., 503. und 504. *Parachute Infantry Battalion*, aufgestellt und ausgebildet worden. Diese Bataillone zu je 34 Offizieren und 412 Mann bildeten den Grundstock zu vier Regimentern, die dem *Airborne Command* (Luftlandekorps) des Major Lee unterstellt wurden. Unter den »Auspizien« der 82. Infanterie-Division, die nach dem Ersten Weltkrieg aufgelöst worden war, wurde dann das Ganze im August 1942 organisatorisch gestrafft und umgegliedert. Daraus entstanden die beiden Luftlandedivisionen, die *82nd »All American« Airborne Division* und die *101st »Screaming Eagles« Airborne Division*. Zu diesen Luftlande-Großverbänden gehörten jetzt auch Fallschirmartillerie und Fallschirmpioniere sowie *Glider Infantry Regiments*, die in Lastenseglern abgesetzt wurden.

Im Verlauf des Krieges wurden dann noch weitere Luftlandedivisionen aufgestellt: die 17. (1942) wurde nach der alliierten Landung in der Normandie nach Europa verlegt, während die 11. (1943) in den Pazifikraum kam. Die 13. (1944) wurde zu spät aufgestellt, um noch zum Einsatz zu gelangen. Zusätzlich zu diesen Großverbänden wurden auch selbständige Regimenter gebildet. Das *503rd Parachute Infantry Regiment* (PIR) beispielsweise kam im Pazifik zum Einsatz; und das 550. und 551. PIR wurden in Panama ausgebildet, bevor sie nach Italien geschickt wurden. Teilweise trennten sich einzelne Bataillone von ihren Stammregimentern, um ein – meist allerdings recht kurzfristiges – selbständiges Dasein zu führen. Durch diese recht chaotischen Zustände wollten die Amerikaner sicherstellen, daß auf jedem Kriegsschauplatz Luftlandetruppen innerhalb kürzester Zeit zur Verfügung standen.

Der erste Gefechtssprung der US-Fallschirmjäger erfolgte im November 1942 in Nordafrika

Ihren ersten Gefechtssprung unternahmen die amerikanischen Fallschirmjäger im November 1942 im Zuge der Operation »Torch«, der anglo-amerikanischen Landung in Nordafrika. Die bis dahin unter der Kontrolle der französischen Vichy-Regierung stehenden Gebiete wurden zur Operationsbasis der 82. Luftlande-Division, die im Mai 1943 nachfolgte. Unter dem Kommando von Brigadegeneral Matthew Ringway durchlief die Division, die zu diesem Zeitpunkt aus dem 504. PIR, dem 505. PIR, der 325. *Glider Infantry* und dem *12 Troop Carrier Command* (Truppentransportkommando der US-Luftwaffe) mit 331 C-47 *Dakota* bestand, einen anstrengenden Ausbildungsabschnitt. Einige Monate später durfte Ringways Division am Vorabend der alliierten Landungen Gefechtssprünge über Sizilien und hinterher über Süditalien durchführen. Als Badoglio-Italien dann im September 1943 schmählich zu den Alliierten überlief, hatten die amerikanischen und britischen Paras in dieser neuen Form der Kriegführung etliche Erfahrungen sammeln können. Doch wichtiger als dies war vielleicht, daß neue Einsatzgrundsätze entwickelt worden waren, um die Risiken etwas auszugleichen, die damit verbunden sind, wenn am Vorabend einer Invasion Fallschirmeinsätze hinter den feindlichen Linien durchgeführt werden.

Angriffsziele und Aufgaben mußten sorgfältig ausgewählt werden, denn die Fallschirmjäger sollten möglichst viele Möglichkeiten erhalten, um die feindlichen Verteidigung zu schwächen und wichtige Brücken und Stellungen für die Landungen zu sichern. Gleichzeitig war darauf zu achten, daß sie nicht abgeschnitten oder aufgerieben wurden. Solch sorgfältige Planung war besonders für die nächste Operation von großer Bedeutung. In einer der wohl bedeutendsten Luftlandeoperation des Zweiten Weltkrieges sollten Tausende von Fallschirmjägern in Massenabsprüngen abgesetzt werden. Im September 1943 waren die 1. britische und die 82. amerikanische Luftlande-Division auf ihrem Weg zurück nach England, um sich dort mit der neu eingetroffenen 101. amerikanischen Luftlande-Division zu vereinen. Auf sie wartete die Operation »Overlord«, die Landung der Alliierten in der Normandie.

Die ursprünglichen Pläne für die Landungen in der Normandie waren um einen weiteren, isolierten Landungskopf – den Angriffsabschnitt »Utah« – erweitert worden. Dessen Einnahme sollte der amerikanischen 4. Infanterie-Division ermöglichen, die Halbinsel Cotentin rasch abzuriegeln und dadurch die rechte Flanke der Alliierten zu schützen. Parallel zu »Utah« verliefen der Fluß Meredet und ein ausgedehntes Sumpfgebiet, über das vier schmale, leicht zu verteidigende Übergänge führten. Als Generalleutnant Omar Bradley, der Befehlshaber der amerikanischen Ersten Armee, die Photos der Luftaufklärung sah, forderte er zur Sicherung der Übergänge über das Marschland sowie der Brücken über den Meredet Luftlandetruppen an. Er bekam die 101. Luftlande-Division zugewiesen. Die »All Americans« der 82. Division sollten weiter im Landesinneren nahe der Ortschaft St. Mère-Eglise abspringen und so die westliche Hälfte der Halbinsel abriegeln, wodurch die wichtige Hafenstadt Cherbourg isoliert war.

Amerikanische Fallschirmjäger im Innern einer C-47 kurz vor dem Erreichen ihrer Absprungzone in der Normandie.

Die Bedienung eines schweren Browning-MG erwartet den nächsten deutschen Angriff. Bastogne, Dezember 1944.

Die ersten alliierten Soldaten, die in der Normandie landeten, waren amerikanische Pfadfinder

Der Erfolg der Luftlandungen am Invasionstag war von der simplen Frage abhängig, ob die Flugzeuge, die die verschiedenen Einheiten transportierten, zur richtigen Zeit am richtigen Ort eintreffen würden. In Sizilien konnte dieses Problem durch den Einsatz sogenannter *Pathfinders* bewältigt werden [A.d.Ü.: diese »Pfadfinder« sind Einweiser, die vor der Hauptwelle abspringen und dafür sorgen, daß die nachfolgenden Verbände an den richtigen Plätzen abgesetzt werden]. Am Himmel über der Normandie waren die Bedingungen jedoch durch die ungünstigen Wetterbedingungen, das konzentrierte Flugabwehrfeuer und die unvorstellbare Größe dieser Flugzeug-Armada erheblich kompliziert worden. Die ersten alliierten Soldaten, die in der Normandie landeten, waren die amerikanischen »Pfadfinder«-Trupps, die in der Nacht vom 5. auf den 6. Juni 1944 hinter den gegnerischen Linien absprangen. Ihre Aufgabe war es, mögliche Hindernisse von den ausgewählten Absprungzonen zu räumen, die »Eureka«-Anflug-Funkfeuergeräte aufzustellen und feindliche Angriffe abzuwehren. Eine Stunde nach Landung der »Pfadfinder« tauchten 822 C-47-Transportmaschinen in der Dunkelheit auf, mit mehr als 13 000 amerikanischen Fallschirmjäger an Bord.

Sobald sich die Flugzeuge über dem besetzten Frankreich befanden, mußten sich die Piloten am schwach erkennbaren Widerschein größerer Straßen, Brücken, Eisenbahnlinien und Flüssen orientieren. Kurz vor Erreichen der Absprungzone »Rebecca« fing das Führungsflugzeug des Verbandes die Signale zahlreicher »Eureka«-Funkfeuergeräte auf. Während die erste C-47 noch den Küstenstreifen überflog, waren einige der Absprungzonen bereits deutschen Gegenstößen ausgesetzt, und viele »Pfadfinder« waren gezwungen, ihre Funkfeuergeräte unter feindlichem Feuer aufzustellen.

Trotz größter Anstrengungen der »Pfadfinder« waren einige Flugzeuge dennoch gezwungen, ihre Fallschirmjäger »blind« abzusetzen – oder über falsch gekennzeichneten Absprungzonen. Teilweise wurden die Flugzeugführer durch das deutsche Flugabwehrfeuer gezwungen, aus der dichten Flug-Formation der Transportflotte auszubrechen. Dadurch wurden die Navigatoren verwirrt und verloren den richtigen Kurs, während Männer, die von ihrer eigentlichen Absprungzonen gerade mal 500 m entfernt abgesetzt wurden, sich in einem Labyrinth gleichaussehender Felder und Hecken verliefen. Diejenigen Flugzeuge, die versehentlich über die zugewiesene Absprungzone hinweggeflogen waren, mußten steil einkurven, um den Fehler zu korrigieren, wobei die schwerbepackten Sprungreihen in ihren Inneren, die das Signal zum Sprung erwarteten, böse durcheinandergeschüttelt wurden. Der Versuch, wieder den richtigen Platz in dem dichten Verband der Transportmaschinen einzunehmen, war mit erheblichen Risiken verbunden.

Innerhalb weniger Stunden war ein großer Anteil der 82. und der 101. Luftlande-Division über die gesamte

Paras des *187th Airborne Regimental Combat Teams* springen im Oktober 1950 bei Sunchon aus ihren C-119 »*Flying-Boxcar*«-Transportern.

Halbinsel Cotentin verstreut worden. Es hatte dabei mehr als 1500 Ausfälle gegeben, als die Springer in Bäumen, Hecken, Flüssen und Feldern von »Rommelspargeln« landeten. Die irrtümlich über St. Mère-Eglise abgesetzten Sprungreihen wurden fast vollständig aufgerieben, teilweise noch während sie gut sichtbar vor dem Hintergrund der brennenden Ortschaft herabschwebten, die zuvor von alliierten Bombern heimgesucht worden war. Überall sammelten sich kleine Trupps Versprengter, die ihren eigenen Krieg austrugen. Bis Tagesanbruch war ein Großteil der anfänglichen Angriffsziele erreicht worden, auch wenn der Luftlande-Gürtel um die Halbinsel noch nicht so fest angezogen war, wie eigentlich geplant. Die wichtigste Auswirkung der Luftlandeoperation war vielleicht das Durcheinander, das im Oberkommando der Wehrmacht (OKW) herrschte, als Meldungen über Hunderte von Einzelgefechten eintrafen. Die Landungsfahrzeuge, die die Hälfte von Bradleys Erster Armee im Angriffsabschnitt »Utah« am Strand absetzten, stießen nur vereinzelt auf schwachen Widerstand.

Die US-Fallschirmjäger blieben drei Wochen lang im Einsatz, während der Brückenkopf weiter ausgebaut

wurde. Nach einer Periode der Auffrischung in England wurden beide Divisionen für die Operation »Market Garden« im September 1944 bereitgestellt, bei der sie das zahlenmäßig recht große amerikanische Kontingent stellten. Während jedoch die *101st Airborne Division* bei Veghel abgesetzt wurde, das den alliierten Linien am nächsten lag, und schon bald die direkte Unterstützung des britischen XXX. Korps genoß, schlug der 82. Division, die 20 km weiter nördlich, bei Grave sprang, erbitterter Widerstand entgegen. Sie sollte die strategisch wichtigen Brücken über den Waal bei Nimwegen einnehmen. Nachdem die britischen Fallschirmjägern und die Panzer der *Grenadier Guards* das südliche Ende der Straßenbrücke nicht nehmen konnten, überquerte das *504th Parachute Infantry Regiment* das schnell fließende Gewässer in Segeltuchbooten.

Acht Tage dauerten die Kämpfe, doch Bastogne wurde gehalten

Der Großteil der ersten Welle blieb im deutschen Abwehrfeuer liegen, die Paras konnten sich dennoch am gegenüberliegenden Ufer festkrallen. Von dort aus brachten sie die Nordenden der Straßen- und Eisenbahnbrücken in ihren Besitz. Ein vereinter Angriff auf beide Brückenenden durch die amerikanischen Fallschirmjäger und Panzer der britischen Garde führte zu heftigen Kämpfen mit den deutschen Brückenwachen, die sich teilweise aus den Stahlträgern der Brücken heraus mit Panzerfäusten zur Wehr setzten.

Bei Einbruch der Dunkelheit schafften es dann zwei britische Panzer, die Brücke zu überqueren und sich mit den amerikanischen Paras zu vereinigen – die letzte Brücke auf dem Weg nach Arnheim war schließlich doch noch genommen worden. Obwohl die anglo-amerikanische Luftlandeoperation im Ganzen gesehen als militärische Katastrophe endete, sprach der Oberbefehlshaber der britischen Zweiten Armee, General Miles Dempsey, der 82. Luftlande-Division seine Anerkennung aus und bezeichnete sie als die »beste Division, die man heute in der Welt findet!«.

Ein paar Monate darauf sollte sich auch die *101st Airborne Division* ihre Lorbeeren verdienen – in den Ardennen. In den frühen Morgenstunden des 16. Dezember 1944 verließen drei deutsche Armeen ihre getarnten Stellungen in der Eifel und stießen, für die Alliierten völlig überraschend, durch die verschneiten Wälder der Ardennen vor. Die Operation »Wacht am Rhein« war ein gewagter aber genialer Plan, mit der die Wehrmacht einen Keil zwischen die amerikanischen Armeen im Süden und die britischen und kanadischen Truppen in Belgien und Holland treiben wollte, um dann Antwerpen einzuneh-

Unternehmen »*Hawthorne*«, Juni 1966. Die 101. Division beim Einsatz in der Provinz Kontum.

men, das für den Nachschub der Alliierten eine Schlüsselrolle spielte. General Eisenhower reagierte rasch und entsandte die amerikanische 7. Panzer-Division und die 101. Luftlande-Division, die die wichtigen Straßenknotenpunkte bei St. Vith und Bastogne halten sollten. St. Vith fiel, doch Bastogne wurde von der 101. Luftlande-Division gehalten, trotz des erbitterten Ansturms der 15. Panzergrenadier-Division, die die Stadt eingeschlossen hatte, aber aufgrund der topographischen Verhältnisse ihre Kampffahrzeuge nicht richtig zum Einsatz bringen konnte. Als dann die Erste und die Dritte Armee der Alliierten vom Norden und Süden her Gegenangriffe unternahmen und das Wetter aufklarte, so daß die zahllosen alliierten Flugzeuge wieder eingreifen konnten, wurden die deutschen Kräfte zunehmend in Richtung auf diesen »Bauch«, der von Bastogne beherrscht wird, zusammengedrängt. Acht Tage dauerten die harten Kämpfe, doch die 101. Division hielt ihre Stellungen, bis sie schließlich am 26. Dezember durch General Pattons Dritte Armee entsetzt wurde.

In der Endphase des Krieges sprangen die *17th Airborne Division* gemeinsam mit der britischen 3. Fallschirm-Brigade am Rhein bei Wesel ab. Die 82. und die 101. Luftlande-Division kämpfte sich ihren Weg durch Deutschland. Die 82. Division verblieb nach 1945 als Besatzungstruppe in Berlin, die meisten anderen US-Luftlandeverbände wurden nach und nach aufgelöst und in die »All Americans« integriert.

Fünf Jahre später, im Koreakrieg, griff die *US Army* erneut auf ihre Fallschirmtruppen zurück. Nach der Kapitulation Japans im September 1945 hatte das *187th Glider Infantry Regiment* eine »Umschulung« zu Fallschirmspringern durchlaufen und verlegte dann als *187th Airborne Regimental Combat Team* nach Korea.

Wieder wurden die US-Paras als Fallschirm-Sturminfanterie zur Unterstützung alliierter Offensiven eingesetzt, die jedoch teilweise so rasch an Boden gewannen, daß die eigentlichen Absprungzonen schnell von den Bodentruppen erreicht wurden. Eine beachtenswerte Operation in diesem Krieg, in dem es nur wenige Gelegenheiten für »klassische« Fallschirmjägereinsätze gab, war der Gefechtssprung bei Pjöngjang. 30 km nördlich der Hauptstadt Nord-Koreas sollte ein Güterzug abgefangen werden, der Berichten zufolge zahlreiche amerikanische Kriegsgefangene und ranghohe Kommunisten in Sicherheit bringen sollte. Am 22. Oktober 1950 wurden 1470 Fallschirmjäger und 74 Tonnen Material rund um die Hauptnachschublinien von Sunchon abgesetzt. Es folgten zwei Tage heftiger Kämpfe, in denen die Paras das 239. Infanterie-Regiment der nordkoreanischen Armee und eine Anzahl anderer, kleinerer Einheiten aufreiben. Da schlechtes Wetter den Beginn der Operation verzögert hatte, konnte der Zug entkommen. Ein paar Amerikaner, die aus einer Gruppe von Kriegsgefangenen stammten, welche die Nordkoreaner bei ihrem Rückzug größtenteils ermordet hatten, wurden jedoch gerettet.

Die *101st Airborne Division* wurde im Jahr 1956 wieder aufgestellt. 1965 verlegte ihre 1. Brigade nach Vietnam, zwei Jahre später folgte der Rest der Division. Doch Vietnam war kein Krieg für Fallschirmjäger. Im Februar 1967 führte die 101. Division ein großes Luftlandeunternehmen durch, bei dem ein ganzes Bataillon des *503rd Parachute Infantry Regiment* (PIR) im Rahmen der Operation »Junction City« nördlich der Stadt Tay Ninh absprang. An dieser Operation beteiligten sich das 503. PIR, Teile der 1. und 5. Infanterie-Division, das *11th Armoured Cavalry Regiment*, die *196th Light Infantry Brigade*, Elemente der 4. und 9. Infanterie-Division, südvietnamesische Einheiten sowie die 173. Luftlande-Brigade. Ihre Angriffsziele waren kommunistische Stützpunkte im Norden von Tay Ninh.

Die Planung sah den Sprungeinsatz eines größeren Verbandes vor, der durch unmittelbar folgende, hubschraubergestützte Landungen unterstützt werden sollte. Der Einsatz von Fallschirmspringern setzte zudem eine größere Anzahl an Hubschraubern frei, die nun dazu verwendet werden konnten, zusätzliche Infanterieeinheiten sowie Artillerie und Munition herbeizufliegen. Dadurch, daß die 173. Brigade mit Fallschirmen abgesetzt wurde, konnten 60 UH-1H *Huey*- und acht CH-47 *Chinook*-Hubschrauber anderweitig genutzt werden. Insgesamt flogen 13 C-130 *Hercules*-Transporter die Springer in ihre Einsatzzonen, während weitere acht Maschinen die schwere Ausrüstung transportierten.

Die 101. Luftlande-Division tauschte ihre Fallschirme gegen Hubschrauber

Der Sturm begann am Morgen des 22. Februar, wobei der ganze Schwung des Angriffes durch die anschließenden Hubschrauberoperationen aufrechterhalten werden konnte. Der zusammengefaßte Einsatz, den die 173. Brigade begonnen hatte, dauerte noch bis Mitte Mai an – bis zu diesem Zeitpunkt hatte der Viet-Cong 2700 Tote verloren, dazu große Mengen an Munition, Medikamenten und Ausrüstung sowie über 800 Tonnen Reis.

Die 1. Brigade der 101. Luftlande-Division landete am 29. Juli 1965, von Fort Campbell in Kentucky kommend, in Süd-Vietnam. Kurz darauf wurde sie bereits eingesetzt, um für die *1st Cavalry Division* das Gebiet rund um den Stützpunkt An Khe zu sichern. Während der Operation »Highland« (22. August bis 2. Oktober 1965) unternahm ein Bataillon der 101. Division einen Luftsturm-Einsatz, der gleichzeitig mit einem Angriff in Bataillonsstärke durchgeführt wurde. Er diente dazu, sowohl den An-Khe-Paß offenzuhalten als auch die Straße Nr. 19 zwischen Qui Nhon und An Khe zu sichern.

Bis 1966 lernte die gesamte 101. Luftlande-Division diese Hubschraubersturm-Verfahren und tauschte ihre Fallschirme gegen Hubschrauber ein; damit hatte sie de facto aufgehört, ein Fallschirmverband zu sein.

Im Hinblick auf Luftlandeoperationen kam es in Vietnam zu einer Neuorientierung, die endgültig von Massenabsprüngen per Fallschirm wegführte. In vielen Fällen war eine schnelle, taktische Entfaltung mit Hubschraubern etwaigen strategischen Einsätzen von Fallschirmspringern vorzuziehen. Dies ermöglichte es, Truppen schnell von einem Operationsgebiet in ein anderes zu verlegen. Eine Fallschirmeinheit ist nach der Landung ziemlich unbeweglich und daher vollkommen ungeeignet für die Art der Kriegführung, wie sie in Vietnam üblich war. Hier gab es keine eindeutigen Frontverläufe, der Gegner war äußerst beweglich und nur sehr schwer zu fassen. Ebenso wie die *1st Cavalry Division* erhielt die 101. Luftlande-Division in Vietnam die Bezeichnung »*Airmobile*« (»luftbeweglich«) und wurde für eine offensive Unterstützungsaufgabe verwendet. Im Oktober 1974 wurde die Divisionsbezeichnung der »*Screaming Eagles*« offiziell in *101st Airborne Division (Air Assault)* abgeändert.

Auch die 82. Luftlande-Division kämpfte im Vietnam. Sie hielt sich zwischen 1968 und 1969 insgesamt 22 Monate im Lande auf und spielte eine wichtige Rolle bei der Zerschlagung der Tet-Offensive des Viet-Cong im Januar 1969. Anfang der 70er Jahre wurde sie als fester Bestandteil in die amerikanische *Rapid Deployment Force* – der Schnellen Eingreiftruppe – eingegliedert. Zu jener Zeit schien die »fallschirmtaugliche« 82. Luftlande-Division ideal dafür geeignet zu sein, möglichen sowjetischen Aggressionen im Mittleren Osten schnell zu begegnen, oder im Falle eines Konfliktes in Mitteleuropa die US-Truppen in Deutschland zu verstärken.

Der Beitrag, den die 82. Luftlande-Division während der Operation »*Urgent Fury*« 1983 in Grenada leistete, bestand erst einmal darin, die beiden *Ranger*-Bataillone zu verstärken, die am Flugplatz von Point Salines lagen.

September 1965, bei An Khe. Verwundete der 1. Brigade der 101. Division warten auf den Hubschrauber.

Grenada, Oktober 1983. Artilleristen der 82. Luftlande-Division geben bei Point Salines Feuerunterstützung mit M102-Haubitzen im Kaliber 105 mm.

Anschließend stießen die Paras zur medizinischen Fakultät der St. Georges-Universität vor, die sich auf halbem Wege zwischen dem Flugplatz und St. Georges, der Hauptstadt der Insel, befand. Dort retteten sie die amerikanischen Studenten, die auf dem True-Blue-Medical- und Grand-Anse-Campus festsaßen. Die Tatsache, daß beide Aufgaben innerhalb von 48 Stunden erledigt wurden, sagt viel über die Ausbildung und die Bereitschaft der *82nd Airborne Division* aus.

Die Transportflugzeuge mit den Vorausabteilungen der Division trafen am Vormittag des 25. Oktober über Point Salines im Westen der Insel ein – doch das östliche Ende der Landebahn befand sich noch immer in den Händen der grenadischen Miliz und ihrer kubanischen Berater.

Die anfliegenden Maschinen gerieten in schweres Abwehrfeuer, und über die kleine Start- und Landebahn konnte jeweils nur ein einziges Flugzeug abgefertigt werden. Der fortlaufende Strom von C-130 *Hercules*- und C-141 *Starlifter*-Transportmaschinen war in der Zwischenzeit gezwungen, immer wieder um die Insel zu kreisen, wobei einige sogar nach Puerto Rico zum Auftanken abdrehen mußten. Nach einem fünfstündigen Feuergefecht konnten die *Rangers* und die Männer der 82. Division schließlich den Flugplatz sichern. Bei Einbruch der Nacht erreichten sie endlich das Unigelände. Im Laufe des folgenden Tages konnten die meisten Studenten, von denen viele auf dem Grand-Anse-Campus selbst oder in Pensionen rund um St. Georges wohnten, ausfindig gemacht und evakuiert werden.

Am 20. Dezember 1989 fielen US-Truppen in den kleinen Staat Panama ein, um Regierungschef Manuel Noriega in die Vereinigten Staaten zu verbringen, wo er sich wegen Drogenhandels vor Gericht verantworten sollte. Da die USA nicht gewillt waren, sich in einen langwierigen Krieg hineinziehen zu lassen, marschierten sie gleich mit 11 500 Mann ein. In fünf Kampfgruppen gegliedert, waren sie mit der Einnahme oder Zerstörung von insgesamt 27 Angriffszielen beauftragt worden.

Die 82. Division nahm an drei Operationen teil. Über den Flugplatz Omar-Torrijos schwebten wenige Minuten nach Mitternacht die ersten Flugzeuge im Tiefflug heran – mit den Rangers und Fallschirmjägern der »*Task Force Red*« (»Kampfgruppe Rot«) an Bord. Überall im Land wurde bereits geschossen, nachdem Einheiten der SEALs und von *Delta* die bekannten Fluchtwege Noriegas abgeriegelt hatten. Wenige Minuten nach Mitternacht verließen die Soldaten eines verstärkten *Ranger*-Bataillons ihre Maschinen, um den Flugplatz und die angrenzenden Landestreifen zu sichern. Die 2. Schützenkompanie der panamaischen Verteidigungsstreitkräfte *Fuerzas de Defensa* und drei gepanzerte Fahrzeuge traten ihnen dort entgegen.

Den *Rangers* folgte die 82. Luftlande-Division, alle zehn Sekunden kam eine C-141B in 150 m Höhe heran. Am Boden hatten die *Rangers* und ein über ihnen kreisendes C-130-Kampfflugzeug des Spezialeinsatz-Geschwaders die drei gepanzerten Fahrzeuge inzwischen zerstört. Noch während rund um den neuen Abfertigungs-Terminal die Kämpfe tobten, brachten 20 C-141B-Transportmaschinen zwei weitere Bataillone der 82. Division heran (»*Task Force Pacific*«). Diese sicherten die Brük-

Unternehmen »Gerechte Sache«, Dezember 1989. Männer der 82. Division beim Einsatz in den Straßen von Panama-Stadt.

ken über den Pacora-Fluß, wodurch Panama-Stadt von Osten her abgeriegelt wurde.

Zusätzliche M-551-*Sheridan*-Panzer wurden abgesetzt, um den amerikanischen Einheiten in den zahlreichen Feuergefechten etwas mehr Gewicht zu verleihen. Obwohl diese alten und unbeliebten Panzer nur eine verhältnismäßig leichte Panzerung aufwiesen, konnte ihnen das Abwehrfeuer nichts anhaben. Dank ihrer Unterstützung konnten Gegenstöße der panamaischen Truppen zurückgeschlagen werden.

Die Fallschirmjäger blieben noch einen weiteren Tag in der Stadt Tocumen, wo sie diverse Widerstandsnester ausschalteten, bevor sie sich zur »Task Force Bajonet« nach Panama-Stadt durchkämpften. In der Zwischenzeit hatten im Osten Panamas andere Teile der 82. Division mit der 7. Leichten Infanterie (»Task Force Atlantic«) mehrere Schlüsseleinrichtungen eingenommen, darunter den wichtigen Madden-Staudamm und das Sierra-Tigre-Kraftwerk. Sie sorgten außerdem für den Schutz der amerikanischen Stützpunkte in Colon. Zwar kam es während der nächsten Wochen in Panama-Stadt immer mal wieder zu Gefechten mit Noriegas »Bataillonen der Würde«. Doch konnten Ruhe und Ordnung schließlich wiederhergestellt werden, nachdem die 82. Luftlande-Division und andere US-Einheiten die letzten Widerstandsnester ausgeschaltet hatten. Noriega ergab sich am 3. Januar 1990. Er wurde nach Florida geflogen, wo ihm der Prozeß gemacht wurde.

Operation »Desert Shield«. Ein Soldat der 82nd Airborne Division bedient in der saudi-arabischen Wüste ein TOW-Panzerabwehrsystem.

Die 101. Division stürmte zwischen Euphrat und Tigris

US-Luftlandetruppen gehörten 1990 zu den ersten Verbänden, die im Zuge der Operation »Desert Shield« nach Saudi-Arabien verlegt wurden. Den ganzen August über flogen Galaxy- und Starlifter-Transporter die 82. Luftlande-Division nebst ihrer gesamten Ausrüstung zur saudischen Luftwaffenbasis Dhahran. Im September trafen dann auch die Transportschiffe in Saudi-Arabien an, die die Ausrüstung der 101. Division sowie 350 Hubschrauber an Bord hatten. Beide Divisionen gehörten zum XVIII. Luftlande-Korps. Sie bezogen noch vor der großen Offensive heimlich Bereitstellungsräume entlang der unverteidigten irakischen Grenze im Westen.

Am 23. Februar 1991 begann der alliierte Vorstoß zur Befreiung Kuwaits. Das XVIII. Korps machte auf dem Luftweg und am Boden Riesensprünge in den Irak hinein, wo es tief im Hinterland riesige Treibstoff- und Nachschublager einrichtete. Die 101. Division stürmte in ihren

Hubschraubern nach Norden in das Tal zwischen Euphrat und Tigris und eroberte zügig die wichtige Stadt Al-Nasiriya. Damit war den irakischen Truppen, die sich aus Kuwait und dem Süd-Irak zurückziehen wollten, der Weg abgeschnitten. Dann schwenkte das XVIII. Korps nach Osten ab, umging dabei die Elitetruppen der Republikanischen Garden und andere irakische Einheiten und vernichtete diese in mehreren getrennten Gefechten. Kuwait wurde am 25. Februar befreit; am 27. des Monats herrschte Waffenruhe. Die Operation »*Desert Storm*« werteten die Alliierten als einen überwältigenden Erfolg, nicht zuletzt dank der Anstrengungen der amerikanischen Luftlandetruppen.

Zur Zeit setzt sich die *82nd Airborne Division* aus drei Luftlande-Infanteriebrigaden, der Divisionsartillerie und sieben weiteren Unterstützungsbataillonen zusammen – mit einer Gesamtstärke von 13 000 Männern (und Frauen).

Der Bereitschafts-Status der US-Luftlandeverbände wird turnusmäßig gewechselt. Die 82. Division kann ohne große »Vorwarnung« zügig an jeden Ort der Welt

Panama-Stadt, Dezember 1989: Ein MG-Schütze der 82. Luftlandedivision auf Patrouille.

verlegen. Es ist eine Sache des Prestiges, daß fast alle 13 000 Angehörigen der Division eine Fallschirmsprungausbildung besitzen. Sie tragen das weinrote Barett, den »*Airborne*«-Schriftzug an der Schulter, sowie das charakteristische »*All American*«-Ärmelabzeichen mit Stolz.

Die israelischen Fallschirmjäger

Israels Luftlandetruppen waren an den härtesten Kämpfen beteiligt, die der jüdische Staat in seiner kurzen Geschichte zu bestehen hatte. Von der zähen Verteidigung des Mitla-Passes bis zu den Operationen im Libanon haben die israelischen Fallschirmjäger immer wieder bewiesen, daß sie zu den Besten im Nahen Osten gehören.

Die *Tzanhanim*, wie die Angehörigen der israelischen Fallschirmtruppe auf hebräisch heißen, können von sich behaupten, direkte Nachfolger der kleinen Schar jüdischer Kämpfer zu sein [A.d.Ü.: es waren insgesamt 32 Männer und Frauen], die 1944 mit dem Fallschirm über dem besetzten Europa absprangen. Aufgrund einer Vereinbarung, die zwischen dem Oberkommando der Alliierten in Kairo und der jüdischen Untergrundorganisation *Haganah* getroffen worden war, waren diese rumänischen und ungarischen Juden angeworben worden, um in Osteuropa eine geheime Fluchtroute einzurichten. Über diese Route wollte die *Royal Air Force* (RAF) alliierte Flugzeugbesatzungen herausschleusen, die über feindlichem Gebiet abgeschossen worden waren. Doch einige der Agenten hatten ganz anderes im Sinn – sie wollten Juden aus Ungarn retten. Viele dieser wagemutigen Männer und Frauen gerieten jedoch in Gefangenschaft und wurden als Partisanen entweder erschossen oder in die Konzentrationslager geschickt. Die Gruppe um Hanna Szenes sprang über Jugoslawien ab und wurde durch Partisanen von dort aus bis über die Grenze nach Ungarn geleitet. Bei einer routinemäßigen Ausweiskontrolle an einer Eisenbahnstation wurde Szenes gefaßt und nach Budapest gebracht, wo sie erschossen wurde [A.d.Ü.: vor ihrem Tod schrieb sie noch ein kurzes Gedicht nieder, das auch heute noch jeder israelische Fallschirmjäger auswendig lernen muß.]. Ein weiteres Mitglied der Gruppe, Yoel Palgi, konnte aus dem Zug, der ihn in ein Lager bringen sollte, entkommen und schlug sich anschließend nach Palästina durch.

Drei Jahre später wurde er mit der Aufgabe betraut, die israelische Fallschirmjäger-Truppe aufzustellen.

Die Wahrscheinlichkeit eines Krieges in Palästina war ständig gewachsen. Der seit Jahren schwelende Zwist zwischen den jüdischen Siedlern und ihren arabischen Nachbarn über die Errichtung eines jüdischen Staates erreichte im November 1947 seinen vorläufigen Höhepunkt. Die arabischen Länder weigerten sich, den Teilungsplan der Vereinten Nationen für Palästina anzuerkennen. Die britische Mandatsmacht zog sich am 14. Mai 1948 aus dem Lande zurück; Präsident David Ben-Gurion rief offiziell den Staat Israel aus. Als sich die Auseinandersetzungen immer mehr verschärften, wurde am 26. Mai auf Anordnung Ben-Gurions die erste Fallschirmjägereinheit aufgestellt, die nach

Israelische Fallschirmjäger kehren nach einem Einsatz gegen Freischärler im Libanon in ihre Landezone am Meer zurück. Im Hintergrund ein *CH-53*-Hubschrauber, der auch als »Jasoor-Fregatte« bezeichnet wird.

seinen Vorstellungen gemeinsam mit einer ganzen Reihe weiterer Spezialverbände Israel verteidigen sollte.

Mit einer klapprigen *Curtiss C-46 Commando*-Transportmaschine, einer Handvoll gebrauchter Fallschirme und dem alten RAF-Flugplatz in Ramat David als Startkapital, sollte Major Palgi nun möglichst rasch eine Kompanie ausgebildeter Fallschirmjäger auf die Beine stellen. Unter seinen knapp 100 Rekruten waren erfahrene Kämpfer der *Pal'mach* (ein von den Briten aufgestellter und für den Guerilakrieg ausgebilder jüdischer Verband, der hinter den Linien operieren sollte, falls Rommel in Palästina einmarschiert wäre), ehemalige Fremdenlegionäre, englische und amerikanische Fallschirmjäger, aber auch eine Anzahl von Überlebenden der verschiedenen Konzentrationslager zu finden, die in über einem Dutzend verschiedener Sprachen miteinander parlierten und sehr unterschiedliches militärisches Vorwissen mitbrachten. Doch die Fallschirmtruppe war noch längst nicht flügge und konnte während des Unabhängigkeitskrieges 1948 keinen Einsatz mitmachen. Man hatte Major Palgi und seine Rekruten in die Tschechoslowakei geschickt, wo sie, als tschechische Soldaten getarnt, neben der infanteristischen auch ihre Fallschirmsprung-Ausbildung durchliefen. Als im Juli 48 die Kämpfe zu Ende gingen, befanden sich die israelischen Fallschirmjäger noch immer in der Tschechoslowakei.

Da sie keine Gelegenheit gehabt hatte, ihren taktischen Wert im Gefecht unter Beweis stellen zu können, mußte die Einheit schwer um ihr Überleben kämpfen. Dem Generalstab widerstrebte es sehr, jetzt da der Krieg vorüber war, eine Spezialeinheit unterhalten zu müssen, die erheblich an den ohnehin knappen Mitteln des Staates zehrte. Oberst Yehudah Harari, ihr neuer Kommandeur, sorgte für eine größere Disziplin und richtete auf dem Flugplatz von Tel Nof die erste Luftlandeschule Israels ein, so daß das Land nun seine Fallschirmjäger

Angehörige der *Pal'mach* während des Unabhängigkeitkrieges 1948. Viele meldeten sich später zur Fallschirmtruppe.

selbst ausbilden konnte. Als die ersten Absolventen ihren 36tägigen Lehrgang mit einem Abschlußsprung über dem Strand in Jaffa beendeten, erwies David Ben-Gurion der Einheit seine Anerkennung: Er überreichte den Männern höchstpersönlich die weinroten Baretts und die Fallschirmspringerabzeichen.

Durch die Niederlage der arabischen Armeen lebten nun, Ende der 40er Jahre, zwei Drittel der arabischen Bevölkerung Palästinas in Jordanien und dem Gaza-Streifen unter erbärmlichen Bedingungen in Flüchtlingslagern. Diese Palästinenser wurden zu einem neuen Gegner für die Israelis. Ihre Freischärler, die *Fedayin*, kämpften einen anderen Krieg als die regulären arabischen Truppen. Sie griffen die *Kibbuze* entlang der Grenzen an. Israelische Truppen und Freischärler führten ihrerseits gegen Lager der Palästinenser handstreichartige Unternehmungen durch. Doch sämtliche Bitten von Oberst Harari, seine Fallschirmjägerbrigade bei diesen nächtlichen Überfällen einsetzen zu dürfen, wurden abgelehnt.

Das israelische Oberkommando war von der Motivation und der allgemeinen Zuverlässigkeit der IDF (*Israeli Defence Force*, also der israelischen Streitkräfte) selber zunächst nicht besonders überzeugt. Es beschloß daher, lieber eine kleine Antiterror-Kommandoeinheit aufzustellen, die unter dem Befehl von Ariel »Arik« Sharon stehen sollte, einem fähigen und erfahrenen Nachrichtenoffizier. Er wählte mehrere seiner ehemaligen Kameraden aus, um mit ihnen im Zuge eines Vergeltungsschlages gegen das arabische Dorf Nebi Samwil seine Theorien zu erproben. Der Handstreich war ein voller Erfolg. So wurde die Kommandotruppe Sharons auf 45 Mann aufgestockt und bekam die Bezeichnung »Einheit 101« verliehen.

Bei einer ihrer ersten Unternehmungen, dem Überfall auf eine Außenstelle der ägyptischen Abwehr in El-Bureij im Gazastreifen, entging sie nur knapp der Vernichtung.

Andere Operationen wurden gemeinsam mit den Fallschirmjägern durchgeführt, nachdem Harari schließlich

Mit britischen Sten-MPs und deutschen K 98k bewaffnet, erwarteten diese Infanteristen 1956 einen ägyptischen Angriff im Sinai.

den Generalstab doch noch davon überzeugen konnte, seine Einheit einsetzen zu dürfen. Doch Hararis Erfolg sollte bald einer persönlichen Niederlage weichen. Die große Anzahl arabischer ziviler Opfer, die die Vergeltungsoperationen forderten – alleine in El-Bureij gab es über 100 Tote und Verwundete – führte zu schwerer Kritik an der Vorgehensweise der Einheit 101. Nach nur vier Monaten aktiven Dienstes wurde sie im Januar 1954 aufgelöst und ihre Angehörigen mit den Fallschirmjägern zum 890. Fallschirmjäger-Bataillon zusammengefaßt. Der Generalstab, der von Sharons draufgängerischen Überfällen sehr beeindruckt war, übertrug ihm den Oberbefehl über die Fallschirmjäger. Harari nahm daraufhin aus Protest seinen Abschied.

Im Yom-Kippur-Krieg wurden die Fallschirmjäger vor allem als Panzergrenadiere eingesetzt. Eine Einheit beim Vorstoß in den Sinai.

Unter Sharons Kommando wurde die Fallschirmtruppe weiter ausgebaut und in einen wirklichen Eliteverband verwandelt.

Die Überfälle der Guerillas gingen unvermindert weiter und so wurden weitere Vergeltungsschläge gegen Gaza (ägyptischer Armee-Stützpunkt), Khan Yunis (ägyptische Polizeistation), Kalkilya (jordanische Polizeistation), Azun und diverse Lager in Jordanien durchgeführt.

Als 1956 britische und französische Truppen Vorbereitungen für eine Invasion Ägyptens trafen, um damit der Verstaatlichung des Suez-Kanals durch Nasser entgegenzuwirken, bot sich den Israelis die Chance, einen der Hauptförderer der Guerillas empfindlich zu treffen. Israel beschloß den ersten Schlag zu führen und die ägyptische Armee anzugreifen, bevor diese Verstärkungen heranführen konnte. Die Aufgabe, die Verbindungswege zwischen der Halbinsel Sinai und Ägypten lahmzulegen, wurde der 202. Fallschirmjäger-Brigade übertragen.

Und so hoben am Abend des 29. Oktober 1956 insgesamt 16 *C-47 Dakota* und *Noratlas* von Flugplätzen in Israel ab und überflogen in geringer Höhe den Sinai. In den Transportmaschinen saßen 395 *Tzanhanim* des 890. Bataillons der 202. Fallschirmjäger-Brigade. Ihr Angriffsziel war der Mitla-Paß, eine wichtige Verbindungsstelle in den Sandhügeln östlich des Kanals, 300 km hinter den feindlichen Linien. Um eine völlige Überraschung zu erzielen, war darauf verzichtet worden, das Gebiet vorher aufzuklären. Das 890. Bataillon hatte den Auftrag, sofort nach der Landung unter allen Umständen den östlichen Eingang des Passes zu nehmen und zu halten, bis der Rest der Brigade auf dem Landweg zu ihnen gestoßen war.

Die Transportmaschinen und ihr Jagdschutz, die recht niedrig flogen, um der ägyptischen Radarüberwachung zu entgehen, erreichten das »Parker-Denkmal« am

Altstadt Jerusalems, Juni 1967. Ein Fallschirmjäger lugt vorsichtig um die Ecke. Er führt die kompakte Uzi-MP in 9 mm Para.

Ostende des Passes etwa gegen 17.00 Uhr. Die Flugzeuge stiegen nun bis auf 200 m hoch. Bataillonskommandeur Raful Eitan sprang als erster in den Schraubenstrahl hinaus – der erste Einsatz des Suez-Feldzuges hatte begonnen. Die Überraschung war vollkommen. Obwohl die israelischen Fallschirmjäger gut 5 km von ihrer Absprungzone entfernt abgesetzt worden waren, hatten sie gegen 19 Uhr 30 das östliche Passende fest in ihrer Hand. Um 21.00 Uhr kehrten die Dakotas wieder und warfen mit Lastenfallschirmen die Jeeps des Bataillons, seine rückstoßfreien 106-mm-Panzerabwehrgeschütze, mittlere Granatwerfer und Munition ab.

Binnen weniger Minuten war der Hohlweg von toten Israelis gesäumt

Der Rest der Brigade setzte sich einige Stunden vor Mitternacht als Kolonne von Halbkettenfahrzeugen, Jeeps und leichten französischen *AMX-13*-Panzern in Bewegung. Vor dem Mitla-Paß lagen noch drei gut befestigte ägyptische Stützpunkte. Der erste wurde überrannt, ohne daß ein Schuß fiel. Bei Sonnenaufgang wurde nach einem 40 minütigen Feuergefecht der zweite Stützpunkt bei Themed genommen, wobei vier Israelis und 50 Ägypter fielen. Nakhl, der dritte Stützpunkt, fiel am Nachmittag. Der Weg zum Mitla-Paß war frei. Am Abend war die Verbindung mit der luftgelandeten Angriffsspitze hergestellt.

Ariel Sharon beschloß nun, weiter nach Westen vorzustoßen. Er schickte das 88. Bataillon los, das sich aus Angehörigen der *Na'hal* (»Kämpfende Pionier-Jugend«) zusammensetzte, um den Paß zu erkunden. Verborgen in Höhlen und hinter Felsvorsprüngen lauerte das gesamte 5. Bataillon der 2. ägyptischen Infanterie-Brigade. Die Israelis gerieten unvermittelt in einen mörderischen Feuerüberfall. Binnen weniger Minuten war der schmale Hohlweg von abgeschossenen Fahrzeugen und toten Israelis gesäumt. Später sollten die Fallschirmjäger nicht weniger als zwölf Geschütze, 40 Selbstfahrlafetten und 14 schwere Maschinengewehre finden, die rund um den Paß in versteckten Stellungen lagen. Die Lage wurde noch verzweifelter, als die Ägypter auch noch Luftunterstützung von vier *Meteor*-Düsenjägern erhielten. Sie hielten die Israelis mit Bordwaffen und Bomben nieder, als diese den Rückzug antreten wollten. Die Panzer und Halbkettenfahrzeuge, die nun nicht mehr umkehren konnten, konnten sich bis zum westlichen Ende des Hohlweges durchkämpfen. Damit war Sharons Verband in drei Teile aufgespalten – die Panzer und Halbkettenfahrzeuge standen im Westen, die Fallschirmjäger der *Na'hal* lagen – im Kreuzfeuer festgenagelt – in der Mitte, und der Rest der Brigade befand sich immer noch am östlichen Zugang des Weges.

Ein Freiwilliger zog das gegnerische Feuer auf sich

Nachdem eine Aufklärungskompanie am oberen Rand der Felsen in Stellung gegangen war, opferte sich ein israelischer Freiwilliger, indem er in einem ungepanzerten Jeep noch einmal in den Paß hineinfuhr, dadurch das gegnerische Feuer auf sich zog und so den Aufklärern ermöglichte, die Stellungen der Ägypter genau bestimmen zu können. In der Nacht gingen Sharons Fallschirmjäger entlang der kahlen Felsen vor und hoben die gegnerischen Stellungen mit Handgranaten und Maschinenpistolen aus. Im Morgengrauen waren über 260 ägyptische Soldaten gefallen und der Paß in israelischer Hand. Die Juden hatten 38 Gefallene und 120 Verwundete zu beklagen.

Zwischen 1956 und 1967 wurde die nun kampferprobte Fallschirmtruppe weiter ausgebaut und neu in drei Brigaden organisiert – eine aktive und zwei Reservebrigaden. Alle drei erhielten eine gründliche infanteristische und Luftlande-taktische Ausbildung. Vor dem Hintergrund einer ständig wachsenden Zahl von Grenzzwischenfällen nahmen Syrien und Ägypten, durch sowjetische Militärhilfe gestärkt, eine zunehmend bedrohliche Haltung ein. Am 5. Juni 1967 unternahm Israel schließlich einen Präventivschlag, dessen Auslöser die Blockade der Meerenge von Tiran durch die Ägypter gewesen war. Als Jordanien an der Seite seiner arabischen Brüder in diesen »Sechs-Tage-Krieg« eintrat, sah sich Israel mit einem Schlag drei Fronten gegenüber – im Sinai, auf den Golanhöhen und im Westjordanland.

Die 202. Fallschirmjäger-Brigade, die mittlerweile von Raful Eitan kommandiert wurde, zog mit M3-Halbkettenfahrzeugen ins Gefecht. Diesmal ging es um den Knotenpunkt Rafah.

Zur selben Zeit wurde der Hafen von Sharm-el-Sheikh, der auf Druck der UN wieder an die Ägypter zurückgegeben werden mußte, durch eine zusammengefaßten Angriff aus der Luft und von See her zurückerobert. Der gemischte, aus Kriegsschiffen und Hubschraubern bestehende Verband stieß nur auf geringen Widerstand, und sobald sich der Hafen wieder in israelischen Händen befand, wurden die Fallschirmjäger dort gelandet.

Eine der Reserve-Fallschirmjägerbrigaden wurde Ariel Sharon zugeteilt, der mittlerweile Kommandeur einer Heeresdivision geworden war. Im nördlichen Sinai traf Sharons Division bei Abu Agheila auf die ägyptische 2. Infanterie-Division, die den israelischen Angriff in günstigen Verteidigungsstellungen erwartete. Umgehend wurde ein Angriffsplan zur Zerschlagung der Verteidigung entworfen, bei dem die Fallschirmjäger den Auftrag erhielten, die ägyptische Artillerie auszuschalten. Die in der Nacht abgesetzten »Pfadfinder« bereiteten eine Landezone für Hubschrauber vor, die gerade mal vier Kilometer vor den feindlichen Batterien entfernt war. Nur wenige Minuten später landete bereits die erste Maschine. Im Pendelverkehr schwebte Hubschrauber auf Hubschrauber herein, um die Fallschirmjäger abzusetzen. Kaum war ein Hubschrauber verschwunden, setzte schon der nächste auf. Es war die erste in Brigadestärke durchgeführte Luftlandeoperation der Truppe. Als der Rest von Sharons Division ihren Frontalangriff unternahm, schlugen auch die Fallschirmjäger zu. Sie griffen jeweils zugweise die einzelnen Geschütze an; nach einer Stunde hatten sie die ägyptische Artillerie endgültig zum Schweigen gebracht.

Dem dritten Fallschirmjägerverband, nämlich Motta Gurs 55. Reserve-Fallschirmjäger-Brigade (Oberst Mordechai »Motta« Gur hatte am Mitla-Paß das *Na'hal*-Bataillon geführt), wurde die für die Juden emotional wohl bedeutsamste Aufgabe des Krieges übertragen. Um die israelische Hälfte Jerusalems zu entsetzen, die unter dem Feuer der jordanischen Artillerie lag, sollte Motta Gur die Altstadt einnehmen. Am 6. Juni um 02.15 Uhr schnitten sich seine Fallschirmjäger durch den ersten Grenzzaun. Das 66. Fallschirmjäger-Bataillon bildete die Angriffsspitze. Es sollte die jordanischen Stellungen an der Polizeischule sowie das gut befestigte Stellungssystem auf dem Munitionshügel ausschalten. Von dort ließen sich sämtliche Zugänge beherrschen, die von Norden und Osten in die Stadt hineinführten. Im Morgengrauen tobten die Kämpfe um den Berg noch immer, mit entsetzlichen Verlusten auf beiden Seiten. Angriffe der Israelis wurden mit Gegenangriffen beantwortet. Schließlich kamen die Fallschirmjäger nur noch unter dem Schutz von Panzern voran. Nur so konnten sie nahe genug an die letzten Feindbunker herankommen, um Sprengladungen anzubringen.

Ohne von den blutigen Ereignissen auf dem Munitionshügel etwas zu ahnen, säuberte der Rest von Gurs Brigade endgültig das Gebiet um das »Sheikh-Jarrah«-Hotel und den Berg Skopus.

In den unerbittlichen Straßenkämpfen beschoßen israelische Panzer die Widerstandsnester der Jordanier aus kürzester Entfernung. Mit einem letzten Sturmangriff, der durch das Löwentor hindurch vorgetragen wurde, konnten die Fallschirmjäger die Altstadt am 7. Juni schließlich endgültig einnehmen. Israelische Soldaten hatten nach genau 19 Jahren erstmals wieder Gelegenheit, Gebete an der Klagemauer zu verrichten.

Doch auch nach dem Sechs-Tage-Krieg hielten die Feindseligkeiten zwischen Israel und den arabischen Ländern weiter an. Sie äußerten sich nun aber in Terroranschlägen, Überfällen von Freischärlern und dem Beschuß der israelischen Stellungen auf der Ostseite des Suez-Kanals. Diese Phase der »kalten Krieges« erhielt in Israel die Bezeichnung »Der Zermürbungskrieg«. Auch die *Tzanhanim* leisteten ihren Beitrag zu den israelischen Vergeltungsschlägen. Sie machten mit Kommando-Unternehmen von sich reden.

So unternahmen sie mehrere blitzartige Überfälle auf das Elektrizitätswerk im ägyptischen Nadja-a-Hamadi sowie auf verschiedene Brücken rund um den Assuan-Staudamm. Es folgten weitere Operationen, u. a. gegen eine Flugabwehrstellung am Eingang des Suez-Kanals. Im Dezember 1969 holte ein *Na'hal*-Bataillon in einer brillanten Operation eine komplette P-12 »*Spoonrest*«-Radaranlage sowjetischer Herkunft mitten aus einer stark

Oktober 1973. Verteidigungsminister Dayan und General Sharon (mit Kopfverband) nach der erfolgreichen Gegenoffensive am Suez-Kanal.

gesicherten Stellung bei Ras Gharib heraus und verbrachte sie nach Israel.

Die Fallschirmjäger überquerten den Suez-Kanal in Sturmbooten

Am 6. Oktober 1973 – dem jüdischen »Laubhüttenfest« (*Yom Kippur*) – eröffneten Syrien und Ägypten eine Of-

Libanon, Juni 1982. Ein *Tzanhanim* mit einer sowjetischen RPG-7-Panzerfaust, von der die Israelis in den vorhergehenden Kriegen große Mengen erbeuteten.

fensive über den Suez-Kanal. Diesmal waren die Israelis die Überraschten. Ihre erste Reaktion bestand darin, die reguläre Fallschirmjägerbrigade so schnell als möglich an den Golf von Suez zu fliegen. Dort stellte sie sich den ägyptischen Panzerverbänden, die gegen die Ölfelder von Abu Rodeis vorstießen, in den Weg. Eine Reservebri-

gade wurde zur Verteidigung des Mitla- und des Jiddi-Passes abgestellt, während die andere an der syrischen Grenze am Berg Hermon eingesetzt wurde.

Die Fallschirmjäger-Reservisten an den Pässen wurden im Verlauf der Kämpfe dazu verwendet, am 16. Oktober die Angriffsspitze einer Gegenoffensive über den Suez-Kanal bei Deversoir zu bilden. Trotz des wütenden Artilleriefeuers der Ägypter, das den Großteil der israelischen Panzer am Ostufer vernichtete, überquerten die Fallschirmjäger schließlich in Sturmbooten den Kanal. Auf der ägyptischen Kanalseite warteten die *Tzanhanim* in deckungslosem Gelände nun auf die Division Sharon mit ihren Panzern und dem schwerem Brückengerät. Allerdings hatten die ägyptische 16. Infanterie- und die 21. Panzer-Divison in der Zwischenzeit sämtliche Zugangswege zum Kanal abgeriegelt. Erst die 202. Fallschirmjäger-Brigade konnte diese Sackgasse überwinden. Sie griff – vom Golf von Suez her kommend – die ägyptischen Stellungen an der »chinesischen Farm« an – einer an der Zugangsstraße zum Kanal liegenden, ehemaligen landwirtschaftlichen Versuchsanstalt.

Dort empfing sie ein derart mörderisches Feuer von Geschützen, Panzern und schweren MGs, daß sie die »Farm«, den Divisionsgefechtsstand der Ägypter, nur unter schwersten Verlusten nehmen konnten. Ein Überlebender Israeli berichtete, daß die Granaten im Stakkato von MG-Garben auf sie niedergegangen wären.

Schließlich gelang es einer gemischten Kampfgruppe aus Fallschirmjägern und Panzern, einen schmalen Korridor zum Kanal freizukämpfen. Auf der anderen Seite war die Reservebrigade ebenfalls schweren Angriffen der ägyptischen 182. Brigade ausgesetzt. Auf das Trommelfeuer der Artillerie folgten Angriffe von Jagdbombern und Kampfhubschraubern. Schließlich schlugen die ägyptischen Kommandoeinheiten zu, die sich mit den *Tzanhanim* verbissene Nahkämpfe lieferten, in denen beide Seiten kein Pardon gaben. Doch die Israelis konnten den kleinen afrikanischen Zipfel jenseits des Kanals halten.

Einen lebenswichtigen Geländepunkt gab es allerdings noch, den die israelischen Truppen noch immer nicht genommen hatten – den Berg Hermon. Während des Sechs-Tage-Krieges hatten israelische Einheiten die tiefergelegenen, südwestlichen Gipfel des Bergmassivs genommen und dort eine gut gesicherte Radarüberwachungsanlage eingerichtet, mit der fast der gesamte Luftraum über Syrien und Jordanien überwacht werden konnte. Am frühen Nachmittag des Laubhüttenfestes nutzten die Syrer die Gunst der Stunde. Ein Rangerbataillon und Teile des 82. Fallschirmjäger-Bataillons unternahmen einen hubschraubergestützten Handstreich gegen die Anlage. Die israelischen Verteidiger hielten den ganzen Nachmittag stand, doch bei Sonnenuntergang gelang es einer Gruppe Syrer, mit Seilen und Enterhaken die Mauern zu überwinden. Mit Handgranaten und Ma-

Fallschirmjäger in Beirut während der Operation »Frieden für Galiläa«. Im Unterschied zu seinen Kameraden führt der rechte Soldat ein US-Sturmgewehr M 16 mit integriertem 40-mm-Granatwerfer M 203.

schinenpistolen säuberten sie die Bunkerstellungen und beendeten so den Kampf.

Obwohl die israelische *Golani*-Brigade wiederholt anstürmte, hielten die Syrer die Stellung. Auch die israelische Gegenoffensive, die bis zu 30 km Tiefe auf syrisches Gebiet vorgetragen wurde, konnte nichts mehr daran ändern. Der Waffenstillstand war in greifbare Nähe gerückt und es sah so aus, als ob die »Augen Israels« in arabischer Hand bleiben sollten. Am 21. Oktober unternahmen die Israelis einen letzten verzweifelten Gegenangriff. Sie landeten eine komplette Reserve-Fallschirmjägerbrigade auf dem Gipfel an, während gleichzeitig die Infanteristen der *Golani*-Brigade die syrischen Stellungen von unten her angriffen. Die arabischen Elite-Einheiten wehrten sich verbissen und setzten mit ihren Panzerfäusten beinahe alle Panzer der *Golanis* außer Gefecht. Obwohl sie von allen Seiten von den Fallschirmjägern und den *Golanis* eingeschlossen waren, leisteten die Syrer die ganze Nacht hindurch Widerstand. Am nächsten Morgen um 10 Uhr, wenige Stunden vor Inkrafttreten des Waffenstillstandes, überwältigten die *Golanis* in einem letzten Sturmangriff, der von direkt gerichtetem Artilleriefeuer unterstützt wurde, die Verteidiger.

Der Yom-Kippur-Krieg hatte die Israelis unvorbereitet getroffen. Er zwang sie, ihre bisherigen Taktiken und Strategien neu zu überdenken. Von der Reorganisation der IDF, die ab 1973 in mehreren Phasen durchgeführt wurde, waren auch verschiedene Sondereinheiten betroffen, die mit den Fallschirmjägern traditionell eng verbunden waren. Es handelte sich hierbei um die *Sayeret*-Einheiten, die ursprünglich für Fernaufklärungs- und verschiedene andere Sonderaufgaben ins Leben gerufen worden waren. *Sayeret Shaked* (Aufklärungseinheit »Mandel«) war beispielsweise 1961 aufgestellt worden. Sie unterstand einem früheren Beduinen-Späher, Oberstleutnant Majed Chader, der den hebräischen Namen Amos Yarkoni angenommen hatte. Die *Shaked*-Angehörigen trugen die Uniform der Fallschirmjäger; allerdings mit einem schwarzen Barett und den »Füchsen Samsons« auf den Schulterklappen. Die Einheit erhielt ein eigenes Luftunterstützungselement, das aus leichten Zivilflugzeugen bestand, die mit MGs ausgerüstet waren. Für Handstreiche und ähnliche Kommandoaufgaben war eine besonders auserlesene Gruppe mit Namen *Shefifon* (»Klapperschlange«) zuständig.

Die Territorialkommandos Mitte und Nord unterhielten ebenfalls ihre eigenen Elite-Aufklärungseinheiten. *Sayeret Haruv* (Aufklärungseinheit »Johannisbrot«) operierte in den Bergen Judäas und Samarias gegen Terroristen und *Sayeret Egoz* (Aufklärungseinheit »Walnuß«) stand an den nördlichen Grenzen im Einsatz [A.d.Ü.: *Sayeret Shaked* war dem Territorialkommando Süd unterstellt; doch alle drei *Sayerot* machten inzwischen anderen Spezialeinheiten Platz].

Nach dem Yom-Kippur-Krieg wurden einige *Sayeret*-Einheiten den verschiedenen Brigaden als Panzergrenadiere angegliedert, während andere, etwa die handverlesene Antiterror-Einheit *Sayeret Mat'kal*, ihre Eigenständigkeit behaupten konnten und dem direkten Befehl des Oberkommandos des Heeres unterstellt wurden. Gegenwärtig bestehen folgende *Sayerot*: *Sayeret Orev*, eine Aufklärungs-Panzerabwehreinheit, die den Fallschirmjägerbrigaden unterstellt ist; *Sayeret Golani* und *Shu'alei Shimshon* unterstehen der *Golani*- beziehungsweise der *Giva'ati*-Infanteriebrigade; *Sayeret Hadruzim* ist eine Elite-Aufklärungseinheit, die sich aus moslemischen Drusen zusammensetzt und an der empfindlichen Grenze Israels mit dem Libanon stationiert ist. Zwei weitere *Sayerot* sind ausschließlich mit Terrorismusbekämpfung betraut: *Sayeret Shaldag* ist für Infiltration und Operationen hinter den feindlichen Linien zuständig; *Sayeret Mat'kal* wird bei Geiselbefreiungen, Einsätzen im Ausland und anderen delikaten Aufgaben herangezogen [A.d.Ü.: Diese Einheit, die auch scherzhaft als »die Jungs vom Stabschef« bezeichnet wird, ist die wohl geheimnisumwitterteste aller israelischen Spezialeinheiten und es gibt so gut wie keine offiziellen Unterlagen über sie. Zuletzt wurde sie von offiziellen Stellen im April 1979 erwähnt. Sie wird auch mit der Geiselbefreiung in Entebbe in Verbindung gebracht].

Die wohl kühnste Operation israelischer Kräfte im Ausland war die Befreiung der Passagiere des Air-France-Fluges AF 139 im Sommer 1976. Der *Airbus* war von Terroristen der PFLP (Volksfront zur Befreiung Palästinas) und der Baader-Meinhof-Bande am 27. Juni entführt, nach Uganda umdirigiert und zur Landung auf dem Flughafen Entebbe gezwungen worden. Die Geiseln wurden in das alte Flughafengebäude gesperrt und dort von Terroristen und ugandischen Soldaten bewacht.

Eine Befreiung schien unmöglich. Doch die israelische Firma, die das Abfertigungsgebäude seinerzeit erbaut hatte, besaß noch sämtliche Baupläne, so daß die Vorbereitungen für die Geiselbefreiung an maßstabsgerechten Modellen stattfinden konnten [Israel pflegte einst rege

In ABC-Schutzausrüstung – allerdings ohne Handschuhe und Überschuhe – übt sich dieser Fallschirmjäger im Häuserkampf. Er ist mit dem israelischen Galil-Sturmgewehr bewaffnet.

Männer der 35. Brigade auf Streife in der Nähe von Sidon. Am 7. Juni 1982 waren die Fallschirmjäger nahe dem Awali-Fluß amphibisch angelandet worden.

war eine groß angelegte Invasion des Libanon, um Basen und Rückzugsräume der PLO und anderer Organisationen zu vernichten. Die Offensive, an der alle israelischen Teilstreitkräfte beteiligt waren, begann am 6. Juni mit einem Panzervorstoß, der tief in den Libanon hineinführte – bis nach Beirut.

Ein Stützpunkt, der von syrischen Truppen und der Kastell-Brigade der PLO gehalten wurde, war umgangen worden. Es handelte sich um das Beaufort-Kastell, eine Burg aus dem 12. Jahrhundert, die die Litani-Schlucht im Südlibanon überblickte. Die Verteidiger hatten zwischen den mittelalterlichen Ruinen zahlreiche Betonbunker errichtet und Laufgräben in den Fels gehauen. Die Israelis hatten den Stützpunkt bereits in der Anfangsphase ihrer Invasion schwer beschossen und bombardiert. Seine Erstürmung wurde nun den Elite-Panzergrenadieren der *Sayeret Golani* übertragen, die das Kastell in einer Nacht einnahmen. Die Israelis säuberten mit Handgranaten und MG-Feuer einen Graben nach dem anderen und arbeiteten sich so langsam nach oben zu den Burgmauern vor. Im Morgengrauen waren die Palästinenser schließlich auch aus dem letzten Bunker geworfen.

Nach wie vor gehört das Studium von Luftlande- und Kommandoeinsätzen des Zweiten Weltkriegs zur taktischen Ausbildung aller israelischen Eliteverbände. Interessant ist die Tatsache, daß sich die Israelis vor allem auch an den deutschen Kommandoaktionen des Zweiten Weltkriegs orientieren. Ohnehin gehören die Kommandounternehmen Otto Skorzenys, seinerzeit Chef der SS-Jagdverbände, zur Pflichtlektüre jedes Offiziersanwärters.

Derzeit verfügt Israel über drei reguläre Fallschirmjägerbrigaden, die 202., die 890. und die 50. *Nahal*-Brigade; außerdem über drei Reservebrigaden. Die *Tzanhanim* tragen das weinrote Barett und an der linken Brust das silberne Springerabzeichen.

Beziehungen zu Idi Amin]. In den frühen Morgenstunden des 4. Juli landeten vier *C-130 Hercules* mit Männern des *Sayeret Mat'kal* sowie einem Unterstützungsverband aus Angehörigen der 35. Fallschirmjäger- und der *Golani*-Brigade in Entebbe. Während die Antiterror-Einheit die Geiseln befreite, wobei sie alle 13 Terroristen tötete, selber aber nur einen Mann verlor [A.d.Ü.: ausgerechnet den Kommandeur der Sturmtruppe, Oberstleutnant Netanyahu; außerdem starben drei Geiseln], versperrten die Infanteristen den ugandischen Verstärkungen den Weg. Außerdem zerlegten Spezialisten diverses interessantes Material sowjetischer Herkunft, das sie nach Israel mitnahmen. Die ganze Operation hatte gerade mal 53 Minuten gedauert.

Eine weitere Einheit der *Sayerot* erlangte internationale Bekanntheit, als Israel mit zwei Offensiven auf die Terrorakte aus dem Libanon reagierte: Die Operation »Litani« im Jahr 1978 und die Operation »Oranim« (auf deutsch »Frieden für Galiläa«) im Jahr 1982. Letztere

Die US Army Rangers

Die Rangers erlebten zahlreiche Einsätze im Zweiten Weltkrieg, in Korea, Vietnam, Grenada und Panama, wobei sie häufig schwere Verluste erlitten. Sie gelten als die Aufklärungsspezialisten der *US Army*.

Obwohl die Briten 1940 nach dem Frankreichfeldzug ziemlich in der Defensive steckten, stellten sie erste Commando-Einheiten auf, um mit kleinen, handstreichartigen Operationen und Terrorakten den Kampf fortzusetzen. Dem späteren US-Brigadegeneral Lucian K. Truscott jr., der kurz nach Pearl Harbour (7. Dezember 1941) und Kriegseintritt der Vereinigten Staaten dem Stab *Combined Operations* (Gemeinsamer Stab für die Kommandokriegsführung) zugeteilt war, gefiel diese Idee. In der *US Army* – der Teilstreitkraft Heer – herrschte ein tiefverwurzeltes Mißtrauen gegenüber Elite-Einheiten. Aber die Army beschloß dennoch, ähnliche Verbände aufzustellen. Sie benannte sie nach einer Einheit aus Waldläufern, die während des Siebenjährigen Krieges (1756–63) in Amerika gegen die Franzosen gekämpft hatte. Es handelte sich um *His Majesty's Independent Company of American Rangers*, besser bekannt als *Rogers Rangers* (benannt nach ihrem Führer, Major Robert Rogers).

1941 kümmerte sich Major William O. Darby um die neue Ranger-Truppe. Er holte sich seinen Grundstamm aus allen Teilstreitkräften und schickte die Männer nach Carrickfergus in Nordirland. Dort fand der Auswahllehrgang statt. 500 Glückliche überstanden die zweiwöchige Probe, die unter anderem aus Eilmärschen bestand (die Rangers stellten innerhalb der *US Army* einen Rekord auf, als sie eine Strecke über 24 km in zwei Stunden bewältigten). Danach kamen die 500 als *1st Ranger Battalion* zur weiterführenden Ausbildung. Während des gesamten Krieges waren das 1. und auch die folgenden Rangerbataillone inoffiziell unter dem Namen »*Darby's Rangers*« bekannt.

Auf der *Achnacarry Commando School* in Schottland erwarteten die Rangers weitere, intensive Ausbildungs- und Auswahllehrgänge, bevor sie schließlich dem »Gemeinsamen Stab für die Kommandokriegsführung« unterstellt wurden.

Schon wenige Monate später wurde das Bataillon bei der Operation »Torch«, der anglo-amerikanischen Landung in Nordafrika, zur Unterstützung des Haupt-Landungsverbandes als Sturmtruppe eingesetzt. In der Nacht vom 7. auf den 8. November 1942 führte Major Darby seine Männer über die Strände bei Arzew in Algerien. Sie sollten zwei Forts auszuschalten, die den Zugang zum Hafen sperrten. Ihre Besatzungen bestanden aus Fremdenlegionären. Doch die hartgesottenen Wüstenkrieger der Vichy-Regierung konnten dem massiven Beschuß durch Schiffsgeschütze und dem Ansturm der Rangers nicht lange standhalten.

Ein Ranger mit dem leichten Minimi-Maschinengewehr im Kaliber 5,56 mm, das bei den US-Streitkräften unter der Bezeichnung *M249 Squad Automatic Weapon* geführt wird.

Den amerikanischen Thompson-MPs, Handgranaten und Kampfmessern fielen über 100 Italiener zum Opfer

Nach der Landungsoperation verlegten sich die Rangers auf Handstreichunternehmen. Ihr erstes Ziel waren die italienischen Stellungen am Sened-Pass (Tunesien). Um diese nehmen zu können, war ein Gewaltmarsch erforderlich, der 32 km durch die Wüste führte, sowie ein komplexer Angriffsplan, der das gesamte Bataillon miteinbezog. Bei Nacht marschierten die Rangers, tagsüber ruhten sie sich in versteckten Stellungen aus, um nicht von feindlichen Spähtrupps entdeckt zu werden. Die Rangers bezogen schließlich ihre Ausgangsstellung für einen Frontalangriff, nachdem sie am Fuße des Berges noch eine Feindpatrouille ausgeschaltet hatten. Sie befanden sich schon unmittelbar vor den Stellungen, als im letzten Moment ein italienisches MG das Feuer eröffnete. Die letzten 50 m mußten unter dem Sperrfeuer der Artillerie und zuckenden Leuchtspurgeschoßen überwunden werden. In den Gräben entwickelte sich ein erbarmungsloser Nahkampf, bei dem über 100 Italiener den amerikanischen Thompson-M1-Maschinenpistolen, Handgranaten und Kampfmessern zum Opfer fielen.

Zwei Monate später führten Darbys Männer ein ähnliches Unternehmen durch. Sie stürmten die italienischen Stellungen bei El Guettar, die General Patton den Weg versperrten. Im Morgengrauen des 21. März 1943 kletterten Männer mit geschwärzten Gesichtern den Steilhang bei El Guettar hinunter, wobei sie laute indianische Kriegsrufe von sich gaben, und nahmen die heftig verteidigte Befestigungsanlage von hinten her. Bei den Italienern hießen die Rangers seitdem nurmehr »Der schwarze Tod« – eine neue Legende war geboren.

In den Kämpfen um Sizilien und Italien standen dem 1. Ranger-Bataillon noch die 3. und 4. Rangers zur Seite. Die Alliierten setzten jetzt, da sie in der Offensive waren, sowohl die Commandos als auch die Rangers bei ihren Landungen als Angriffsspitze ein. Nach der Landung bei Salerno im September 1943 hielten die Rangers in den Bergen des Venafro-Tales 45 Tage lang ihre Stellungen und hatten dabei eine Ausfallquote von 40 Prozent zu beklagen. Am 22. Januar 1944, einem bitterkalten Morgen, stapften die drei Bataillone bei Anzio durch das eisige Wasser an Land. Als die Truppen von Feldmarschall Kesselring eintrafen, um die Alliierten wieder ins Meer zurückzuwerfen, artete der Kampf bald in einen blutigen Grabenkrieg aus, der Erinnerungen an die Tage des Ersten Weltkrieges aufkommen ließ. Am 25. Januar hatten die Rangers endlich, nach vier Tagen erbitterter Kämpfe in den feuchten, schlammigen Gräben des Frontvorsprungs bei Carroceto die Deutschen zurückgeschlagen [A.d.Ü.: Die einzigen deutschen Truppen, die in dem Landungsabschnitt lagen, war eine Kompanie Panzergrenadiere. Während der ersten drei Tage gab es auch keine »erbitterten Kämpfe«, die Rangers sicherten nur den Landungsraum. Der Angriff der Amerikaner begann erst am 25. Januar]. Sie wurden am 29. Januar aus diesem Abschnitt herausgelöst, doch nur um nach einem nächtlichen Gewaltmarsch den Angriff der 3. US-Division auf Cisterna anzuführen. Über 60 Prozent des 1. und des 3. Bataillons kehrten von diesem Einsatz nicht mehr zurück.

Ein Teil der Überlebenden wurde in die Vereinigten Staaten geschickt, um ihre Erfahrungen in der berühmten *1st Special Service Force* weiterzugeben. Das 4. Ranger-Bataillon, das über 180 Mann verloren hatte, darunter fünf gefallene Kompaniechefs, wurde aufgelöst.

Über die Hälfte der Rangers fiel aus, ehe sie den Höhenrand erreichten

Kühnheit und Opferbereitschaft waren ausschlaggebend dafür, daß das Ranger-Konzept erfolgreich aufge-

Operation »Torch«, November 1942. Rangers des 1. Bataillons gehen an der algerischen Küste bei Arzew an Land.

Rangers bei der Kletterausbildung in Schottland. Sie sollen ja am *D-Day* die Klippen der Pointe du Hoc erstürmen.

gangen war. Im April 1943 verlegte das *2nd Ranger Battalion* nach Großbritannien, wo es für die bevorstehende Invasion im Überwinden von Steilwänden und Klippen ausgebildet wurde. Drei Kompanien des Bataillons erlangten Berühmtheit, als sie am 6. Juni 1944 an der normannischen Küste die Steilklippen der Pointe du Hoc erkletterten, um eine vermeintliche deutsche Batterie mit sechs 155-mm-Geschützen auszuschalten, die die Angriffsabschnitte »Omaha« und »Utah« unter Feuer nehmen konnte. Den Rangers wurden zur Erfüllung ihrer Aufgabe gerade mal 30 Minuten Zeit gegeben, bis die erste Welle der Infanterie anlanden sollte. Die schwere See und das Abwehrfeuer der deutschen 352. Infanteriedivison vereitelten sämtliche Versuche, sich dem kleinen Streifen Kieselstrand unter den Stellungen zu nähern. Um überhaupt die steilen Felswände emporzukommen, wurden raketenbetriebene »Enterhaken« und leichte Sturmleitern mitgeführt. Als die Rangers dann endlich das ihnen zugeteilte Strandstück erreicht hatten, mußten sie feststellen, daß viele Raketen naß geworden waren und die Klippen heftig verteidigt wurden. Über die Hälfte aller Soldaten der drei Rangerkompanien fiel aus, noch ehe sie den Höhenrand der Klippen erreichten. Oben fanden sie nur ein verlassenes Geschütz vor, und das war bereits durch das Feuer der Schiffsartillerie zerstört worden.

Der Kommandeur des 2. Ranger-Bataillons, Oberstleutnant James B. Rudder, richtete auf der Höhe einen Gefechtsstand ein und schickte dann Spähtrupps los.

Die »verschwundenen« deutschen Geschütze wurden schließlich in einem kleinen Waldstück entdeckt, ganz in der Nähe der hinter dem Strand verlaufenden Hauptstraße, wo sie vor dem Feuer der Schiffsartillerie in Sicherheit gebracht worden waren. Nach einem kurzen Feuergefecht wurde die gesamte Batterie zerstört [A.d.Ü.: Bei den Geschützen französischer Herkunft befand sich zwar die dazugehörige Munition, doch von ihren Bedienungsmannschaften war niemand mehr da – und somit konnte auch niemand den Amerikanern ein Feuergefecht liefern]. Der Rückweg zur Pointe du Hoc war den Rangers allerdings mittlerweile von deutschen Einheiten versperrt worden. Mit Unterstützung der Schiffsgeschütze gelang es den Rangers, mehrere deutsche Gegenangriffe zurückzuschlagen. Einige Stoßtrupps konnten durch die (recht dünnen) feindlichen Linien sickern und dabei ein deutsches Munitionslager und einen Beobachtungsstand ausschalten. Als sie schließlich zwei Tage nach dem *D-Day* das 116. US Infanterie-Regiment ablöste, waren die drei Ranger-Kompanien auf jeweils etwa 20 Mann starke Gruppen zusammengeschrumpft, die völlig am Ende waren. Es war teilweise auch das Verdienst der beiden übrigen Kompanien des 2. Bataillons, sowie dessen Schwestereinheit, den 5. Rangers, daß zu diesem Zeitpunkt überhaupt schon Entsatz herangeführt werden konnte. Denn die Rangers, die im Bereich des blutgetränkten »*Dog Green*«-Strandes an Land gegangen waren, mitten ins Chaos des Landungsabschnitts »Omaha«, hatten das 116. Regiment durch die deutschen Linien geführt und somit den Befehl General Norman Cotas ausgeführt: »*Rangers, lead the way!*« (»Rangers, geht ihr voran!«)

Auf Ochsenkarren ging es 40 km durch feindbesetztes Gelände

Aus dem *98th Field Artillery Battalion* entstand in Neuguinea am 24. September 1944 das *6th Ranger-Bataillon*. Es führte während der amerikanischen Offensive auf den Philippinen zwei Spezialeinsätze durch, die die Einheit berühmt machten. Zum einen handelte es sich um die Befreiung amerikanischer Kriegsgefangener aus einem japanischen Lager auf der Insel Luzon. Die Amerikaner befürchteten, die Japaner könnten im Hinblick auf das bevorstehende Kriegsende die alliierten Gefangenen töten. Am 30. Januar 1945 griff daher eine verstärkte Ranger-Kompanie unter Oberstleutnant Henry Mucci gemeinsam mit einheimischen Filipino-Guerillas das Lager Cabanatuan an und befreite die Insassen. Obwohl sich zwei japanische Brigaden in der Gegend auf dem Rückzug befanden, und die Amerikaner beinahe von allen Seiten vom Gegner umgeben waren, gelang es Mucci, die 513 befreiten Kriegsgefangenen auf Ochsenkarren durch 40 km feindbesetztes Gebiet zu schleusen [A.d.Ü.: aufgrund der Bedingungen, die in dem Kriegsgefangenenlager herrschten, waren die Männer nicht mehr in der Lage, auf eigenen Füßen fortzukommen]. Japanische Angriffe wurden von den philippinischen Guerillas abgeschlagen. Während der gesamten Aktion töteten die Rangers über 200 japanische Soldaten, verloren jedoch selbst nur zwei Tote und zehn Verwundete. In Anerkennung dieser außergewöhnlichen Leistung wurde den an der Operation Beteiligten noch im Felde die *Presidential Unit Citation* verliehen (die höchste militärische Auszeichnung der USA).

Die zweite Operation fand im Juni statt, während sich die Kämpfe auf Luzon schon ihrem Ende zuneigten. Die Überreste der stolzen kaiserlich-japanischen Armee hielten noch immer den Nordosten der Insel. Sie leisteten weiterhin verbissen Widerstand, da sie noch hofften, über den Hafen von Aparri evakuiert zu werden. Um den Feldzug zu beenden, beschlossen die Amerikaner, ein Bataillon ihrer *11th Airborne Division* abzusetzen, das den Hafen einnehmen und dadurch den letzten Fluchtweg sperren sollte. Da über die japanischen Verteidigungsanlagen im vorgesehenen Absprungraum nur wenig verläßliche Informationen vorlagen, sollte das 6. Ranger-Bataillon als »Pfadfinder« fungieren. Die Rangers sollten die Landezone markieren und sie bis zum Eintreffen der Fallschirmjäger halten. Die »B« Kompanie sickerte durch die vorderste japanische Linie und marschierte anschließend 28 Tage lang insgesamt 400 km durch den Dschungel. Am 23. Juni hatten die Rangers schließlich eine geeignete Landezone gefunden und gruben sich dort ein. Um 09.00 Uhr tauchte über ihren Köpfen das erste Flugzeug auf. Obwohl hohe Windgeschwindigkeiten herrschten, sprangen die Fallschirmjäger ab. Die unvermeidlichen Ausfälle durch Baumlandungen oder Beinbrüche nahmen sie in Kauf. Die Landung lief ohne Gegenwehr ab und der Hafen fiel schnell – drei Tage später stellten die Japaner ihren Widerstand ein.

Mit dem Ende der Kämpfe in Asien wurde auch die letzte Ranger-Einheit aufgelöst. Es bedurfte eines weiteren Krieges im Fernen Osten, bis auch die Führung der *US Army* die Notwendigkeit einer stehenden Ranger-Truppe erkannte.

Am 25. Juni 1950 überschritt die nordkoreanische Volksarmee KPA (nach dem englischen *North Korean People's Army*) mit sieben Infanteriedivisionen und einer Panzerbrigade den 38. Breitengrad, der die Grenze zwischen Nord- und Südkorea bildete. Anfang August waren die Streitkräfte der USA und Südkoreas schon bis nach Pusan zurückgedrängt worden, einer Hafenstadt im Süden der koreanischen Halbinsel. General MacArthur konnte in buchstäblich letzter Minute die Situation retten. Er verstärkte den Verteidigungsgürtel der Alliierten bei Pusan und ließ gleichzeitig bei Inchon im Norden amerikanische Truppen anlanden. Dadurch wurden die kommunistischen Kräfte in zwei Teile gespalten. In den nächsten sechs Monaten eroberten die Alliierten den größten Teil Nordkoreas, doch als 180 000 Soldaten der chinesischen Volksbefreiungsarmee den Yalu überschritten, ging alles wieder verloren. Mit den Chinesen kamen Kommandoeinheiten der KPA, die im Rücken der Amerikaner mit Propaganda, Sabotage und Attentaten einen verdeckten Krieg führten.

Jetzt sah sich die *US Army* nach Kommandotruppen um. Für Einsätze, die z.T. weit hinter die kommunistischen Linien führten, wurden 20 000 südkoreanische Soldaten und Überläufer aus dem Norden in den sogenannten *United Nations Partisan Forces in Korea* organisiert. Es herrschte allgemein die Meinung vor, nur Asiaten eigneten sich für diese Aufgaben. Aufgaben, die der direkten Unterstützung der US-Streitkräfte dienten, wurden jedoch den wiederaufgestellten Ranger-Kompanien übertragen. In Fort Benning, Georgia, richtete das Heer nun das *Ranger Training Center (Airborne)* ein. Bis Januar 1951 hatten bereits acht Kompanien den vierwöchigen Winterkampf-Lehrgang in Camp Carson, Colorado, durchlaufen; und die 1., 2., 3., 4., 5. und 7. Kompanie wurden nach Korea in Marsch gesetzt.

Als bevorzugtes Transportmittel waren Landungsboote und Schiffe mittlerweile weitgehend vom Fallschirm abgelöst worden. Die Rangers der 2. und der 4. Kompanie wurden daher dem *187th Airborne Regimental Combat Team* (ARCT) unterstellt – einer 3500 Mann starken, selbständigen Luftlandebrigade. Der erste größere Einsatz zusammen mit dem ARCT fand im März 1951 bei Munsan-ni statt. Die Amerikaner sprangen im Rücken der nordkoreanischen 19. Division ab, um ihr den Weg für ein Ausweichmanöver zu verlegen, das ein alliierter Panzervorstoß erzwang. Das Angriffsziel der Rangers war die Stadt Munsan-ni selbst, die nach bester Ranger-Tradition genommen und trotz verhältnismäßig hoher Verluste gehalten wurde.

Operation »Overlord«. Männer des *2nd Ranger Battalion* gehen an Bord der Landungsboote. Sie führen Sprengrohre mit, mit denen Gassen durch Stacheldrahthindernisse gesprengt werden können.

Die anderen Ranger-Kompanien wurden der amerikanischen Achten Armee unterstellt und den verschiedenen Korps und Divisionen als leichte Infanterie zugeteilt. Obgleich sie häufig völlig falsch eingesetzt wurden – nämlich als »Feuerwehr«, die man überall dort in die Schlacht warf, wo es brannte – führten die Ranger durchaus auch größere Spähtrupp- und Stoßtruppunternehmen durch, wie es sich für einen Elite-Infanterieverband geziemt. Als die Kämpfe in Korea zu Ende gingen, wurden die Ranger erneut aufgelöst. Einzig die Rangerschule in Fort Benning blieb bestehen.

Der Gegner wich ständig aus und ließ sich kein Gefecht aufzwingen

Die Generalität begründete diese Maßnahme damit, daß die militärische Sonderausbildung für Führer (und Unter-

führer), wie sie in der Schule vermittelt wurde, sicherstellen würde, daß sich die infanteristischen Fertigkeiten der Rangers allmählich in der ganzen *Army* verbreiten würden – eine Einstellung, die, da sie extrem kostengünstig war, in Anbetracht der kleiner gewordenen Armee der Nachkriegszeit ausgesprochen überzeugend wirkte. Außerdem, wurde etwas überheblich betont, sei die *US Army* noch nie besiegt worden und wäre daher sowieso schon eine eigene Elite für sich – es bestünde also absolut kein Bedarf für spezialisierte Einheiten. Die Militärs hatten bereits widerwillig ihre Zustimmung zur Aufstellung eines kleinen Kaders einer Spezialeinheit gegeben, den »*Green Berets*«. Obwohl deren Ausbildung eigentlich alle Aspekte der Guerillakriegsführung und der Kommando-Unternehmen umfaßte, hatten sich die »*Berets*« vor allem darauf spezialisiert, als Militärberater fremden Bevölkerungsgruppen Hilfe zur Selbsthilfe zu leisten.

Im Falle eines größeren Konfliktes hätte es allerdings nicht genügend Spezialeinheiten zur wirksamen Unterstützung der Kampftruppen gegeben. Doch Mitte der 60er Jahre wurde die *US Army* in Vietnam in einen Guerillakrieg verwickelt, der vieles ändern sollte [A.d.Ü.: US-Militärberater waren bereits seit Ende der 50er Jahre im Land; die ersten Kampftruppen landeten am 8. März 1965].

Für die Amerikaner bestand das größte Problem darin, daß sie es mit einem Gegner zu tun hatten, der ihnen ständig auswich und sich einfach kein Gefecht aufzwingen ließ, in dem die Amerikaner ihre große materielle Überlegenheit in die Waagschale werfen konnten. Auf dem Land führten die US-Soldaten einen Kleinkrieg gegen den südvietnamesischen Viet-Cong (VC), dessen Partisanen nichts unversucht ließen, um die Weiler und Dörfer unter kommunistische Kontrolle zu bekommen. Einheiten der regulären nordvietnamesischen Armee [A.d.Ü.: die im englischen Sprachgebrauch pikanterweise als NVA bezeichnet wird = *North Vietnamese Army*] gelangten über den Ho-Chi-Minh-Pfad – einem Netz aus Straßen und Versorgungswegen, das sich entlang der Grenzen zu Laos und Kambodscha erstreckte – nach Südvietnam. Nur allzu häufig kam es vor, daß amerikanischen Truppen, die eigentlich nur auf der Suche nach Viet-Cong-Guerillas ein Gebiet durchkämmen sollten, dabei auf einen Gegner stießen, der wesentlich stärker und schwerer bewaffnet war, als angenommen wurde. Der Schlüssel zu diesem Problem hieß Nachrichtenbeschaffung, und diese Nachrichten wurden in erster Linie durch Fernaufklärungpatrouillen (auf englisch *Long Range Reconnaissance Patrols* oder LRRPs) beschafft. Um solche Aufklärungspatrouillen über fünf bis zehn Tage durchführen zu können, noch dazu in den kommunistisch beherrschten Gebieten, bedurfte es besonderer Fertigkeiten und eines bestimmten Menschenschlages. Daher erstaunt es nicht weiter, daß die LRRP-Züge zumeist aus Absolventen der Rangerschule bestanden.

Rangers sitzen irgendwo in Vietnam von ihrem »Lufttaxi« ab, das sie an ihren Einsatzort brachte.

In der Rangerschule wurde das Durchhaltevermögen eines Mannes, sein Draufgängertum sowie sein Selbstvertrauen auf die Probe gestellt. Sie diente als eine Art Filter um jene auszulesen, die auch unter den widrigsten Bedingungen noch einen kühlen Kopf und ihre Führungsqualitäten bewahrten. Ein Ranger mußte nicht nur infanteristisch im Dschungel, Gebirge oder der (Eis-) Wüste kämpfen, sondern auch im Rahmen einer kleinen Gruppe im Rücken des Gegners Spezialaufträge durchführen können. Seine Ausbildung umfaßte unter anderem Klettern, Überleben im Felde, Nahkampf ohne Waffen, Pionierdienst sowie Flucht- und Absetzmanöver. Jeder der für LRRP-Einsätze in Vietnam ausgewählten Absolventen der Rangerschule durchlief noch eine zusätzliche Ausbildung. Die *Military Assistance Command, Vietnam (MACV) Recondo School* [AdÜ.: Aufklärungs- und Kommando-Schule des »Kommandos für militärischen Beistand in Vietnam«] in Na Trang hielt einen dreiwöchigen, speziell auf die Bedingungen in Vietnam zugeschnittenen Lehrgang über Spähunternehmen ab, den Ausbilder der *US Army Special Forces* leiteten. Aus gutem Grund: Eine Aufklärungspatrouille, die sich im Dschungel bewegte, hatte bei der Orientierung naturgemäß mit vielen Schwierigkeiten zu kämpfen und durfte sich daher nicht mehr als einen halben Kilometer »verhauen«. Darüberhinaus wurden die Männer auch in den Taktiken des Einsickern und des Herauslösens unterwiesen, sowie in sämtlichen Fernmeldetechniken und -vorgängen, die zur Übermittlung von Aufklärungsergebnissen, zum Anfordern von Feuerunterstützung oder Transporthubschraubern wichtig waren.

90 Prozent aller Aufträge führten »leichte« Aufklärungspatrouillen durch, die aus fünf oder sechs Mann bestanden. Für Jagdkommandos, Gefangenengreifkommandos und das Herausholen von abgeschossenen Flugzeugbesatzungen wurden »schwere« Patrouillen von sechs bis zehn Mann eingesetzt. Die kommunistischen Spezialeinheiten schickten ihrerseits eigene Kundschaftertrupps aus, die die LRRPs ausschalten sollten.

Hatten sie eine amerikanische Patrouille aufgespürt, wurde diese solange verfolgt, bis ihr Auftrag ersichtlich war und erst dann zum »Abschuß freigegeben«. Im August 1967 operierte eine Aufklärungspatrouille der *173th Airborne Brigade* unweit des Ho-Chi-Minh-Pfades an der kambodschanischen Grenze, als der Fährtensucher eines VC-Suchtrupps ihre Spur fand. Die fünf Amerikaner hatten neben einer alten Bunkeranlage auf einem Hügel eine kurze Rast eingelegt und wollten gerade wieder aufbrechen, als sie in einiger Entfernung vor sich einen einzelnen Schuß hörten. Als die Patrouille daraufhin in Stellung ging, um sich gegen eine vermeintliche Bedrohung aus dieser Richtung zu verteidigen, schnappte die Falle zu: Aus dem Dschungel hinter ihnen stürmten die Viet-Cong. Zwei Amerikaner wurden bei der mit Gewehren und Handgranaten vorgetragenen Attacke schwer verwundet. Das Feuer erwidernd, versuchte nun einer nach dem anderen das Tal zu erreichen. Der Funker kam ins Schwitzen als sich die Antenne seines Funkgerätes im Buschwerk verhedderte. Er warf das Gerät ab und floh mit den übrigen.

99

Grenada, 1983. Rangers bewachen eingebrachte »verdächtige Personen«. Man beachte den »Drahtschneider« an der Stoßstange des Jeeps.

Neben der Leiche des Spähtruppführers lag das Funkgerät

Unten im Tal sammelte sich die LRRP zwar rasch wieder, doch damit war es nicht getan. Die nächsten US-Einheiten – *Special Forces* – lagen über 20 km weit entfernt in Dak To, außerdem fehlten der Patrouille nun die Hilfsmittel, um einen Hubschrauber anfordern zu können. Spähtruppführer Sergeant Charles Holland schätzte, daß über 20 Viet-Cong hinter ihnen her waren. Mit ein paar zusätzlichen Magazinen und Handgranaten bestückt zog er wieder hügelan, um den Gegner abzulenken und das verlorene Funkgerät zurückzuholen. Der Einheitsführer in Dak To, dem zwischenzeitlich mitgeteilt worden war, daß der Funkkontakt abgebrochen sei und andere LRRPs ein Feuergefecht gemeldet hätten, befahl die sofortige Herauslösung des Trupps.

Vom Hubschrauber aus suchte er die ganze Gegend nach seinem vermißten Spähtrupp ab. Über 45 Minuten lang versuchte die Patrouille ihrerseits, die Aufmerksamkeit des Piloten auf sich zu lenken. Signalspiegel und rote Fliegererkennungszeichen sollten anzeigen, daß sie immer noch Feindkontakt hatte. Plötzlich hörte Sergeant Holland auf zu schießen. Voller Verzweiflung warf die Patrouille einen gelben Nebelwurfkörper, der nun aller Welt ihren Standort verriet. Minuten später landete ein Hubschrauber in 50 m Entfernung; unter dem Feuerschutz von Kampfhubschraubern nahm er die Patrouille auf. Sergeant Hollands Leichnam wurde erst später entdeckt, neben ihm lag das Funkgerät. Er bezahlte den Versuch, die verlorene Ausrüstung ins Tal zu bringen, mit dem Leben. Posthum bekam er das *Distinguished Service Cross* verliehen – die zweithöchste amerikanische Tapferkeitsauszeichnung.

Im August 1967 wurden die LRRP-Züge zu Kompanien ausgebaut, aber durch den Rotationszyklus von 365 Tagen [A.d.Ü.: die normale Dienstzeit für US-Soldaten in Vietnam betrug ein Jahr] fehlte es ständig an erfahrenem Personal.

Im Januar 1969 erhielten die 13 bestehenden LRRP-Kompanien offiziell die Benennung »Ranger«. Innerhalb ihrer neuen Stammeinheit, dem *75th Infantry Regiment*, führten sie die Kompaniebezeichnungen »C« bis »I« und »K« bis »P«. Die Traditionen der Rangers des Zweiten Weltkriegs waren bereits von den *US Army Special Forces* übernommen worden, doch immerhin konnte das *75th Infantry Regiment* in seiner Ahnenreihe auch auf die »Merrill's Marauders« zurückblicken – die Spezialeinheit, die in Burma gemeinsam mit den britischen *Chindits* gekämpft hatte. Obwohl die Ranger-Kompanien nun also eine gemeinsame Stammeinheit erhalten hatten, standen sie dennoch weiterhin unter dem Kommando der jeweiligen Großverbände, denen sie zugeteilt waren. Erst nach dem Rückzug der USA aus Südostasien wurden die Rangers als *1st Battalion (Ranger), 75th Regiment* wieder in Dienst gestellt. Am 1. Oktober 1974 wurde ein zweites Bataillon aufgestellt; 1984 – nach der Vorstellung der Rangers auf Grenada – folgte ein drittes. Gegenwärtig gehört das 75. Ranger-Regiment zum Heeres-Sondereinsatzkommando 1. SOCOM (*1st Special Operations Command (Airborne)*), das wiederum Teil des Sondereinsatzkommandos aller Teilstreitkräfte US-SOCOM (*United States Special Operations Command*) ist.

Jedes Bataillon setzt sich zusammen aus dem Bataillonsstab, einer Stabskompanie und drei Ranger-Kompanien zu jeweils drei Zügen sowie einem Unterstützungszug – alles in allem 38 Offiziere, zwei *Warrant Officers* [A.d.Ü.: ein Dienstgrad, der im Deutschen keine Entsprechung hat; am besten vielleicht mit »Offiziersdienstuendem Unteroffizier« zu charakterisieren] sowie 571 Unteroffiziere und Mannschaften. Die Angehörigen der drei Bataillone tragen ihr charakteristisches schwarzes Barett mit dem farbigen Ranger-Abzeichen. Alle Absolventen der Ranger-Schule sind berechtigt, den »Ranger«-Streifen zu führen [A.d.Ü.: da der Lehrgang auch »Nicht-Rangern« offensteht, ist dieses Abzeichen alleine noch kein Hinweis auf die Zugehörigkeit zum 75. Regiment], der am linken Oberarm getragen wird. Außer während der Ausbildungsabschnitte, die sich mit dem Kampf unter besonderen Bedingungen befaßen, tragen die Rangers die üblichen Heeresuniformen. Sie bleiben auch weiterhin die am leichtesten bewaffnete Einheit des Heeres. Die Unterstützungszüge sind mit Granatwerfern und Panzerabwehrwaffen ausgerüstet. Jede Gruppe besitzt ein 40-mm-Granatgerät M 203 und ein leichtes MG SAW (*Squad Automatic Weapon*), das auch die Magazine des Standard-Sturmgewehrs M16 A2 verdaut. Funker und verschiedene Unterführer erhalten das wesentlich kürzere Colt-Commando-Sturmgewehr. Für besondere Einsätze sind auch ausländische Handfeuerwaffen verfügbar (etwa die Maschinenpistole MP5 und das Gewehr G3 von Heckler & Koch). Freilich bleiben die Rangers bei größeren Einsätzen – wie etwa in Grenada und Panama – auf rasch verfügbare Verstärkungen und das Großgerät übergeordneter Verbände, wie etwa der *82nd Airborne Division*, angewiesen.

Rangers auf Übung in Panama. Die M16-A2-Sturmgewehre sind mit Laserzieleinrichtungen bestückt, die »Treffer« beim Gegner simulieren.

Die französische Fremdenlegion

In ihren Anfangstagen war die französische Fremdenlegion ein Sammelbecken für Kriminelle, Abenteurer und Veteranen vergangener Kriege. Doch im Laufe der Zeit wandelte sie sich zu einem hervorragend ausgebildeten, disziplinierten und hochmotivierten Eliteverband. Die Legion von heute bildet die Speerspitze der französischen Streitkräfte.

Die Fremdenlegion verdankt ihr Entstehen eigentlich nur dem Bestreben des damaligen Kriegsministers Marschall Soult, Frankreich von all den »arbeitslosen« Offizieren und Soldaten zu befreien, die als Bedrohung für die Herrschaft des »Bürgerkönigs« Louis-Philippe empfunden wurden, der 1830 an die Macht kam. Die *Légion Etrangère* wurde im März 1831 per königlichem Dekret geschaffen. Offiziell durften nur Ausländer zwischen dem 18. und dem 40. Lebensjahr eintreten. Die Offiziere waren fast ausschließlich Franzosen, darunter viele Veteranen der *Grande Armée* Napoleons. In Wirklichkeit nahm die Legion allerdings jeden auf, den sie bekommen konnte. Hungerleider und Schwerverbrecher verließen Armenhäuser und Gefängnisse, um in ihre Reihen einzutreten. In schäbige Uniformen gekleidet wurden Alte wie Junge auf Schiffe verladen und auf die beschwerliche Reise nach Algerien geschickt. Sobald sie in der französischen Kolonie angekommen waren, wurden sie zu Arbeitsdiensten eingesetzt und für den Bau und die Ausbesserung von Straßen verwendet. Selten zuvor war eine Elite-Einheit unter solch bescheidenen Bedingungen entstanden.

Es herrschte kein Mangel an Rekruten, und die Legion wuchs bald auf sieben Bataillone an. Das 1., das 2. und das 3. Bataillon in Algier setzte sich vorwiegend aus Deutschen und Schweizern zusammen. Im 4. Bataillon (Oran) befanden sich vor allem Spanier, während das 5. hauptsächlich Italiener und Sarden aufwies. Das 6. Bataillon (Bône) stellte Niederländer und Belgier ein; das 7. Bataillon bestand aus Polen. Letzteres nahm später den Platz des 4. Bataillons ein, als Spanien um die Rückführung seiner Bürger ansuchte.

Anfangs wurde die Fremdenlegion für die Durchführung von Bauarbeiten im allgemeinen und den Straßenbau im besonderen verwendet – unglückliche Folge ihrer schlechten Disziplin und eines generellen Mißtrauens, das ihr das französische Oberkommando entgegenbrachte.

Allerdings konnte die Legion im Zuge einiger Gefechte beweisen, daß durchaus mehr in ihr steckte. Sehr zum Erstaunen ihrer Vorgesetzten verhielt sie sich ausgesprochen tapfer. Am 27. April 1832 stürmten das 1. und das 3. Bataillon *Maison Carrée*, eine Festung des rebellischen El-Ouffa-Stammes. Im November desselben Jahres kämpfte das 4. Bataillon an den Hängen des Dschebel Tafaraouini an der Seite

Operation »Desert Storm«, Februar 1991. Ein französisches 155-mm-Geschütz nimmt Stellungen der Iraker unter Feuer, um den Vorstoß der Fremdenlegion zu decken.

Letzte Einweisung. Ein Spähtrupp der Fremdenlegion vor Bir Hakeim. Man beachte die verschiedenartigen Kopfbedeckungen und die amerikanischen Thompson-Maschinenpistolen.

regulärer französischer Infanterie. Sie brachten dem Emir von Maskara, Abd-el-Kader, eine schwere Niederlage bei.

Zwei typische Episoden können vielleicht den Geist der Legion veranschaulichen. Zu Beginn des Jahres 1863 wurde die Fremdenlegion nach Mexiko geschickt, wo sie mit weiteren 3000 französischen Soldaten die Marionettenregierung von Kaiser Maximilian unterstützen sollte. Am 30. April dieses Jahres wurden 62 Legionäre und drei Offiziere der 3. Kompanie des 1. Bataillons einer mit Goldbarren beladenen Wagenkolonne entgegengeschickt, der sie Geleitschutz geben sollten. In der Nähe des verlassenen Dorfes Camerone wurden sie von rund 2000 Irregulären der mexikanischen Armee angegriffen.

In den frühen Morgenstunden wurden die Legionäre zuerst von 800 Berittenen attackiert, die sie allerdings vergleichsweise leicht zurückschlagen konnten. Allerdings waren während dieses Gefechtes die Maultiere, die die Wasser-, Lebensmittel- und Munitionsvorräte trugen, durchgegangen, so daß den Legionären nur noch die Vorräte blieben, die sie am Mann trugen. Hauptmann Danjou zog sich mit seinen Soldaten auf eine verfallene Hazienda zurück, wo sie geduldig den nächsten Ansturm erwarteten. Obwohl er beim ersten Zusammenstoß 16 Mann verloren hatte, nunmehr also nur noch über 49 Mann verfügte, setzte Danjou großes Vertrauen in die Standhaftigkeit seiner Männer.

Nach einem halbherzig vorgetragenen Angriff boten die Mexikaner den Legionären eine ehrenvolle Übergabe an. Danjou lehnte in knappen Worten ab. Er nahm jedem seiner Männer das Versprechen ab, bis zuletzt zu kämpfen. Die Mexikaner griffen erneut an und wurden von einem Geschoßhagel empfangen.

Gegen 11 Uhr fiel Hauptmann Danjou. Etwa zur Mittagszeit stießen weitere 1000 Mann Infanterie als Verstärkung zu den (abgesessen kämpfenden) mexikanischen Kavalleristen; um 17 Uhr waren nurmehr elf Legionäre am Leben. Eine Stunde später waren nur noch sechs auf den Beinen – und sie hatten keinen einzigen Schuß mehr. Mit aufgepflanzten Bajonetten stürmten sie aus dem Gebäude. Im Kugelhagel der Mexikaner fielen drei weitere Legionäre, die anderen hielten inne. Ein mexikanischer Oberst forderte sie auf, sich zu ergeben. Die Legionäre antworteten, sie seien nur dann dazu bereit, wenn sie ihre Waffen behalten und sich um ihre Verwundeten kümmern dürften. Darauf der Oberst: »Männern wie ihnen kann man keinen Wunsch abschlagen.«

Der zweite Vorfall ereignete sich Ende 1918, als französische, britische und amerikanische »Interventions«-Truppen zur Unterstützung der »weißen«, zarentreuen Armeen, die gegen die »roten« Bolschewisten kämpften, in den Russischen Bürgerkrieg eingriffen. Die Fremdenlegion stellte in Nordrußland drei Schützen- und eine Ma-

Legionäre der 13. DBLE bei einer Parade Ende der 60er Jahre. Sie tragen das berühmte weiße Kepi, rotgrüne Epauletten und die charakteristische blaue Leibbinde.

Im Kampf gegen die Viet-Minh. Zwei deutsche Legionsfallschirmjäger hinter einem Browning-MG M1919 A4.

schinengewehrkompanie auf, die an den Kämpfen um Archangelsk und Onega teilnahmen. Nachdem die Alliierten ihr Expeditionskorps im Norden wieder eingeschifft und sich zurückgezogen hatten, kämpften diese – offiziell aufgelösten – Einheiten, die noch immer französische Uniformen trugen, an der Seite der »Weissen« bis zur deren endgültigen Niederlage. Die völlig abgerissenen Überlebenden des französischen Kontingents machten sich nun auf den Weg nach Sidi-bel-Abbès, dem Hauptquartier der Fremdenlegion in Algerien, um in das einzige Zuhause zurückzukehren, das ihnen jetzt noch geblieben war. Im Regimentslied des 3. REI, des *3e Régiment Etrangère d'Infanterie* (3. Infanterie-Regiment der Fremdenlegion) heißt es in einer Liedzeile »Mein Regiment, mein Heimatland«, worin sich diese Empfindungen sehr gut widerspiegeln.

Spätestens mit Ende des Ersten Weltkrieges hatte sich die Legion in Frankreich einen Namen als hervorragende Kampftruppe gemacht, deren Mut auf dem Schlachtfeld teilweise schon an Selbstaufopferung grenzte.

Wie bereits erwähnt, hatte die Führung der französischen Armee anfangs nur Verachtung und Mißtrauen für die Legion übrig. Dies hatte zur Folge, daß sich ein starkes Gefühl von Selbständigkeit innerhalb der *Légion Etrangère* entwickelte, eine eigene Identität, die zur Vorstellung der Legion als einer »Familie« führte. Hinzu kam noch eine unerbittliche Disziplin, die als Folge der Disziplinlosigkeit der Anfangsjahre eingeführt worden war. Knapp 80 Jahre nach ihrer Gründung hatte sich die Fremdenlegion von einem wüsten Haufen zur Elitetruppe gemausert.

2000 Fremdenlegionäre kämpften für Rommel

Der Zweite Weltkrieg war für die Legion eine schwierige Zeit. Im Juni 1940 war die 13. Halbbrigade (13. DBLE) gerade von den Kämpfen in Norwegen nach Frankreich zurückgekehrt, als die französischen Streitkräfte vor der deutschen Wehrmacht kapitulierten. Gemeinsam mit den Resten des englischen Expeditionskorps setzten sich einige Legionäre nach Großbritannien ab. Dort bot man ihnen an, sich General de Gaulle und seinen Freifranzösischen Streitkräften anzuschließen, was viele auch taten. In Frankreich leisteten inzwischen andere Legionsteile noch Widerstand. Nach dem Waffenstillstand kehrten sie nach Nordafrika zurück, um sich den dort verbliebenen Teilen der Legion anzuschließen, die jetzt der Vichy-Regierung unterstanden. Eine Sonderkommission der Wehrmacht suchte etwa 2000 deutsche Fremdenlegionäre zusammen, die später als *Infanterie-Regiment »Afrika« 361 (mot.)* im Rahmen des Afrikakorps unter Feldmarschall Erwin Rommel kämpften.

Schließlich schickten die Briten die 13. DBLE nach Syrien, in der irrigen Annahme, die dort stationierten Vichytreuen Truppen würden die Seiten wechseln. Stattdessen wurden Einheiten der 13. DBLE vom *6e Régiment Etranger d'Infanterie* (6. REI), das Damaskus verteidigte, unter Feuer genommen. Die Vichy-Truppen mußten sich am 14. Juli 1941 schließlich ergeben. Zwei Offiziere und ungefähr 1000 Legionäre schlossen sich der 13. DBLE an; die übrigen wurden schließlich nach Frankreich geschickt, von wo aus viele wieder nach Sidi-bel-Abbès kamen.

Im Dezember 1941 verlegte die 13. DBLE nach Ägypten. In der Schlacht um Bir Hakeim im Juni 1942 hielten die Legionäre den deutschen und italienischen Truppen 14 Tage lang stand. Sie deckten den britischen Rückzug, bis sie in der Nacht vom 11. auf den 12. Juni den Befehl zum Ausbruch erhielten.

Nach der Operation »Torch«, der alliierten Landung in Nordafrika im November 1942, stand schließlich der größte Teil der Legion unter alliiertem Oberkommando, mit einer Ausnahme.

Die Legionseinheiten in der französischen Kolonie Indochina, unter ihnen das 5. REI, waren auf Befehl der Vichy-Regierung zur Wahrung eines unsicheren Waffenstillstandes mit den Japanern gezwungen. Als der Krieg auch in Asien zu Ende ging, setzten die Alliierten in dieser Region Sondereinheiten ab, die den Widerstand gegen die Japaner organisieren sollten. So sprangen auch Offiziere des amerikanischen OSS, des *Office of Strategic Services* über Vietnam und Laos ab, um die örtlichen Viet-Minh-Guerillas [A.d.Ü.: die von Ho Chi Minh und General Vo Nguyên Giap geführt wurden] zu bewaffnen und auszubilden. Sie köderten die Vietnamesen mit dem Versprechen, nach dem Krieg die Unabhängigkeit zu erhalten. Außerdem nahmen französische »Aktionsgruppen« Verbindung zu den militärischen Führern in der Kolonie auf und überzeugten sie davon, ihre bisherige Neutralität aufzugeben und einen schnellen Schlag gegen die japanischen Besatzer zu führen. Doch es waren die Japaner, die als erste zuschlugen. Als die Offiziere der Garnison von Lang Son an einem Abend des 9. März 1945 an einem Festessen teilnahmen, das die Japaner ihnen zu Ehren veranstalteten, tappten sie ahnungslos in die Falle. Alle die sich nicht ergeben wollten, wurden auf der Stelle getötet. Anderswo kam es zu Ausschreitungen japanischer Soldaten gegen die Zivilbevölkerung. General Lemonnier und der Chef der französischen Zivilverwaltung, Gouverneur Camille Auphelle, wurden geköpft, als sie der völligen Kapitulation nicht zustimmen wollten.

Als Reaktion auf die Spirale der Gewalt marschierte die Legion in den Norden ein

Die Überlebenden des 5. REI, drei Bataillone mit insgesamt etwa 3000 Mann, kämpften sich über Thailand vom Schwarzen Fluß bis zur chinesischen Grenze durch. Am 2. Mai 1945 hatten sie endlich die Provinz Yunnan erreicht [A.d.Ü.: nach 52 Tagen härtesten Überlebenskampfes durch den Dschungel, den gerade mal ein Drittel der Kolonne überlebte]. Zum ersten Mal nach über 60 Jahren hatte die Legion Indochina verlassen.

Die Alliierten teilten auf der Konferenz von Potsdam (Juli 1945) auch Vietnam in Einflußsphären auf: China sollte für das Gebiet nördlich des 16. Breitengrades verantwortlich sein; südlich davon wurde alles Lord Louis Mountbattons *South-East Asia Command* überantwortet, das von den Briten beherrscht wurde. Im September 1945 rief Ho Chi Minh im Norden die Vietnamesische Republik aus. Die Franzosen, die ihren Einfluß in Indochina wiederherstellen wollten, nahmen mit Onkel Ho Verhandlungen über die Errichtung einer indochinesischen Föderation auf, von der nur Saigon ausgenommen war, das Paris direkt regieren wollte. Im Oktober gaben die Briten die Kontrolle an die Franzosen ab; im März 1946 unterzeichnete Ho und Vertreter der französischen Regierung ein Abkommen.

Nach dieser Vereinbarung erkannte Frankreich die Vietnamesische Republik an. Gleichzeitig verpflichteten sich die Vietnamesen, die französischen Interessen anzuerkennen – Frankreich durfte sogar Truppen im Norden stationieren. Dieser seltsame Frieden hielt allerdings nur bis zum November. Die Franzosen reagierten schließlich auf eine sich ständig steigernde Spirale der Gewalt und ließen die Legion in den Norden einmarschieren.

Allein das 2. REI verlor in drei Monaten 230 Mann

Der französische Generalstab versuchte, Indochina nach derselben Methode zu halten, mit der er schon Nordafrika »befriedet« hatte – indem die ganze Gegend von Hunderten von Stützpunkten überzogen wurde. Zuerst kam es nur sporadisch zu Aktionen der Viet-Minh, da sie auf diese neue Situation nicht vorbereitet waren. Doch während der folgenden Operationen mußten die Franzosen schwere Verluste hinnehmen – allein das 2. REI verlor in drei Monaten 230 Mann an Toten und Verwundeten. In Algerien wurden das 1. und das 2. BEP (*Bataillon Etranger de Parachutistes*, also Fallschirmjäger-Bataillon der Fremdenlegion) aufgestellt und nach Indochina geschickt, wo sich bereits das 2. und 3. REI sowie die 13. DBLE im Einsatz befanden.

Der Krieg trat in eine neue Phase ein, als die Vietnamesen französische Außenposten massiv angriffen. So überfielen sie am 25 Juli 1948 den Stützpunkt Phu Tong Hoa in den unzugänglichen Cao Bang-Bergen. Die 104

Außenposten Na San, November 1952. Legionäre des 1. Fallschirmjägerbataillons beim Gegenstoß.

Legionäre der 2. Kompanie des 3. REI unter Hauptmann Cardinal wurden zuerst mit Granatwerfern und Artillerie beschossen. Dann griffen die Sturmtrupps der 316. Viet-Minh-Division von drei Seiten gleichzeitig an. In immer neuen Wellen brandeten sie gegen das Fort. Eine Bresche in der Mauer wurde von einem einzelnen Legionär, dem Sergeanten Huegen, mit einem leichten MG verteidigt. Alle Männer, die ihm zu Hilfe kommen wollten, fielen. Um 22 Uhr war auch Huegen tot, doch der Hof wurde in einem Gegenstoß mit aufgepflanzten Bajonett von den eingedrungenen Viet-Minh gesäubert. Als sich die überlebenden Legionäre auf den nächsten Ansturm vorbereiteten, riß die Wolkendecke auf und tauchte den ganzen Stützpunkt in helles Mondlicht. Daraufhin zogen sich die stark dezimierten Kräfte der Viet-Minh, die sich dem Stützpunkt jetzt nicht mehr ungesehen nähern konnten, in die Nacht zurück.

Paris reagierte auf diese veränderte Taktik der Viet-Minh mit der Entsendung eines Expeditionskorps von 100 000 Soldaten. Es setzte sich aus französischen Freiwilligen und Kolonialtruppen zusammen. Die Regimenter der Fremdenlegion wurden durch das 5. REI sowie vor Ort aufgestellten Einheiten verstärkt.

Doch all das konnte nicht verhindern, daß Dong Khe am 17. September 1950 von sechs regulären Divisionen des General Giap überrannt wurde. Ein noch größeres Desaster sollte die Franzosen in Verbindung mit dem nächsten Ziel der Viet-Minh erwarten: dem Stützpunkt Cao Bang. Das französische Oberkommando hatte eine fragwürdige »ehrenvolle Evakuierung« angeordnet, je-

Dien Bien Phu, März 1954. Noch immer springen Verstärkungen über der todgeweihten Festung ab.

doch keine Flugzeuge bereitgestellt [A.d.Ü.: es verfügte nicht über genügend Flugzeuge, um fast 4000 Menschen ausfliegen zu können]. Somit waren die Garnison, 1000 Legionäre des 3. REI, weitere 600 Mann eines marokkanischen Schützenregiments und 2000 Zivilisten zu einem Marsch verurteilt, der 80 km durch bergigen Dschungel führte. Eine Entsatzkolonne aus 5000 Mann marokkanischer Truppen, das *Groupement Bayard*, zu dem später noch das 1. BEP stieß, marschierte der Garnison entgegen.

Fast alle Offensiven der Viet-Minh wurden zurückgeschlagen

Das *Groupement Bayard* geriet rasch selbst in Schwierigkeiten. Die Kolonne wurde durch wiederholte Feindangriffe in lauter kleine Gruppen aufgesplittert und schließlich in der Coc-Xa-Schlucht eingeschlossen. Den grauenhaften, nächtlichen Abstieg in die Schlucht entlang eines schmalen Gebirgspfades bezahlten 100 Legionäre mit dem Leben. Die Kolonne lag ständig unter dem Feuer von Scharfschützen und wurde außerdem von sogenannten »Selbstmordkommandos« heimgesucht, die die Legionäre von den schmalen Felsvorsprüngen, die in 100 m Höhe wie ein Spinnennetz den blanken Fels überzogen, ansprangen und mit in die Tiefe rissen. Nur einer Handvoll Soldaten gelang es, sich bis nach That Khe

Parade des 1. REC zur Zeit des Algerienkrieges. Leichte Panzerspähwagen amerikanischer Herkunft stellten damals die »Arbeitspferde« der Legions-Kavallerie.

durchzuschlagen, das noch von französischen Truppen gehalten wurde. Insgesamt hatte die französische Seite 7000 Tote und Verwundete zu beklagen; von den 499 Legions-Paras kehrten nur 29 zurück.

Nach dieser Katastrophe ernannte die französische Regierung General Jean de Lattre de Tassigny zum Oberbefehlshaber in Indochina. De Lattre hatte eine neue Strategie entwickelt: Er ließ mitten in feindbeherrschtem Gebiet befestigte Lager errichten, noch bevor der Gegner Zeit hatte, darauf zu reagieren. Den Viet-Minh blieb keine andere Wahl, als diese Stellungen anzugreifen, was ihnen entsprechende Verluste einbrachte. Beinahe alle Offensiven der Viet-Minh in den Jahren 1951 und 1952 wurden zurückgeschlagen. Im Mai 1953 wurde de Lattre durch Henri Navarre abgelöst. Er änderte die bisherige Strategie dahingehend, daß die abgelegenen Stützpunkte nun Start- und Landebahnen erhielten, wodurch Verstärkungen für die jeweilige Besatzung schneller herangeführt werden konnten.

Am 21. November 1953 wurden Fallschirmjäger des 1. BEP im Tal von Dien Bien Phu abgesetzt, um eine Luftlandung des Vortages zu unterstützen. Das Ziel dieser Operation »Castor« war es, Kräfte zur Abwehr der bevorstehenden Invasion der Kommunisten in Laos bereitzustellen und mit einem neuen Großstützpunkt den Druck von den Garnisonen im Delta des Roten Flusses zu nehmen. Schon durch die bloße Besetzung des Tales um den Nam-Yum-Fluß war es den Franzosen gelungen, den Kommunisten die jährliche Reisernte von 2000 Tonnen und eine große Menge an Opium zu entreißen.

Diese neue französische »Festung« schien uneinnehmbar. Sie bestand aus einer Anzahl stark befestigter Stützpunkte namens *Huguette, Dominique, Eliane, Fran-* *çoise* und *Claudine*. Sie umgaben das Kommandozentrum und die Start-und Landepisten. An beiden Talenden beherrschten vorgeschobene und stark befestigte Außenposten das Gelände – *Gabrielle, Béatrice, Anne-Marie* und *Isabelle*. Diese Bunkeranlagen [A.d.Ü.: allesamt Erdbunker, nicht eine einzige Anlage bestand aus Beton] sollten Infanterieangriffen widerstehen können. Den französischen Planern in Saigon schien es unvorstellbar, daß die Viet-Minh schwere Geschütze durch den unwegsamen Dschungel heranbringen könnten.

Im März 1954 standen in Dien-Bien-Phu genau 10 814 Mann, darunter rund 5000 Legionäre des 1. Fallschirmjägerbataillons, des I. und III. Bataillons der 13. Halbbrigade, vom I. Bataillon des 2. sowie vom III. Bataillon des 3. Fremdenregiments.

Am 13. März wurden die Legionäre des III/13. DBLE – die Postenbesatzung von *Béatrice* – in Alarmbereitschaft versetzt. Der Viet-Minh griff tatsächlich, wie erwartet, um 17.00 Uhr an. Allerdings war es diesmal nicht einer der üblichen Handstreich-Versuche, an die man sich schon gewöhnt hatte. General Giap hatte, von den Franzosen unbemerkt, in den Bergketten fünf Divisionen zusammengezogen, darunter eine Artillerie-Division mit über 200 schweren Geschützen.

Jetzt hagelte es neun Stunden pausenlos Granaten auf *Béatrice*. Dann stürmte die Viet-Minh-Infanterie in dichten Wellen und überrannte schließlich den völlig zerschlagenen Posten. Als die Franzosen am nächsten Mit-

Leichter Granatwerfertrupp des 2. REP kurz nach der Landung bei Kolwezi. Die Geschwindigkeit, mit der die Legion vorging, rettete vielen Menschen das Leben.

tag in einer Feuerpause – die der Viet-Minh angeboten hatte – loszogen, um unter dem Schutz der Rot-Kreuz-Flagge die Verwundeten von *Béatrice* zu bergen, konnten sie nur noch acht Überlebende finden. Knapp 200 der ursprünglich 750 Mann des Bataillons schafften es noch, sich zu den französischen Linien durchzuschlagen. *Gabrielle* wurde durch vietnamesische Fallschirmjäger des 5. BPVN (*Bataillon de Parachutistes Vietnamiens*) verstärkt. Dies nützte wenig; auch dieser Außenposten wurde in der nächsten Nacht von acht Viet-Minh-Bataillonen überrannt. Die Algerischen Schützen des V/7. Regiments konnten den ersten Angriff noch zurückschlagen, doch dann nahmen die Viet-Minh mit einem rückstoßfreien 75-mm-Geschütz die MG-Stellungen unter Beschuß. Als 100 Legionäre des 1. BEP mit Unterstützung dreier *M-24*-Panzern einen Gegenstoß unternahmen, gerieten sie in einen gut vorbereiteten Hinterhalt und wurden erbarmungslos zusammengeschossen.

Mörderisches Trommelfeuer schlug die französischen Bunker in Stücke

Dann änderten die Vietnamesen ihre Taktik. Jede Nacht rückten ihre Gräben etwas näher an die französischen Linien heran. Stets ging dem Sturmangriff ein mörderisches Trommelfeuer voraus, das die unzulänglichen französischen Bunker und Kampfstände in Stücke schlug. Die Viet-Minh setzten ihre Geschütze aber auch sehr wirksam dazu ein, um die Verbindungen nach außen zu unterbinden.

Ende März hatte die Artillerie die Landebahn endgültig unbenutzbar gemacht. Flugzeugbesatzungen, die über der belagerten Festung Nachschub abwarfen, mußten vorher eine Wand aus Handwaffen- und Flakfeuer durchbrechen. Den Kanonieren der Viet-Minh war es sogar gelungen, zwei *B-26*-Bomber aus 3000 m Höhe herunterzuholen. Von 60 Versorgungsabwürfen im April erreichten gerade mal 23 die eingeschlossene Garnison. Acht *C-119*-Transportmaschinen wurden abgeschossen und weitere 47 durch Feindfeuer schwer beschädigt.

Am 7. Mai 1954, nach 56tägiger Belagerung, streckte die Garnison die Waffen. In der Schlacht um Dien Bien Phu waren sechs Bataillone der Fremdenlegion untergegangen. Mit ihnen endeten sämtliche französische Hoffnungen, weiterhin in Indochina bleiben zu können. In Indochina waren 10 483 Legionäre gefallen, 2616 alleine in Dien Bien Phu; weitere 6328 gerieten in Gefangenschaft, aus der nur 2567 wiederkehrten (die Kommunisten überstellten beispielsweise die ehemaligen Ostfrontkämpfer unter den deutschen Legionären an die Sowjets).

Auch in Algerien, der Heimat der Legion, gärte es gewaltig. 1951 war die Nationale Befreiungsfront FLN (*Front de Libération Nationale*) gegründet worden, die die Unabhängigkeit von Frankreich erkämpfen wollte. Sie legte den 1. November 1954, Allerheiligen, als Zeitpunkt für den Beginn eines allgemeinen Aufstandes fest. Die *Armée de Libération Nationale* (ALN) – der bewaffnete Arm der FLN – wollte mit ihren Guerillas, den *Fellag-*

has, im ganzen Land zuschlagen. Die ALN hatte Algerien in sechs Militärdistrikte eingeteilt, die jeweils von einer *Fellagha*-Kompanie kontrolliert wurden. Allerheiligen verstrich, von ein paar vereinzelten Zwischenfällen abgesehen, recht ereignislos. Doch allmählich führten die Angriffe auf Polizeistationen und französische Zivilisten dazu, daß die weißen Siedler Vergeltungsschläge unternahmen – Mord wurde mit Mord vergolten. Bei eine Serie von Überfällen rund um Philippeville am 20. August 1955 starben über 70 Europäer und 52 pro-französische Araber. Daraufhin brachten französische Siedler über 2000 Moslems um.

Um das Einsickern der Partisanen aus den Nachbarstaaten zu unterbinden, errichteten die Franzosen entlang der Grenzen zu Tunesien und Marokko auf einer Länge von insgesamt 350 km elektrische Zäune, Minenfelder und Bunkeranlagen. Dennoch gelang es den *Fellaghas* immer wieder, durch die »Guelmalinie« (Tunesien) oder die »Moricelinie« (Marokko) zu schlüpfen. Oft sprengten sie mit *Bangalore*-Sprengröhren (siehe Abb. S. 97) Gassen durch Drahthindernisse und Minenfelder. Wenn sie die Sperren überwunden hatten, mußten sie ständig mit Streifen und nächtlichen Hinterhalten rechnen. Weiter südlich, in der Wüste, fuhren Einheiten wie das 2. REC (*Régiment Etranger de Cavalerie*) Patrouille, um Guerillatrupps abzufangen. Weiter im Landesinneren hatte jeder Ort seine französische Garnison; jeder Zivilist bekam eine Kennkarte ausgestellt. Die Gewalt sprang zwangsläufig auch auf die Hauptstadt Algier über, die durch die ständigen Bombenanschläge der FLN und den Gegenterror der extremen Rechten [A.d.Ü.: die sich aus weißen französischen Siedlern zusammensetzte] erschüttert wurde. Die harte und einsatzfreudige 10. Fallschirmjäger-Division unter General Massu wurde in die Stadt geworfen, um Ruhe und Ordnung wiederherzustellen. Sie riegelte die Kasbah, die Altstadt von Algier, ab und zerschlug das gesamte Netz der FLN, Zelle für Zelle. An der Spitze der FLN standen Yacef Saadi und Ali la Pointe. Beide schafften es immer wieder, den Franzosen zu entwischen, bis Saadi bei einer verdeckten Operation im September 1957 gefaßt wurde. Ali la Pointe kam zwei Wochen später, im Verlauf einer Säuberungs-Aktion in der Kasbah, ums Leben.

Fallschirmjäger und Legionäre machten Jagd auf Fellaghas

Auch in den ländlichen Gebieten machten Fallschirmjäger und Legionäre Jagd auf *Fellaghas*. Sie versuchten, deren Nachschublinien zu kappen, die nach Tunesien und Marokko in die Rückzugsgebiete der FLN führten. 1958 griffen etwa 1000 *Fellaghas* in regelmäßigen Abständen Städte und Dörfer hinter der »Guelmalinie« an. Ihnen standen die Paras des 1. REP (*Régiment Etranger de Parachutistes*) gegenüber, deren hervorragender Kommandeur, Oberstleutnant Pierre Jeanpierre, eine völlig neue Taktik zur Bekämpfung der Aufständischen entwickelt hatte. Kompanieweise wurden die Legionäre mit Hubschraubern *Sikorsky S-58* und *Boeing-Vertol H-21* (die »fliegende Banane«) in Gebieten abgesetzt, in denen Guerillas gemeldet wurden. Sobald sie Kontakt mit dem Gegner aufgenommen hatten, nahm ein Teil der Einheit die »Fells« unter Feuer, während der andere Teil rasch in Linie vorging und dabei Handgranaten ins Gestrüpp warf. Guerillas, den Handgranaten-»Schauer« überlebten und aus ihrer Deckung brachen, wurden von *Voltigeurs* mit *MAT-49*-Maschinenpistolen niedergemäht. Am 29. Mai 1958 starb Oberstleutnant Jeanpierre, Held der Legion, als sein Hubschrauber über dem Dschebel Mermera abgeschossen wurde. Doch sein 1. REP kämpfte die »Schlacht um Guelma« noch bis weit in das nächste Jahr hinein.

Der Algerienkrieg ging nicht auf dem Schlachtfeld verloren, sondern durch die öffentliche Meinung und die Politiker in Frankreich. Fotos von Frauen und Kindern, die dem »Challe-Plan« entsprechend (General Challe war im Dezember 1958 zum Oberbefehlshaber in Algerien ernannt worden) in Umsiedlungslager getrieben wurden, Folter, Massaker an der Zivilbevölkerung und Verfolgungsoperationen, die bis nach Tunesien hineinreichten, trugen viel dazu bei. Der französische Präsident de Gaulle führte 1960 mit den Führern der FLN erste Gespräche über die Unabhängigkeit. Im April 1961 kam es zum »Putsch der Generäle«, der von militärischen Befehlshabern in der Kolonie inszeniert worden war, als sie merkten, daß die französische Regierung *l'Algérie française* im Stich lassen wollte. Der Staatsstreich schlug fehl. Das daran beteiligte 1. REP wurde zur Strafe aufgelöst. Mit der Unabhängigkeit Algeriens, das 131 Jahre lang die Heimat der Fremdenlegion gewesen war, begann auch für die *Légion Etrangère* ein völlig neues Kapitel – Frankreich wurde jetzt ihr Zuhause.

Doch auch in den folgenden Jahrzehnten blieb die moderne Legion eng mit dem afrikanischen Kontinent verbunden. Die Regierung des Tschad sah sich im April 1969 von zwei unterschiedlichen Rebellenorganisationen bedroht. General de Gaulle reagierte auf das Hilfsersuchen mit der Entsendung des Führungsstabes und zweier Kampfkompanien des 2. REP. Um in den kahlen Bergen und Wüsten des nördlichen Tschad die Rebellen überhaupt aufspüren zu können, war extreme Beweglichkeit und Geschwindigkeit vonnöten – zwei Erfolgsrezepte der Legion bei ihren Operationen in Algerien. Die in Fort Lamy stationierten Paras setzten also wieder Hubschrauber zur Aufklärung und als Transportmittel ein, während motorisierte und teilweise auch berittene Patrouillen am Boden nachsetzten. Diese Taktik zeitigte im Kampf gegen die Gegner, deren Rückzugsgebiete in Libyen, beziehungsweise dem Sudan lagen, bereits nach wenigen Monaten die ersten Erfolge.

Im September 1969 wurde die 2. Kompanie auf dem Luftweg nach Faya-Largeau verlegt, nachdem eine starke Rebellengruppe den dortigen tschadischen Armeestützpunkt angegriffen hatte. Die Guerillas, die sich ziemlich sicher fühlten, zogen sich ins öde Tibesti-Gebirge zurück. Doch wenige Tage darauf hatten die Legionäre schon zwei Guerillagruppen bei der Oase Bodo eingeholt. Sie machten zwölf Gefangene, darunter der Rebellenchef der nördlichen Provinzen.

Tschad, 1984. Die Bedienungsmannschaft eines 120-mm- Zugrohrmörsers bereitet die Waffe zum Feuern vor.

Einen Monat später kam es zu einer ähnlichen Verfolgung mit Hubschraubern und Bodentruppen, deren Bilanz 68 getötete oder gefangene Rebellen aufwies. An den letzten Kämpfen dieser ersten französischen Intervention im Tschad war das verstärkte Kontingent des 2. REP im besonderen Maße beteiligt. Es führte mehrere erfolgreiche Verfolgungen durch. Dann entsetzte es die tschadische Garnison von Zouar und führte den Angriff auf ein Lager der Rebellen am Leclerc-Paß, nahe der libyschen Grenze, an. Im Mai 1970 wurde ein größerer Verband der Rebellen an der sudanesischen Grenze bei den Höhlen um Fada in die Enge getrieben. Insgesamt wurden bei diesen Operationen 130 Guerillas getötet, so daß die beiden Rebellenorganisationen damit weitestgehend zerschlagen waren.

Frankreich schickte die Elitesoldaten des 2. REP

Die Fremdenlegion kehrte im März 1978 in den Tschad zurück. Sie sollte der tschadischen Armee Ausbildungshilfe leisten und sie im Kampf gegen die Rebellen von Goukouni Oueddi unterstützen, hinter dem der libysche Staatschef Gadhafi stand. Die Rebellen hatten bereits den größten Teil des nördlichen Tschads unter ihre Kontrolle gebracht und waren im Süden schon bis zur Stadt Ati vorgedrungen. Bei l'Oued Batha griffen Einheiten der Rebellen, die mit Artillerie und modernen Unterstützungswaffen ausgerüstet waren, Aufklärungspatrouillen des 2. REP an. Den französischen *Jaguar*-Schlachtflugzeugen hatten sie allerdings nichts entgegenzusetzen, und so konnten die Legionäre den Ort schnell wieder zurückerobern. Im August 1983 bat die Regierung des Tschad erneut um Intervention. Doch von dieser Operation »Manta« ist einzig die Tatsache erwähnenswert, daß diesmal die Rebellen häufiger Unterstützung von der libyschen Luftwaffe erhielten.

Das 2. REP nahm in Afrika auch an anderen wichtigen Einsätzen teil. Als beispielsweise die Polizei-Spezialeinheit GIGN am 3. April 1976 in Dschibuti französische Schulkinder aus einem gekidnappten Bus befreite, wurde sie von Legionsfallschirmjägern unterstützt.

Im Mai 1978 verlegte das 2. REP in den Kongo. Rebellen hatten die Bergbaustadt Kolwezi besetzt. Als sich herausstellte, daß diese Katanga-»Tiger« unbedingt auf Rache aus waren und damit begannen, die 2300 Europäer in Kolwezi abzuschlachten, bot sich Frankreich als Retter an. In Calvi auf Korsika schlossen sich die Kasernentore: Die Elitesoldaten des 2. REP unter Oberst Erulin starteten die Operation »Leopard«. Das erste Kontingent, insgesamt 650 Mann, war innerhalb kürzester Zeit einsatzbereit. Es startete am 18. Mai von Calvi und sprang am 19. Mai um 15.00 Uhr bereits nordwestlich Kolwezi ab. Die Legionäre zerschlugen nach der Landung rasch jeglichen Widerstand in der Landezone und gingen dann auf die Stadt vor, deren größter Teil nach heftigen Schießereien rasch fiel. Am folgenden Tag kam die 4. Kompanie und der Aufklärungszug des Regiments nach. Nun konnten die Legionäre einen Sturmangriff auf das Eingeborenenviertel Manika durchführen, das sich als eine ziemlich harte Nuß erwies. In den Kämpfen von Haus zu Haus fielen vier Legionäre. Erst nach heftigem Granatwerfer-Beschuß konnte das Viertel eingenommen werden.

Die zweite Staffel des 2. REP traf am selben Nachmittag gemeinsam mit belgischen Para-Commandos ein, so daß es nun möglich war, auch die Umgebung Kolwezis zu säubern. Die Gesamtoperation war ein voller Erfolg – um den Preis von fünf Gefallenen und 25 Verwundeten hatte das 2. REP Hunderten europäischen Geiseln das Leben gerettet. 250 Guerillas wurden getötet und weitere 163 gefangengenommen.

Die Division Daguet sicherte am Golf die linke Flanke

Die Fremdenlegion stellte während des Golfkriegs einen bedeutenden Anteil der 12 000 Mann starken *Division Daguet*. Der Kern des französischen Verbandes unter Generalleutnant Michel Roquejoffre bestand aus der 6. Leichten Gepanzerten Division, zu der auch das 1. REC, das 2. REI und das 6. REG gehörten.

Die Division Daguet erhielt den Auftrag, gemeinsam mit der *US 82nd Airborne Division* die linke Flanke der Koalitionsstreitkräfte zu sichern. Die beiden Divisionen stießen am 24. Februar 1991 hinter einem Schleier aus *Gazelle*-Hubschraubern tief in die Wüste vor. Im Gebiet um Salman trafen sie auf den Gegner.

Bei dem sich nun entspinnenden Gefecht übernahmen die US-Fallschirmjäger den Flankenschutz, während die französischen Einheiten, darunter auch die Regimenter der Legion, die irakische 45. Division überrannten und ausschalteten. Im Verlauf der nächsten beiden Tage drangen die Alliierten immer weiter nach Norden vor; ihr Ziel hieß As Samawah am Euphrat, wo sie die wichtigste Verbindungsstraße zwischen Basra und Bagdad unterbrachen. Durch diese Operation schnitten sie den irakischen Truppen, die sich auf dem Rückzug aus Kuwait befanden, den nächstgelegenen Fluchtweg ab. Die franko-amerikanischen Truppen standen jetzt nur-

Saudi Arabien, 1990. Milan-Trupp der Fremdenlegion während der Operation *»Desert Shield«*. Die Männer tragen das *Cheche*-Beduinenkopftuch als Schutz gegen Staub und Hitze. Im Hintergrund ein VAB-Mannschaftstransporter.

Der Korpsgeist der Legion ist – wie dieses Lagerfeuer in der Wüste – noch längst nicht erloschen. Er nährt sich aus dem Stolz auf die alten Traditionen und dem Bewußtsein, eine Elite zu sein.

mehr 240 km vor der irakischen Hauptstadt und hätten eine ausgezeichnete Ausgangsposition für den Angriff auf Bagdad gehabt, wenn die entsprechende Entscheidung getroffen worden wäre.

Derzeit setzt sich die Fremdenlegion aus folgenden Einheiten zusammen: Das 1. und 4. RE sind für Ausbildung und Verwaltung zuständig. Drei Infanterie-Regimenter (2. REI, 3. REI und 5.REI), die 13. Halbbrigade (13. DBLE), ein Panzerregiment (das 1. REC) und ein Fallschirmjäger-Regiment (2. REP) bilden den Kern der Kampftruppen. Für Pionierdienste ist das 6. REG zuständig. Das kleine *Détachement de la Légion Etrangère de Mayotte* – eine Kompanie, die ursprünglich zum 3. REI gehörte – sichert auf der Insel Mayotte im Indischen Ozean französische Interessen.

Das traditionelle *Képi blanc* – die klassische Kopfbedeckung der Legion – und das *Képi noir* (für Unteroffiziere und Offiziere) werden auch an der Schwelle zum 21. Jahrhundert nach wie vor getragen; in aller Regel zur Ausgehuniform, bei Paraden und anderen offiziellen Gelegenheiten. Im Alltag wurde das weiße Kepi durch das grüne Barett abgelöst, das seit 1959 Bestandteil der Uniform ist. Das Barettabzeichen der Legion ist die siebenflammige Granate; nur die Paras des 2. REP tragen auf ihrem grünen Legionsbarett das Abzeichen mit dem Flügeldolch. Fallschirmspringerabzeichen werden über der rechten Brusttasche getragen.

Der Wahlspruch der Fremdenlegion lautet seit alters her treffend:

Legio Patria Nostra – die Legion ist unser Vaterland.

Die Speznas

Sie waren eines der bestgehütetsten Geheimnisse der ehemaligen Sowjetunion. Erst vor verhältnismäßig kurzer Zeit wurde auch von offiziellen Moskauer Stellen die Existenz von *Speznas*-Einheiten eingeräumt. Diese Elite-Soldaten werden in vielerlei Aufgabenbereichen ausgebildet, zu denen auch Attentate, Sabotage und die Ausschaltung feindlicher Atomwaffen gehören.

Die *Wojska Spezialnogo Nasnatschenia* (WSN) – die »Truppen zur besonderen Verwendung (z.b.V.)« – haben im Westen kein entsprechendes Gegenstück. In den Augen der ehemaligen Sowjetunion stellten diese auch keine Kommandoeinheiten im Sinne der NATO dar, sondern eben Truppen zur besonderen Verwendung. Bis 1989 wurden die WSN in der sowjetischen Militärpresse nur selten erwähnt und selbst dann durch geschichtliche Bezeichnungen umschrieben. In der sowjetischen Militärpresse erschienen zwar Verweise auf Tätigkeiten wie Besondere Aufklärung (*Spezialnaja Raswiedka*) oder Ablenkende Aufklärung (*Diwersionnaja Raswiedka*), doch wurde die Existenz einer vielseitig verwendbaren Elite innerhalb der Roten Armee als reine Propagandalüge des Westens abgetan.

Zum Teil läßt sich dies gewiß auf ein absichtliches Täuschungsmanöver durch die Sowjets zurückführen, doch sollte man auch bedenken, daß zwischen westlichen und sowjetischen Spezialeinheiten wesentliche Unterschiede in der Konzeption bestehen. Im Westen setzte sich die Erkenntnis für die Notwendigkeit von Einheiten, die Sondereinsätze durchführen konnten, nur recht langsam durch. Und dies, obwohl derartige Truppen während des Zweiten Weltkrieg in großem Umfang eingesetzt worden waren. Zunächst wurden neu aufgestellte oder »aufgewärmte« Spezialeinheiten gewöhnlich in unterschiedlichen Elite-Verbänden zusammengefaßt, jede mit einer eigenen, sehr spezialisierten Auswahl, Aufgabe, Ausbildung und Bewaffnung. Die UdSSR hingegen war sehr daran interessiert, ihre kommunistische Ideologie zu verbreiten. Sie lernte daher rasch den Wert von Sondereinsätzen zu schätzen, sowie den von findigen und politisch zuverlässigen Truppen, die an jedem Ort und in jedem Klima hinter feindlichen Linien operieren konnten. Aus diesem Grund gab es bei den Sowjets ein wesentlich größeres Spektrum an Sonderverbänden, was zur Folge hatte, daß die *Wosduschno Dessantnyje Woiska* (WDW) – Luftlandedivisionen, Luftsturmbrigaden, Marineinfanterie und ähnliche Verbände – im Westen nicht als echte Spezialtruppen galten. Sie sollten hinter den feindlichen Linien vor allem konventionelle Operationen in Bataillons- oder Brigadestärke durchführen.

Bei den *Speznas* lag der Fall etwas anders, sie widmeten sich verdeckten Sondereinsätzen. Zu diesem Behufe erhielten sie eine besondere Ausbildung in den Bereichen Nachrichtenbeschaffung (*Raswiedschiki*), Fernaufklärung (*Iskatielia*), Entführungen (*Ochotniki*), Auslandseinsätze (*Reidowiki*), Unterstützung von Partisanen, Sabotage und Attentate. *Speznas*-Einheiten unterstanden dem Nachrichtenstab

Nach einem Einsatz gegen Stellungen der Mudschahedin in Nordafghanistan kehren *Speznas*-Angehörige zu ihrem Transporthubschrauber zurück.

innerhalb einer Flotte, einer Heeresgruppe (»Front«) des Front- oder Armeestabes und konnten in ihrem Selbstverständnis üblicherweise auf Traditionen früherer Sondereinsätze aufbauen.

Der NKWD sorgte in Spanien für Terror- und Sabotageakte

Der erste dokumentierte Einsatz von »Truppen zur besonderen Verwendung« der Sowjets fand bereits kurz nach der Oktoberrevolution statt. Selbst die *Rote Armee* wurde politisch für nicht zuverlässig genug gehalten, um sie gegen ihre Arbeiter- und Bauerngenossen vorgehen zu lassen. Im Frühjahr 1918 wurden die *Tschasti Osobogo Nasnatschenia* oder TshON (Abteilungen zur besonderen Verwendung), die sich aus kommunistischen Arbeitern rekrutierten, in die wichtigsten Industriestädte verlegt, wo sie dafür sorgten, daß die Bevölkerung dem neuen Regime bedingungslos gehorchte. Ein Jahr später wurde diese Abteilungen von der *Allrussischen Außerordentlichen Kommission zur Bekämpfung von Konterrevolution und Sabotage* (Tscheka) – einer Vorläuferin des KGB – zu einer paramilitärischen Territorialeinheit innerhalb der *Roten Armee* erweitert. Bei der blutigen Niederschlagung des Matrosenaufstandes von Kronstadt im März 1921 spielten die Tscheka- und TshON-Truppen eine wichtige Rolle. Sie vertrieben bei den Rotarmisten jegliche Gedanken an Fahnenflucht oder Rückzug, indem sie hinter den Einheiten Maschinengewehre postierten. Tscheka-Abteilungen wurden auch während des Bürgerkrieges eingesetzt; auch gegen die islamischen Konterrevolutionäre in Usbekitan oder Tadschikistan, die sogenannten *Basmatschen* (Banditen).

Die Russen leisteten auf dem Gebiet von Luftlande-Einsätzen Pionierarbeit. Die im Jahr 1927 aufgestellten Aufklärungsgruppen (*Raswiedschiki*) wurden 1929 gegen afghanische Aufständische und gegen die *Basmatschi* in Zentralasien eingesetzt, die 1931 praktisch endgültig zerschlagen wurden. Zu Beginn des Jahres 1932 hatten sich die noch jungen regulären Luftlandetruppen beinahe ausschließlich auf die Fernaufklärung (*Spezialnaja Raswiedka*) und die Ausschaltung von feindlichen Führungs- und Kommandoeinrichtungen verlegt.

Den sowjetischen Sondereinsatztruppen gelang es, die meisten innenpolitischen Differenzen bis Anfang der 30er Jahre mit allen Mitteln zu bereinigen. Nun richtete sich ihre Aufmerksamkeit auch auf antisowjetische oder antikommunistische Bewegungen im Ausland. 1936 richtete die Tscheka eine Verwaltung für besondere Aufgaben ein, die für die gnadenlose Eliminierung politischer Gegner im Ausland zuständig war. So sorgte beispielsweise der neugegründete NKWD (*Narodnij Kommisariat Wnutriennych Del*, Volkskommissariat für Innere Angelegenheiten) – der heutige KGB – gemeinsam mit der GRU (*Glawnoje Raswieditelnoe Uprawlenie*, Hauptverwaltung Aufklärung des Generalstabes), während des

Iwan schläft, Olga wacht: Eine Partisanin hütet den Schlaf ihrer Genossen. Ukraine, 1943.

Spanischen Bürgerkrieges (1936 – 39) im Rücken der Nationalisten für Terror- und Sabotageakte sowie für Guerilla-Aktivitäten, die es in diesem Ausmaß bis dahin noch nie gegeben hatte.

In der Frühphase des »Großen Vaterländischen Krieges« (1941–45) wurden in der Sowjetunion eine Vielzahl von Einheiten aus NKWD, GRU, Sturmpionieren und besonderen Aufklärern der Marine aufgestellt. Nur wenige dieser frühen, aus Wehrpflichtigen bestehenden Einheiten waren tatsächlich Eliten im modernen Sinne, aber sie spielten eine wichtige Rolle für den späteren sowjetischen Sieg. Es wurden noch eine ganze Reihe weiterer Eliteverbände aufgestellt und mit Aufgaben betraut, die die Erkenntnisse der früheren Luftlande-*Raswiedschiki* mit den Erfahrungen der Tscheka-Agenten verbanden. Dazu gehörten die Aufklärungs- und Sabotage- (Diversions-) Brigaden, NKWD-Spezialgruppen, Gardebataillone und die Truppen-Aufklärungsabteilungen der Großverbände – die als die wahren Vorgänger der heutigen *Speznas* angesehen werden können.

Diese Verbände kämpften an der Ostfront, am nördlichen Polarkreis, in Finnland und Norwegen, sowie im Fernen Osten der UdSSR und in der Mandschurei. Die Nordmeer-Flotte versuchte Informationen über die deutschen Kräfte vor Murmansk zu erhalten und stellte aus

Unmittelbar nach der Landung überprüft ein Funker der *Speznas* seine Ausrüstung. Die Rekruten der Truppe werden nach ihrer Intelligenz und Motivation ausgewählt.

diesem Grund Ende 1941 die 4. Freiwillige Matrosen-Abteilung auf.

Unter ihren Rekruten gab es Fremdsprachenspezialisten, außerdem arbeiteten finnische und norwegische Agenten für die Einheit. Diese Truppe, die schließlich in 181. Selbständige Aufklärungs-Abteilung (*Osobogo Raswiediwatielnogo Otriada*) umbenannt wurde, war der Vorfahre der modernen Marine-*Speznas*. Die zahlreichen Agenten und Kommandos der Abteilung, die ihre Aufträge direkt vom Flottenbefehlshaber Admiral Golowko erhielten, operierten häufig Hunderte von Kilometern von ihrem Heimatstützpunkt Poliarnyi entfernt. Während einige von ihnen offensive Aufträge gegen deutsche Küsteneinrichtungen durchführten, befaßten sich andere mit verdeckter Aufklärung, Zielerfassung, Küsten- und Flußüberwachung, Gefangenenbeschaffung und Vernehmungen im Feld.

Bis zum Oktober 1942 war jedem Front- und Armeestab ein selbständiges Gardebataillon aus Sprengspezialisten zugeteilt worden, die »Mineure« genannt wurden – *Otdelniy Gwardieskij Batalion Minerow* (OGBM). Die Soldaten dieser Bataillone lernten alles über Spähtrupptätigkeiten im Rahmen der Fernaufklärung, Sprengwesen und Sabotage, Orientierung im Gelände und bei Nacht, Flucht- und Absetzbewegungen, sowie sämtliche Fertigkeiten die notwendig sind, um über längere Zeit in Wäldern und Tundren überleben zu können. Wie bei allen anderen sowjetischen Sondereinsatztruppen auch, waren wichtige Kriterien für die Aufnahme in die OGBM die absolute Treue zur Kommunistischen Partei sowie Zähigkeit und Durchhaltevermögen. Die meisten Angehörigen waren Parteimitglieder, zwischen 18 und 30 Jahren alt, darunter viele Sportler und Jäger. Die Rahmeneinsatzbefehle waren unerbittlich – nichts, absolut gar nichts durfte die erfolgreiche Durchführung eines Auftrages gefährden. Soldaten, die vor Erschöpfung oder wegen ihrer Verwundungen nicht weiterkonnten, wurden sowohl während der Ausbildung als auch im Einsatz einfach sich selbst überlassen – ein Faktor, der erheblich zu den überproportionalen Verlustzahlen der OGBM beitrug.

In enger Zusammenarbeit mit den verschiedenen Partisanengruppen sickerten sie entweder nachts in kleinen Gruppen durch die vordersten Linien, oder sie wurden mit dem Fallschirm rund 15 km von ihrem Bestimmungsort entfernt abgesetzt. Die Partisanen versorgten die »Mineure« mit den nötigen Ortskenntnissen, kundigen Führern und Schutz für ihre Sprengtrupps.

Im Gegenzug schulten die »Mineure« sie in Sabotage und Bestimmen von lohnenden Zielen; außerdem füllten sie die Sprengstoffbestände der Partisanen wieder auf. Unmittelbar vor Beginn der sowjetischen Großoffensive bei Smolensk im Juli 1943, wurden 316 »Mineure«, aufgeteilt in neun Gruppen, mit Fallschirmen hinter der Kalinin-Front abgesetzt. Auf einer Gleisstrecke von zusammengerechnet 700 km brachten die Partisanen und »Mineure«, die bis zu 300 km hinter den deutschen Linien operierten, über 3500 Sprengladungen an.

Im Winter 1941/42 ließen OGBM-Trupps 567 Züge entgleisen

In der Nacht des 11. März 1943 wurde ein 23 Mann starkes Kommando der 9. OGBM unter Leutnant Iwan Pawelowitsch Kowalew mit dem Fallschirm im Raum Noworschew (Nordabschnitt) hinter den deutschen Linien abgesetzt. Nachdem sie Verbindung zur 3. Partisanen-Brigade aufgenommen hatten, machten sich die »Mineure« am 17. März an die Arbeit. Sie brachten auf sämtlichen Straßen und Schienenstrecken im Umkreis Sprengladungen mit Verzögerungszünder an oder legten Minen. Im Verlauf von sieben Monaten zerstörte diese Gruppe 1500 Meter Telefonleitungen, 8000 Meter Gleisstrecke und 17 Brücken. Diese Maßnahmen führten, direkt oder indirekt, zur Vernichtung von zwei Panzern, acht Munitionswagen, einiger Dutzend Fahrzeugen und 16 Militärzügen. Bei den nachfolgenden Feuergefechten sollen die »Mineure« und Partisanen etwa 500 deutsche Solda-

Spähtrupp während einer Übung an der Grenze zu Norwegen. Das unbemerkte Einsickern gehört zu den besonderen Fähigkeiten der *Speznas*.

Speznas oder Reguläre? In Afghanistan bildeten die Sondertruppen häufig die Vorausabteilungen der sowjetischen Verbände.

ten getötet haben. Als die Partisanen und das OGBM-Kommando im Oktober 1943 wieder zurückkehrten, bekam Kowalew den Titel »Held der Sowjetunion« verliehen.

Im Winter 1942/43 ließen die verschiedenen OGBM-Gruppen nach eigenen Angaben insgesamt 576 Züge und fünf Panzerzüge entgleisen, zerstörten ungefähr 300 Panzer und Geschütze, 650 Radfahrzeuge und Panzerspähwagen, und jagten über 300 Straßen- und Eisenbahnbrücken in die Luft; dabei wurden Tausende feindlicher Soldaten getötet oder verwundet.

Die 1. Garde-Pionierbrigade vernichtete im Juli 1943 während der Kämpfe im Kursker Bogen 140 Panzer und Selbstfahrlafetten, außerdem soll sie 2500 deutsche Soldaten getötet oder verwundet haben.

Sabotagetrupps der 13. OGBM konnten über einen Zeitraum von zwei Jahren mehr als 90 Panzer vernichten, dazu elf Geschütze, 214 Fahrzeuge, neun Züge und vier Brücken; dabei kamen über 2000 feindliche Soldaten ums Leben.

In den letzten Kriegswochen sprangen Angehörige sowjetischer Sondereinsatztruppen in der Mandschurei hinter den japanischen Linien ab, wo sie sich – in dieser letzten großen sowjetischen Offensive des Zweiten Weltkrieges – mit örtlichen Partisanengruppen vereinigten. Sie organisierten Überfälle auf rückwärtige Einrichtungen der Japaner, wodurch sie den Eindruck erweckten, daß der nächste Angriff in diesen Raum zielte. Die japanischen Befehlshaber verlegten daraufhin eiligst Verstärkungen in diesen Raum und mußten – allerdings viel zu spät – erkennen, daß die Sowjets tatsächlich an einer völlig anderen Stelle angriffen.

Aus *Maskirowka* (Kunst der Täuschung) zogen die Sowjets wichtige Lehren, die auch die heutigen *Speznas* übernahmen. Kurz nach dem Zweiten Weltkrieg löste die UdSSR alle ihre z.b.V.-Truppen auf und übertrug deren Diversionsaufgaben auf die regulären Luftlandeverbände. Doch schon in den späten 50er Jahren wurden wieder Sonderverbände aufgestellt und in die Strukturen von KGB und GRU eingebunden.

Die Flughäfen in Bagram und Kandahar erhielten Besuch von *Speznas* und Fallschirmjägern

Als die Sowjetunion 1968 – unterstützt durch mehrere sozialistische Bruderländer – den »Prager Frühling« gewaltsam beendete, spielten *Speznas*-Einheiten dabei eine bedeutende Rolle. Unmittelbar vor Beginn der Invasion verhängten die Sowjets, schon immer in der Kunst der *Maskirowka* sehr versiert, für den größten Teil ihrer Truppen in Deutschland (GSSD) eine ostentative Ausgangssperre, um dadurch ihre Absichten der Tschechoslowakei gegenüber so lange als möglich zu verschleiern. Daher schöpften die Tschechen auch keinen Verdacht, als eine außerplanmäßige Maschine der Fluggesellschaft Aeroflot noch spät abends auf dem Prager Flughafen Ruzyne landete. Eine Stunde später traf eine weitere Aeroflot-Maschine ein. Die Fluggäste gingen von Bord und verschwanden nach den Zollformalitäten in Richtung Stadtzentrum. Knappe zwei Stunden später kehrten die »Fluggäste« wieder zurück – diesmal schwer bewaffnet – und besetzten die Flughafengebäude. Beinahe im selben Moment landete auch schon ein Flugzeug, dem weitere *Speznas* entstiegen. Nun folgte eine ganze Reihe Transportmaschinen mit Soldaten der regulären 103. Garde-Luftlandedivision an Bord. Zwei Stunden nach der Landung der ersten *Speznas* konnte die Besetzung der Schlüsselpunkte in der tschechischen Hauptstadt beginnen. Bis zum Tagesanbruch hatten die sowjetischen Truppen den Präsidentenpalast, die Radio- und Fernsehanstalten, den größten Sender der Stadt, die wichtigsten Bahnhöfe sowie die Brücken über die Moldau unter ihre Kontrolle gebracht [A.d.Ü.: Das Ganze ereignete sich in der Nacht vom 20. auf den 21. August 1968].

Die Tätigkeiten der *Speznas* während des Machtwechsels in Afghanistan 1979 waren für den Erfolg der Operation von nicht minder großer Bedeutung. Zwischen dem 8. und dem 10. Dezember 1979, also knapp zwei Wochen vor dem Beginn des Einmarsches, wurde eine *Speznas*-Gruppe zusammen mit einem Fallschirmjäger-Regiment nach Bagram verlegt. Diese Stadt nördlich Kabuls diente als Sprungbrett zur Sicherung des strategisch wichtigen Tunnels am Salang-Paß. Zwischen dem 10. und dem 24. Dezember besetzte ein Bataillon Fallschirmjäger zusammen mit dem *Speznas*-Kontingent den Flughafen Kabul. Zwischen dem 24. und dem 26. Dezember trafen Einheiten der 105. Garde-Luftlandedivision zur Verstärkung ein. Auch die Flughäfen in Bagram, Shindand und Kandahar erhielten Besuch von *Speznas* und Fallschirmjägern. In der Nacht zum 27. Dezember begann der große Coup: Fallschirmjäger verhafteten die Mitglieder der afghanischen Regierung unter Präsident Amin, während *Speznas* die Hauptnachrichtenzentrale der afghanischen Armee zerstörten. Die *Speznas* brachten außerdem (das noch immer funktionierende) Innenministerium in ihre Gewalt, den Kabuler Rundfunksender und weitere Schlüsselpunkte.

Zwei *Speznas*-Kompanien griffen zur selben Zeit mit Unterstützung eines Fallschirmjäger-Regiments den Präsidentenpalast in Darulaman an. Bei dem Feuergefecht kamen Amin, seine Familie, sein Gefolge und seine Wachen ums Leben. Die Sowjets verloren 25 Tote, darunter Oberst Bajerenow vom KGB, der ins Kreuzfeuer seiner eigenen Leute geraten war. Möglicherweise waren sogar Truppen des sowjetischen Innenministeriums vor Ort, vielleicht auch »Truppen zur besonderen Verwendung«, was die Anwesenheit von Generalmajor W.S. Paputin vom MWD erklären würde, der wohl während eines fehlgeschlagenen Versuches von *Speznas*, den Palast noch vor dem Hauptangriff einzunehmen, getötet wurde.

Die ersten beiden Jahre des Afghanistan-Krieges verstrichen für die *Speznas*-Einheiten verhältnismäßig ruhig, sie wurden vorwiegend defensiv zur Sicherung größerer Einrichtungen wie Kommandozentralen eingesetzt. Berichten zufolge gab es bereits zu diesem Zeitpunkt zwei Bataillone von *Reidowiki*, die mit offensiven Patrouillen Guerillaüberfälle auf die Flugplätze von Jalalabad und Kandahar erfolgreich behinderten.

Nachschubrouten wurden überfallen oder mit Minen gespickt

1983 gingen die *Speznas*-Verbände in die Offensive. In Zusammenarbeit mit luftbeweglichen Truppen und afghanischen Milizeinheiten griffen sie abgelegene Städte und Dörfer an, die von den Mudschahedin bis dahin für sicher gehalten wurden. Während der Kämpfe am Schwarzen Berg in der Provinz Nangarhar (November 1984) wurden

die Nachschubrouten der afghanischen Widerstandskämpfer aus dem Hinterhalt überfallen oder mit Minen gespickt. Dörfer, die im Verdacht standen, den Guerillas zu helfen, wurden mit einer Politik der »verbrannten Erde«, die in ihrer Brutalität den Vergleich mit US-Methoden in Vietnam nicht zu scheuen brauchte, dem Erdboden gleichgemacht. *Speznas*-Angehörige sollen auch, als Guerillas verkleidet, Moscheen und Vorratslager niedergebrannt haben, um so die Spannungen zwischen den verfeindeten Lagern der Mudschahedin weiter zu verschärfen.

Im Frühjahr 1985 führten *Speznas*-Einheiten mehrere Operationen durch, um Guerillas aus den Tälern zu vertreiben, wobei sie eng mit den regulären Bodentruppen zusammenarbeiteten.

Während der beiden »Säuberungsaktionen« im Kunar-Tal, über die einiges an die Öffentlichkeit gelangte, überraschten Hubschrauber-gestützte *Speznas* – den vorrückenden Mot-Schützen und Panzern weit voraus – ihre unvorbereiteten Gegner im freiem Gelände. Beide Seiten erlitten schwere Verluste, doch die Sowjets nahmen den hohen Preis in Kauf, wenn nur die dauernden Überfälle auf ihre Fahrzeugkolonnen aufhörten. Es heißt, daß eine ähnliche Taktik auch für den Schutz der Kolonnen praktiziert wurde, wobei *Speznas* mit Hubschraubern vor den Fahrzeugen abgesetzt wurden, um als Vorposten zu fungieren.

Fallschirmjäger mit Panzerfaust und Sturmgewehr AK 74. Es könnte sich ebensogut um Speznas handeln.

Während die übrigen *Speznas*-Einheiten weiterhin eng mit den Bodentruppen zusammenarbeiteten, wurde den Abteilungen, die dem Stab direkt unterstanden, weitgehend freie Hand gelassen. Diese erprobten Gebirgskämpfer konnten schnell erste Erfolge melden. Ihre Aufklärungstrupps (*Raswiedschiki*) operierten von getarnten Verstecken weit oben in den Bergen aus. Ihre verschlüsselten Aufklärungs- und Überwachungsergebnisse übermittelten diese Spähtrupps häufig mit Hochgeschwindigkeits-Tastfunkgeräten direkt an die GRU, die sie dann an die Führung im Kreml weitergeben konnten. Einige Gruppen legten die Tracht der einheimischen Bauern an, da sie sich dank dieser Verkleidung vergleichsweise ungehindert über die Gebirgspässe bewegen konnten. Andere wurden viele Kilometer von ihren eigentlichen Zielen entfernt abgesetzt und marschierten nächtelang, um dann Hinterhalte zu legen oder Einsickerrouten zu beobachten. Je nach herrschender taktischer Lage wurden die Gebirgspfade vermint, für Luftangriffe markiert, oder aus dem Hinterhalt angegriffen. Bei einigen dieser Operationen wurden auch luftverlastbare *BMD-1*-Schützenpanzer eingesetzt, die Hubschrauber heranbrachten. Als die Amerikaner schließlich *Stinger*-Boden-Luft-Raketen an die Mudschahedin lieferten, machte sich dies auch für die *Speznas* bemerkbar. Doch sie spielten auch weiterhin ihr Spiel, bis sich die Sowjets 1989 endgültig aus Afghanistan zurückzogen.

Die *Brigada Osobogo Nasnatschenia*, also die »Brigade zur besonderen Verwendung«, stellte – und stellt – den größten geschlossenen *Speznas*-Verband dar. Jedem der 16 Militärbezirke, die es in der ehemaligen Sowjetunion gab, und dessen Kräfte in Kriegszeiten eine »Front« bildeten, war eine dieser Brigaden zugeteilt.

Sie unterstanden der Hauptnachrichtenverwaltung des Generalstabes (GRU). Außerdem verfügten auch die vier Flotten über je eine Marine-*Speznas*-Brigade, die der jeweiligen Nachrichtenverwaltung im Hauptquartier der Seestreitkräfte unterstand. Jede Brigade bestand in der Regel aus dem Brigadestab, einer Stabskompanie, drei oder vier Fallschirmbataillonen und weiteren Unterstützungseinheiten. Eine *Speznas*-Brigade war zwischen 1000 und 1300 Mann stark. Sie konnte entweder im Rahmen des Verbandes oder untergliedert in bis zu 135 Teileinheiten eingesetzt werden. Eine spezielle Ausbildung erhielten die Stabskompanien, wozu unter anderem Attentate sowie subversive Tätigkeiten gehörten. Im Kriegsfall wären sie voraussichtlich unmittelbar der GRU unterstellt worden. Es bestanden vielleicht sogar eigene Verbindungen zu den Sonderverbänden innerhalb des KGB. Diese Stabskompanien waren zwar zahlenmäßig

Angehöriger einer Garde-Luftlandedivision beim schaumäßigen Nahkampftraining. Die *Speznas* rekrutieren sich zum Großteil aus diesen und ähnlichen Elite-Verbänden.

nicht besonders stark, doch dafür hervorragend ausgebildet.

Unterhalb der Befehlsebene der Militärbezirke bestanden zwei weitere *Speznas*-Formationen. Jeder Krisenzone war ein *Speznas*-Regiment mit 600 bis 700 Mann unterstellt, das sich in sechs oder sieben Kompanien untergliederte. Noch bis vor wenigen Jahren wurde ein Regiment, das im nicht-sowjetischen Teil des Warschauer Paktes stationiert war, in ständiger Bereitschaft gehalten; doch zu Beginn des Umbruchs im Ostblock verlegte es nach Rußland zurück. Zu jeder sowjetischen *Armee* gehörte eine *Selbständige Kompanie*, die eine Führungsgruppe und drei Fallschirmzüge umfaßte, sowie verschiedene Versorgungs- und Fernmelde-Teileinheiten. Die exakte Stärke der Kompanien schwankte und hing mit von der übertragenen Spezialaufgabe ab. Üblicherweise bestand eine Kompanie aus neun Offizieren, elf Offiziersdiensttuern und 95 Mannschaften. Sie untergliederte sich in bis zu 15 Teile. Doch auch deren Gliederung war nicht starr festgelegt und konnte während eines Einsatzes verändert werden.

Im Verlauf der inneren Unruhen, die die Sowjetunion in ihrer Endphase erschütterten, wurde deutlich, daß auch unter den Truppen des Ministeriums des Inneren (MWD) eine neue Elite-Einheit aufgestellt worden war. Auf mehreren Fotos, die in der Zeitschrift »Nowosti« erschienen, waren durchtrainierte Angehörige des MWD abgebildet, die mit AKS-74-Sturmgewehren bewaffnet waren. Bekleidet waren diese Soldaten mit den normalen sowjetischen Tarnuniformen, doch trugen sie dazu hellrote Baretts im Stil der sowjetischen Fallschirmjäger [A.d.Ü.: deren Baretts jedoch hellblau sind]. Im Einsatz trugen diese Truppen charakteristische weiße Helme, meist mit Tarnbezug.

Diese Sondereinsatztruppe des MWD, die die Medien sowohl mit *Omon* als auch mit *Osnas* bezeichneten, war die Antiterror-Einheit der UdSSR. Möglicherweise war diese Truppe darauf eingerichtet, bei entsprechenden Vorkommnissen mit der KGB-eigenen Geiselbefreiungseinheit zusammenzuarbeiten. Alle Angehörigen der *Omon* waren/sind ehemalige Soldaten, die meisten sogar Ex-Fallschirmjäger und Afghanistan-Veteranen. Ein Artikel, der vor einigen Jahren in der Zeitschrift »*Krasnaja Swezda*« [»Roter Stern«, offizielles Blatt des Ministeriums für Verteidigung] erschien, deutete sogar an, daß die Einheit zur Dscherschinski-Division gehören könnte. Dieser Eliteverband des MWD war/ist bei Moskau stationiert. Die Ausbildung, die im Raum Moskau in einem eigenen Ausbildungszentrum durchgeführt wurde, dauerte etwa zehn Monate. Der Lehrgang begann mit waffenloser Verteidigung, Kraft- und Ausdauerübungen und ging danach zu verschiedenen Geiselbefreiungsszenarien über, bei denen auch Flugzeuge und ein »*Killing House*« im Stil des SAS verwendet wurden. Diese Sondereinsatz-Kompanie sollte nicht mit den

Afghanistan, Juni 1985. Über dem belagerten Barikot beobachten zwei *Speznas*-Soldaten Stellungen der Mudschahedin, die noch unter Beschuß liegen.

»Blaumützen« des MWD verwechselt werden. Dabei handelt es sich um reguläre MWD-Truppen, die in innersowjetische Krisengebiete geschickt wurden.

Von allen ehemaligen sowjetischen Sondereinsatzverbänden waren die *Speznas* des KGB wohl am stärksten nach außen abgeschottet. Als im Ostblock das politische Tauwetter einsetzte, wurden ihre aggressiveren Aktivitäten zwar eingeschränkt, doch weiß man, daß der KGB seine *Speznas* hauptsächlich auf strategische, gesellschaftliche, wirtschaftliche und politische Ziele im Ausland ansetzte. Der zahlenmäßig kleine Kader bestand ausschließlich aus Berufssoldaten, für die eine mehrere hundert Personen zählende Unterstützungsabteilung arbeitete, darunter auch Feldagenten. Man geht heute davon aus, daß ihre »legalen« Residenten – akkreditierte Diplomaten, die häufig als Handelsattachés auftraten – in fast allen wichtigen Botschaften saßen. Teilweise führten sie von dort aus ein Netz von »Illegalen«, bei denen es sich um Personen handelte (meist keine Sowjetbürger), die nicht durch Diplomatenstatus geschützt waren.

Die *Speznas* des KGB, die zur *Abteilung Acht* gehörten – einer Keimzelle des *Direktorats S* (Illegale) – waren nur für wenige Spezialoperationen vorgesehen. Diese wurden sorgfältig festgelegt und unterlagen der höchsten Geheimhaltungsstufe; unter anderem gehörten strategische Sabotage und Attentate dazu.

Über Aktivitäten der *Speznas* bei den Kämpfen um Grosny und in Tschetschenien standen zur Zeit der Drucklegung dieses Werkes noch keine verläßlichen Informationen zur Verfügung.

Die Ärmelabzeichen weisen sie als reguläre Mot-Schützen aus, doch für Speznas ist es nichts Ungewöhnliches, in Uniformen anderer Truppengattungen oder Armeen fremder Länder zu schlüpfen.

Im Kampf gegen das ausufernde Verbrechen. Eine Geiselbefreiungseinheit des MWD bei einer Antiterror-Übung.

Der britische SAS

Der *Special Air Service* gehört weltweit zu den am besten ausgebildeten Spezialeinheiten. Seit seiner Aufstellung 1941 konnte der SAS zahlreiche Erfolge verbuchen. In den letzten Jahren machte er mit Antiterror-Einsätzen in Europa und Kommandounternehmen am Golf von sich reden.

Der SAS entstand unter recht ungewöhnlichen Umständen. Der britische Hauptmann Stirling stellte das *Special Air Service (SAS) Regiment* 1941 in Nordafrika auf. Im Verlauf dieses Jahres war es dem Deutschen Afrikakorps gelungen, sämtliche Anfangserfolge der Briten ins Gegenteil zu verkehren und die zahlenmäßig überlegene britische Achte Armee zurück nach Ägypten zu drängen. Die Briten suchten verzweifelt nach Wegen, um dieser Entwicklung Einhalt zu gebieten. Einer davon war, die ungeschützten rückwärtigen Räume der Deutschen anzugreifen.

Der »Vater« des SAS war David Stirling, ein Offizier des schottischen Garderegiments (*Scots Guards*). Als Leutnant war er mit der sogenannten *Layforce*-Truppe in den Mittelmeerraum gelangt; einem aus fünf *Commando*-Bataillonen bestehendem Verband, der nach seinem Kommandeur, Brigadegeneral Robert Laycock, benannt worden war. Nach Einsätzen auf Kreta und in Syrien sowie mehreren handstreichartigen Überfällen entlang der nordafrikanischen Küste, die nicht besonders erfolgreich verliefen, wurde der Verband nach Ägypten verlegt, wo er im Sommer 1941 aufgelöst wurde. Ein kleinerer Verband – *Middle East Commando* – blieb weiterhin der englischen Achten Armee unterstellt, doch die meisten Männer wurden zu ihren Stammeinheiten zurückversetzt.

Leutnant Stirling versank über seine eher unerfreulichen Erfahrungen bei *Layforce*« ins Grübeln. Er stellte fest, daß bei den groß angelegten, amphibisch gestützten Überfällen auf Küsteneinrichtungen das Überraschungsmoment zu häufig verloren gegangen war. Außerdem war die Kommandotruppe zu sehr auf die dürftigen Ressourcen der *Royal Navy* angewiesen. Stirling versprach sich von kleineren Trupps, die mit dem Fallschirm hinter den feindlichen Linien landeten, mehr Erfolge. Verschiedene Trupps sollten zeitgleich verschiedene Objekte, wie Treibstofflager oder Flugplätze, angreifen, um dem Gegner größtmöglichen Schaden zuzufügen.

Durch den Wegfall von *Layforce* ergab sich für Stirling die Gelegenheit, seine Ansichten dem stellvertretenden Chef des Generalstabes, Generalmajor Neil Ritchie, persönlich zu unterbreiten. Stirling, der damals infolge eines Unfalls beim Fallschirmspringen an Krücken humpelte, umging die traditionell langsamen britischen Dienstwege, die in seinen Augen nichts weiter als »versteinerte Scheiße« waren. Er platzte in einem unbemerkten Augenblick einfach in Ritchies Dienstzimmer.

Der junge Leutnant hatte Glück. Er traf auf einen aufnahmebereiten General, denn den Engländern stand das Wasser damals bis zum

Ein *Sea King* setzt während einer Winterkampf-Übung in Norwegen eine SAS-Patrouille ab. Alle Soldaten des SAS werden so ausgebildet, daß sie in jedem Gelände eingesetzt werden können.

Halse. Außerdem hatte Premierminister Churchill General Sir Claude Auchinleck, den Oberbefehlshaber im Mittleren Osten, bereits gedrängt, eine Guerillatruppe aufzustellen, welche Generaloberst Rommel dazu zwingen sollte, Truppen und Gerät von der Front abzuziehen.

Da zur Verwirklichung seiner Idee nur wenige Männer und nicht viel Material notwendig waren, befriedigte Stirlings Memorandum sogar den englischen Abwehrdienst, der verzweifelt versuchte, den Deutschen weiszumachen, daß die Achte Armee durch eine weitere Fallschirmjägerbrigade verstärkt worden sei. Die bewußt irreführende Bezeichnung *Special Air Service* war bereits an die ursprüngliche Kadertruppe des *Parachute Regiment* (das bis zum 15. September 1941 *11th SAS Battalion* hieß) vergeben worden. Folglich wurde das »L Detachment« der SAS-Brigade, das der mittlerweile zum Hauptmann beförderte Stirling aufstellen durfte, im offiziellen Sprachgebrauch unter der Bezeichnung *No 1 Small Scale Raiding Force* geführt. Erst nachdem Stirlings Männer die Sache mit Leben erfüllt hatten, wurde im Februar 1943 aus dieser Einheit das *1st Special Air Service Regiment*.

Die erste Operation gegen deutsche Flugplätze endete im Desaster

Daß aus dem SAS nicht einfach nur eine weitere »Privatarmee« wurde [A.d.Ü.: ironische Bezeichnung für die vielen kleineren Sondereinheiten der Alliierten, die während des Krieges aufgestellt wurden], ist mit Sicherheit auch der Tatsache zu verdanken, daß sein Kommandeur es verstand, eine Anzahl erfahrener Kämpen seines alten *No 8 (Guards) Commando* für seine Ideen zu begeistern. Alte Hasen wie »Jock« Lewes, Bob Bennett, Johnny Cooper, Bob Lilley und Reg Seekings prägten die frühen Tage des SAS. Es war wahrscheinlich Eoin McGonigal, einer der ersten Angehörigen des Regiments, der David Stirling mit einem seiner berühmtesten Offiziers-»Rekruten« bekanntmachte. Es handelte sich um »Paddy« Blair Mayne, der zu jener Zeit gerade unter Arrest stand, weil er einen Vorgesetzten während eines Disputs in der Offiziersmesse k.o. geschlagen hatte.

Die beiden ersten »Einsätze« des »L Detachment« trugen unmittelbar zum Überleben der Einheit bei – beide erfolgten gegen »freundliche Ziele«. Zuerst einmal besorgte sich die junge Truppe bei einem spontanen Besuch in einem nahegelegenen Feldlager der Neuseeländer all das, was das Leben lebenswerter macht. Der zweite »Überfall« war das Ergebnis einer Wette mit einem höheren Fliegeroffizier. Er artete in einen mühseligen Marsch durch die Wüste aus, der unter ständiger Luftüberwachung stattfand. Am Ziel – einem streng bewachten RAF-Flugplatz – befestigten die ausgelaugten aber listenreichen Marschierer dann unbemerkt Aufkleber an den Flugzeugen. Die Stabsoffiziere der RAF und der Achten Armee zeigten sich beeindruckt.

Die erste Operation gegen deutsche Flugplätze westlich von Tobruk endete allerdings in einem Desaster. In

Oberstleutnant David Stirling, der Gründer des *Special Air Service*.

der Nacht zum 17. November 1941 starteten fünf Flugzeuge mit 64 SAS-Männern an Bord von einem britischen Feldflugplatz. Bald schon gerieten sie in ein orkanartiges Unwetter, bei dem zwei Maschinen verlorengingen und alle Fallschirmspringer weit verstreut abgesetzt wurden. Das hatte zur Folge, daß kein einziges Ziel angegriffen werden konnte und sich zwei Tage später gerade noch mal 22 übermüdete und hungrige Männer bei der Patrouille der *Long Range Desert Group* (LRDG) am vereinbarten Treffpunkt einfanden.

Nach einem späteren Treffen mit Hauptmann David Lloyd-Owen, dem LRDG-Patrouillenführer, erkannte Stirling, daß die LRDG eine geeignetere Möglichkeit für den Hin- und Rücktransport zu den Zielobjekten darstellte. Zwei Wochen darauf wurde diese Zusammenarbeit besiegelt. Geländewagen der LRDG transportierten SAS-Trupps in die Nähe von vier deutschen Feldflugplätzen. Stirlings Männer mußten zwar feststellen, daß nur zwei wirklich in Betrieb waren, aber sie konnten dennoch 61 Flugzeuge und einige Fahrzeuge unbrauchbar machen. Dieser Einsatz war auch insofern bemerkenswert, da »Paddy« Mayne dabei ein Feindflugzeug mit bloßen Händen zerstörte [A.d.Ü.: nicht etwa, indem er es zwischen seinen Fäusten zerdrückte, sondern indem er die Instrumententafel herausriß, nachdem ihm die Sprengmittel ausgegangen waren].

Einmal marschierte Stirling in einen LRDG-Treffpunkt ohne das Kennwort zu geben, woraufhin der Posten aus kürzester Entfernung auf ihn feuerte – zum Stirlings Glück war die Patrone ein Zündversager.

Sobald die SAS-Männer von ihren Kameraden der LRDG die Kunst der Orientierung in der Wüste erlernt hatten, unternahmen sie eigene Jeep-Patrouillen. Bis Januar 1943 hatte der SAS über 250 Feindflugzeuge zerstört, dazu unzählige Fahrzeuge aus dem Hnterhalt. Der Haupterfolg für die Engländer bestand vielleicht darin, daß Rommel der kämpfenden Truppe viele Soldaten für Sicherungsaufgaben entziehen mußte.

Im Januar 1943 stießen auch Angehörige des französischen SAS zum 1. SAS-Regiment. In Algerien stellte Oberstleutnant William (Bill) Stirling (ein Bruder Davids) aus dem 62. Commando-Bataillon das 2. SAS-Regiment auf. Noch im Januar führte David Stirling persönlich ein Kommando nach Westen, um eine Verbindung zwischen der amerikanischen Ersten und der britischen Achten Armee herzustellen. Außerdem wollte er Fühlung mit dem 2. SAS-Regiment seines Bruders aufnehmen, das in Bir Soltane lag. Das Verbindungs-Kommando nahm eine riskante Abkürzung durch die Gabes-Schlucht – und wurde prompt von einem deutschen Abwehrtrupp geschnappt. David Stirling geriet in Gefangenschaft.

Andachtsstunde in der italienischen Stadt Cuneo, Mai 1945. Im Vordergrund stehen Männer des 2. SAS, die örtliche Partisanengruppen unterstützten.

Als der Krieg in Nordafrika zu Ende ging, hatte der SAS sowohl seinen Führer als auch seine besondere Aufgabe verloren.

Er verdankte sein Überleben nur der Fähigkeit, sich rasch auf die veränderten Bedingungen im Mittelmeerraum umzustellen. »Paddy« Mayne nahm 250 Offiziere und Mannschaften des 1. SAS mit nach Palästina. Sie bildeten nun die *Special Raiding Squadron* (SRS), die zunächst auf dem Balkan kämpfen sollte. Stattdessen kam sie in Italien bei Kommandounternehmen und in infanteristischer Verwendung zum Einsatz. Für amphibische Unternehmen gegen die Inseln des Dodekanes wurde aus weiteren knapp 250 Mann die *Special Boat Squadron* (SBS) aufgestellt. In der Zwischenzeit warb das *2nd Special Air Service Regiment* weiter neue Rekruten an; 1943 nahm es an den Landungen in Sizilien und Italien teil, die es mit Kommandoeinsätzen oder durch Überfälle im Hinterland des Gegners unterstützte. Außerdem führte es in Norditalien Sabotageunternehmen durch.

Die alliierte Invasion in der Normandie im Juni 1944 führte die verschiedenen Teile des *Special Air Service* zusammen. Zum SAS stießen wieder die beiden französischen Fallschirmjägerbataillone (aus denen später das 3. und das 4. SAS-Regiment wurden), die belgische selbständige Fallschirmjäger-Kompanie (der spätere 5. SAS) und die »F« Kompanie des Aufklärungs-Regiments des Oberkommandos (»*Phantom*«), die allesamt der *1st Airborne Division* unterstellt wurden.

Einige der anfänglichen Vorstellungen, wie die unterstützende Funktion des SAS während der Invasion aus-

Eine *Valetta* wirft Nachschub für eine SAS-Patrouille ab. Versorgung aus der Luft war lebenswichtig für Trupps, die wochenlang im Dschungel Malayas operieren mußten.

zusehen hätte, waren dermaßen riskant, daß Bill Stirling aus Protest darüber seinen Abschied nahm. Als Beispiel hierfür seien die »Titanic«-Operationen (»Titanic I – IV«) genannt, bei denen die Männer am Vorabend des 6. Juni südlich von Carentan absprangen. Sie sollten den deutschen Befehlstellen die Landung einer kompletten Luftlandedivision vorspiegeln, damit diese dann Truppen und Gerät von den tatsächlichen, weiter nördlich liegenden Absprungräumen der Amerikaner abzögen. Zusammen mit den SAS-Trupps wurden auch Fallschirmjäger-Attrappen abgeworfen, die bei der Landung Gewehr- und Maschinengewehrfeuer simulierten; sowie kleine Bomben, die Leuchtraketen abfeuerten – das alles sollte den Eindruck einer großangelegten Landung erwecken. Doch die deutschen Soldaten machten den Trupps das Leben schwer: vor lauter Flucht- und Ausweichmanövern fanden diese kaum Gelegenheit, ihre eigentlichen Aufgaben zu erfüllen – wovor bereits im Vorfeld gewarnt worden war.

Malaya, 1954. Angehörige des 22. SAS überprüfen ihre Sprungausrüstung, bevor sie an Bord der *Valetta* gehen.

Am Absprungplatz erwarteten sie bereits deutsche Soldaten

Auf Druck des SAS hin wurden die folgenden 41 Operationen in Frankreich und Belgien realistischer angelegt. Die meisten Trupps wurden weit hinter den Brückenköpfen in der Normandie abgesetzt. Sie sollten vor allem Verbindungswege stören, damit die Wehrmacht Truppen von der Front abziehen mußte. Der SAS operierte im Umkreis von 80 km rund um seine jeweiligen Einsatzbasen, wobei er Eisenbahnlinien zerstörte und mit gepanzerten Jeeps Nachschubkolonnen angriff. Die *Maquisards* – französische Partisanen – erwiesen sich als begeisterte, wenn auch unerfahrene Kämpfer. Häufig waren ihre Sicherheitsvorkehrungen mehr als mangelhaft und es gab auch einige Informanten der deutschen Abwehr in ihren Reihen. So sprang etwa in den frühen Morgenstunden des 5. Juli 1944 eine Gruppe von zwölf SAS-Männern in der Nähe von Paris ab; doch rund um den Absprungplatz warteten bereits deutsche Soldaten und Beamte der Gestapo auf sie – die meisten Briten gerieten in Gefangenschaft. Beim Abtransport nahmen sie eine Gelegenheit zur Flucht wahr. Allerdings überlebten nur drei, die sich dann bis zu den eigenen Linien durchschlugen.

Als SAS-Männer in der Gegend der Hauptlagers der Operation »Loyton« landeten, eröffnete ein französischer Mitarbeiter der deutschen Abwehr, der zum »Empfangskomitee« gehört hatte, mit seiner Maschinenpistole das Feuer. Das daraus resultierende, völlig chaotische Feuergefecht endete erst, nachdem der Mann erschossen worden war. Fürderhin zog es der SAS vor, auf eigene Faust zu operieren, wenn er auch ab und an noch mit dem *Maquis* zusammenarbeitete, wenn die Umstände vor Ort dies erforderten. Größtenteils oblag jedoch die Ausbildung und Organisation der französischen Partisanen anderen Sondereinheiten, etwa den interalliierten *Jedburgh-Teams*.

Einheiten des SAS fügten den Deutschen empfindliche Verluste zu. Allein die 153 Mann starke »Houndsworth«-Einheit unter Oberstleutnant Mayne und Major Bill Fraser führte in ihrer Erfolgsbilanz 70 zerstörte Fahrzeuge, 200 getötete oder verwundete Soldaten sowie sechs entgleiste Züge auf. Es war typisch für »Paddy« Maynes Art, daß er bei seinem Einsatz ein aufziehbares Grammophon mitsamt seinen Lieblingsplatten mitführte und während der ganzen Zeit in Frankreich in voller Uniform in einem Zivilfahrzeug herumkutschierte.

Als Mayne am 1. September 1944 mit zwei weiteren Offizieren des SAS auf dem Weg zur Basis von »Kipling« war, trafen sie zufällig auf einen Hinterhalt des *Maquis*. Als dann die deutsche Kolonne auftauchte, angeführt von einem Panzerspähwagen, hauten die Partisanen einfach ab und überließen es den drei SAS-Männern, die Kolonne mit einem Bren- und einem Vickers-MG zu »bearbeiten«. Leutnant Goddard fiel nach kurzer Zeit hinter seinem Vickers. Mayne packte die Wut. Er stürmte auf eine Anhöhe, schoß wie wild mit seinem MG und warf im Zorn alle verfügbaren Handgranaten auf die Angehörigen der Kolonne, die hinter den Hecken Deckung gesucht hatten. Nur mit größter Mühe gelang es Major Marsh, Mayne zum Verlassen des Platzes zu bewegen – nur um kurz darauf feststellen zu müssen, daß ihr Fahrzeug verschwunden war. Die beiden schlugen sich in die Büsche, requirierten unterwegs ein Zivilauto und setzten sich ab. »Paddy« Mayne bezeichnete diese Episode später als »nichts weiter als eine Balgerei«.

Am 22. August fuhren Hauptmann Derrick Harrison und einige Angehörige der »Kipling«-Gruppe in ihren Jeeps auf den Marktplatz von Les Ormes, wo sie einem Exekutionskommando des SD in die Quere kamen [A.d.Ü.: dieses wollte 20 Dorfbewohner als Vergeltungsmaßnahme für SAS-Aktionen erschießen]. Bei dem anschließenden blutigen Gefecht wurden über 60 Deutsche getötet oder verwundet und bis auf zwei konnten alle verurteilten Männer entkommen. Acht Tage später griffen Roy Farran und seine »Wallace«-Gruppe ein Schloß in der Gegend um Chatillon an, in dem rund 150 deutsche Soldaten untergebracht waren. Die Verstärkung, die den bedrängten Schloßbewohnern zu Hilfe kommen wollte, geriet in einen Hinterhalt. Der SAS zerstörte nach eigenen Angaben neun LKWs, vier PKWs und ein Motorrad; außerdem vermeldete er rund 100 getötete deutsche Soldaten.

Nach der Befreiung Frankreichs verlegte Major Farran mit der 3. Kompanie des 2. SAS nach Italien, um dort die Partisanentätigkeiten im Toskana-Apennin abzustimmen. Obwohl Farran den Befehl erhalten hatte, seine Einheit keinesfalls in den Einsatz zu begleiten, fiel er beim Absetzen seiner Männer »versehentlich« aus der *Dakota*.

Die übrigen Teile des SAS fuhren zur selben Zeit mit ihren Jeeps Aufklärung für die nach Deutschland vorrückenden britischen und kanadischen Armeen durch. Einer der letzten Aufträge bestand in der Festnahme gesuchter Gestapo- und SS-Führer. Nachdem der SAS aufge-

Oman, 1959: SAS-Männer bei einem »Schwätzchen« mit Einheimischen. Auf Sprachkenntnisse legt der SAS seit jeher großen Wert.

In der Nähe des Dschebel Akhdar. Eine *Beverley* wirft Nachschub für die »D« Kompanie ab.

löst worden war, suchte eine kleine Zahl ehemaliger Angehöriger weiterhin in halboffiziellem Auftrag nach Deutschen, die für Hinrichtungen von SAS-Leuten in Frankreich verantwortlich gemacht wurden.

Von den Iban lernte der SAS das Spurenlesen im Dschungel

Es bedurfte erst eines Guerillakrieges in Fernost, um den *Special Air Service* wiederauferstehen zu lassen. 1948 begann es in Malaya zu brodeln. Marxistisch orientierte Guerillas, die bis 1945 unter Führung britischer Berater in der sogenannten *Force 136* gegen die Japaner gekämpft hatten, wandten sich nun gegen die britischen Kolonialherrn. Die diskriminierte chinesischstämmige Landbevölkerung, die die Aufständischen mit Vorräten und Rekruten versorgte, siedelten die Engländer kurzerhand in überwachte Dörfer (*Kampongs*) um. Die Guerillas bauten in abgelegenen Dschungellagern nun ihre eigene Nahrung an und verstärkten die Kontakte zu den Eingeborenenstämmen Nord-Malayas. Ein britischer Stabsoffizier, der eine unmittelbare und direkte militärische Antwort auf die Entwicklung finden sollte, kam zu dem Ergebnis, daß keine geeignete Einheit vorhanden war, die mit Aussicht auf Erfolg im Hinterland der Guerillas operieren konnte. Bei dem Denker handelte es sich um »Mad Mike« Calvert, einem in Sondereinsätzen erfahrenen Offizier, der bereits mit den *Chindits* in Burma gekämpft und später die SAS-Brigade in Europa befehligt hatte.

Calvert stellte seine eigene Einheit auf: die *Malayan Scouts*. Die »A« Kompanie rekrutierte sich aus vor Ort geworbenen Soldaten britischer Truppenteile. Die »B« Kompanie stellten Angehörige des 21. SAS der britischen Territorialarmee; die »C« Kompanie rekrutierte sich aus rhodesischen Freiwilligen. Der britische Anteil der *Scouts* wurde allmählich vergrößert und 1952 in *22nd Special Air Service Regiment* umbenannt. 1956 kehrten die Rhodesier nach Afrika zurück; eine neuseeländische SAS-Kompanie nahm ihren Platz ein.

In Malaya wurde der SAS teilweise auch bei herkömmlichen Operationen eingesetzt, etwa der Operation »Hive« in den Bergen Negri Sembilans oder den Operationen »Termite« und »Sword«. Bei diesen Operationen, die den Guerillas in ihren »sicheren Gebieten« das Leben so schwer wie möglich machen sollten, wurde der SAS im Verband normaler Infanterieeinheiten eingesetzt. Ein Problem dieser großangelegten Operationen war der oft chaotische Einsatz der Feuerkraft im dichten Bewuchs, wobei es immer wieder vorkam, daß auch eigene Leute getroffen wurden.

Der SAS entwickelte andere Taktiken. Er stellte Fernaufklärungstrupps auf, die mit Fallschirmen über dem Dschungel absprangen und in die von den Guerillas kontrollierten Gebiete einsickerten. Allmählich konnten sie sich dann anhand von stark begangenen Trampelpfaden, versteckt angelegten Reisfeldern, Waffenlagern und Lagerplätzen ein Bild von den gegnerischen Aktivitäten machen. Diese Informationen wurden in Hinterhalte sowie sogenannte »Search and Destroy«-Operationen umgesetzt. Die Vier-Mann-Patrouillen des SAS spürten so Guerillaführer in ihren Verstecken auf, um sie entweder auszuschalten oder gefangenzunehmen.

Der SAS profitierte von den natürlichen Fähigkeiten einheimischer Hilfswilliger. Von den Iban in Borneo lernten die SAS-Männer das Spurenlesen im Dschungel, während sie sich von »umgedrehten« Ex-Guerillas zu den Waffenlagern und Verstecken der Partisanen führen ließen. Wurde eines der Waffenverstecke entdeckt, konnten an diversen Ausrüstungsgegenständen – etwa Funkgeräten – Zielsucheinrichtungen angebracht werden, die die Patrouillen dann direkt zu den Guerillas führten.

Ein noch wesentlich wirksamerer Ansatz bestand darin, die eingeborenen Stämme zu gewinnen und sie davon zu überzeugen, in die von den Briten angelegten befestigten Dörfer überzusiedeln. Sobald die Stämme in den befestigten Lagern lebten, wurden sie dazu angehalten, Milizen aufzustellen, wodurch die Unterstützung der Guerillas noch weiter zurückging. Der Krieg in Malaya endete offiziell 1960, nachdem die noch verbliebenen Aufständischen über die Nordgrenze nach Thailand entwichen waren.

Malaya wurde zum Leitbild späterer SAS-Operationen

Malaya wurde zum Leitbild späterer SAS-Operationen, vor allem in Borneo. Dort geriet Indonesien, das seinen

Rast im Dschungel. Vier-Mann-Patrouillen des SAS operierten manchmal wochenlang in den Urwäldern Borneos, um Informationen über die Rebellen zu gewinnen.

unmittelbaren Nachbarn kontrollieren wollte, mit Großbritannien aneinander.

Doch dieses Mal waren die Aufrührer keine Guerillas, sondern reguläre indonesische Truppen, oftmals sogar Fallschirmjäger und Marineinfanteristen [A.d.Ü.: im ersten Jahr waren es vor allem die von Indonesien unterstützten Guerillas, mit denen sich der SAS auseinandersetzen mußte; erst im Dezember 1963 trat die indonesische Armee verstärkt in Erscheinung]. Immer wieder überschritten größere Rebellengruppen die 1200-km-Grenze, die größtenteils durch dichtbewachsenes Bergland führte, um Sabotageaufträge auszuführen oder Stämme zum Aufruhr anzustacheln.

Der SAS kam im Januar 1963 nach Borneo. Zunächst bestand seine Hauptaufgabe darin, Lücken in der Informationsbeschaffung zu schließen. Da viele indonesische Guerillatrupps den besiedelten Küstenstreifen zu erreichen versuchten, hofften die Briten, sie bereits auf dem Weg dorthin abfangen zu können. Der SAS richtete entlang der Grenze Beobachtungsstände ein, die zwei oder vier Mann besetzten, um Grenzüberschreitungen sofort melden zu können. Durch die Mithilfe der Dschungelstämme, die durch das »Herzen und Seelen«-Programm gewonnen werden konnten, wie auch durch den Einsatz der *Border Scouts* und anderer einheimischer Hilfstruppen war es möglich, dieses Überwachungsnetz noch dichter zu knüpfen. Verstärkt durch die SAS-Kontingente aus Australien und Neuseeland, die sich als große Hilfe erwiesen, unternahm das *22nd Special Air Service Regiment* mehrere streng geheime »Claret«-Operationen. Jagdkommandos verfolgten den Gegner bis nach Kalimantan (Indonesisch-Borneo) hinein, um seine dortigen Stützpunkte ausfindig zu machen und anschließend anzugreifen. Die Tätigkeiten des SAS trugen erheblich zum militärischen Erfolg in Borneo bei. Als die Indonesier ihre Verluste mit den Erfolgen verglichen, kamen sie zu dem Schluß, daß weitere Operationen nicht lohnten. Die Bilanz der *Commonwealth*-Truppen führte über 2000 getötete Indonesier bei 115 eigenen Gefallenen und etwa doppelt so vielen Verwundeten an. In der – im wesentlichen defensiv geführten – Auseinandersetzung hatte der 22. SAS in seinen neun turnusmäßigen Aufenthalten nur drei Tote und zwei Verwundete zu beklagen.

Ein im Süd-Jemen gelegenes Lager der Guerillas wurde angegriffen und zerstört

Anfang der 70er Jahre kehrte der 22. SAS nach Oman zurück. Er konnte auf beachtliche Erfolge zurückblicken.

1959 hatte er beispielsweise das von Rebellen gehaltene Gebirgsplateau des Dschebel Akhdar erstürmt und so das Regime des Sultans von Oman, Said bin Taimur, gerettet. Nun sah sich das Sultanat einem Aufstand großen Ausmaßes gegenüber. Die PFLOAG (*People's Front for the Liberation of the Occupied Arabian Gulf*, Volksfront für die Befreiung des besetzten Arabischen Golfes) brachte die Monarchie schwer ins Wanken, zumal sie – wie gehabt – vom benachbarten Süd-Jemen unterstützt wurde. Natürlich ging es auch diesmal wieder um fossile Brennstoffe: der Westen sah seine Ölzufuhr durch den Persischen Golf massiv bedroht.

Der SAS wurde in einzelne BATTs (*British Army Training Teams*, also Ausbildungsteams der britischen Armee) unterteilt, die aus Einheimischen und rehabilitierten Guerillas irreguläre Milizen aufstellten – die sogenannten *Firquats*.

Die 15 000 Mann umfassenden Streitkräfte des Sultans wurden 1974 durch 21 *Firquat*-Einheiten mit insgesamt 1600 Irregulären verstärkt, die von 50–100 SAS-Soldaten geführt wurden. Gegenden, die von konventionellen Truppen eingenommen worden waren, wurden mit einem intensiven »Herzen und Seelen«-Programm der sogenannten *Civil Action Teams* (Zivile Hilfsgruppen) überzogen, die sich um die medizinische Versorgung, Brunnen, Moscheen, Schulen und Märkte kümmerten. Diese Gebiete wurden nie wieder aufgegeben, waren sie erst einmal gewonnen. In Gefechten (wie dem in Mirbat, wo eine Handvoll SAS-Männer 250 Guerillas zurückschlug) und in den Auseinandersetzungen um die eng vernetzten Kalksteinhöhlen an der Grenze zum Süd-Jemen, mußten die *Adoo*-Guerillas empfindliche Verluste hinnehmen. Sobald sie sich zurückzogen, um neue Stützpunkte zu errichten, wurden sie von *Firquat*-Einheiten verfolgt, die von SAS- oder Kontrakt-Offizieren geführt wurden.

Es gab für die Guerillas bald keinen Ort mehr, an dem sie sich sicher fühlen konnten. In mindestens einem Fall wurde sogar ein Lager der Guerillas im Süd-Jemen angegriffen. Der erfolgreiche Feldzug im Oman, bei dem die psychologische Kriegführung und zivile Entwicklungsprogramme eine gleichwertige Rolle spielten wie das Soldatenhandwerk, kostete den SAS nur zwölf Soldaten.

Zwischen 1968 und 1974, also zu der Zeit, als der internationale Terrorismus stark anstieg und auch die Situation in Nordirland sich stetig verschlechterte, bekam der 22. SAS noch eine weitere Aufgabe übertragen – die einer Antiterror-Einheit. In Hereford wurde die *Counter Revolutionary Warfare Wing* aufgestellt, die Antiterror-Staffel des Regiments. Sie vermittelte den Männern das Können, das sie für ihre neue Aufgabe brauchten. Die Spezialeinsatzteams erhalten dort auch heute noch eine gründliche Ausbildung in den verschiedenen Geiselbefreiungstechniken.

Die Verlegung des SAS nach Nordirland wurde 1976 erstmals offiziell bekanntgegeben, nachdem die Gewaltspirale in der britischen Provinz nach mehreren furchtbaren Terrorakten (1975 waren dabei 247 Menschen gestorben) einen neuen Höhepunkt erreicht hatte. Eine Gegend, die besonderes Augenmerk auf sich zog, war Süd-

5. Mai 1980: Der »Pagoda«-Einsatzzug stürmt die iranische Botschaft. Dieser SAS-Mann schleudert eben einen Wurfkörper durch ein Fenster. Er hängt fest, da sich sein Seil verhedderte.

Armagh, das Kernland der *Provisional Irish Republican Army*, der provisorischen IRA (PIRA), das die Briten bald nur noch »Banditen-Land« nannten. Die Hauptaufgabe des SAS in Nordirland bestand, ebenso wie heute, in der Nachrichtenbeschaffung und der Aufklärung. Die Fertigkeiten des Regiments im Bereich der verdeckten Operationen waren sehr hilfreich dabei, die Informationen über die Bewegungen der »Terroristen«, ihre Unterschlupfe und Waffenverstecke in schwere Schläge gegen die IRA umzuwandeln. Zwei führende Mitglieder der PIRA, Séan McKinna und Peter J. Cleary, konnten bereits wenige Monate nach den ersten SAS-Operationen gefaßt werden [A.d.Ü.: beide wurden allerdings nicht im britischen Hoheitsbereich gefaßt, sondern aus der Republik Irland entführt; Cleary wurde vom SAS erschossen, kaum daß er über der Grenze war]. Bald schon war das Regiment bei der PIRA gehaßt und gefürchtet.

Die spezifischen Komplikationen und Beschränkungen, die bei allen Operationen in Nordirland beachtet werden müssen, wurden im Mai 1976 besonders deutlich, als zwei Trupps des SAS, die aus Versehen die Grenze überquert hatten, von der Polizei der Republik Irland verhaftet wurden. Aber auch die Überwachungsoperationen des SAS verliefen nicht immer ganz so wie geplant. Im

Juli 1978 führte eine schwere Panne beim Informationsaustausch zwischen der britischen Armee und der nordirischen Polizei *Royal Ulster Constabulary* (RUC) dazu, daß ein SAS-Überwachungsteam versehentlich den 16jährigen Schüler John Boyle erschoß.

Wesentlich bedrohlicher war die Tatsache, daß die Vorgehensweisen und Methoden des SAS anscheinend auch der Führung der PIRA nicht völlig unbekannt waren. Wie Matt Dillon in seinem Buch *Dirty War* schreibt, gelang es den Sicherheitskräften, eine Waffe der IRA, die bereits bei mehreren Anschlägen eine Rolle gespielt hatte, mit einer Wanze zu präparieren und so deren Spur bis zu einer Wohnsiedlung in dem Dorf Carness zurückzuverfolgen. Am 19. Februar 1984 observierte ein zwei Mann starker SAS-Überwachungstrupp unter Sergeant Paul Oram das Waffendepot, wobei in einiger Entfernung ein weiterer SAS-Trupp, auf mehrere Autos verteilt, zu ihrer Unterstützung bereitstand. Allerdings war die markierte Waffe von einem Doppelagenten plaziert worden, den die PIRA bereits entlarvt, verhört und hingerichtet hatte. Da die PIRA-Führung eine Falle vermutete, bekam das Nord-Antrimer-Bataillon den Befehl, zwei Leute mit der Einrichtung eines Gegen-Überwachungspostens zu beauftragen, um so den des SAS zu finden und auszuschalten. Am 21. Februar hatten Henry Hogan und Declan Martin dann das Versteck des SAS entdeckt. Als sie nach weiteren Anweisungen fragten, wurde ihnen befohlen, die Soldaten noch in der selben Nacht gefangenzunehmen. Die SAS-Männer wurden von hinten überrascht. Als sie sich umdrehten und ihre Waffen zogen wurde Oram erschossen und sein Kamerad verwundet. Dann begingen die beiden PIRA-Angehörigen allerdings einen Fehler, der sie das Leben kosten sollte. Da sie sich zur Flucht wandten, ohne sich vorher zu vergewissern, daß beide SAS-Männer wirklich tot waren, konnte der verwundete Soldat dem SAS-Stoppteam eine Funkmeldung durchgeben – die beiden Iren wurden abgefangen und getötet.

Ein Spezialeinsatzzug beendete das Geiseldrama in der Botschaft

Zu den sorgsam geplanten Operationen des SAS gehörten auch jene, mit denen Anschläge der PIRA in Loughall (Mai 1987), Omagh (August 1988) und Gibraltar (März 1988) vereitelt wurden.

Obwohl die PIRA ihren Terror auch nach England ausweitete, war es eine andere Organisation, die das Regiment ins Rampenlicht der internationalen Medien rückte. Am Montag, den 5. Mai 1980, beendete ein Spezialeinsatzzug das Geiseldrama in der iranischen Botschaft London, das Angehörige der »Demokratisch-revolutionären Bewegung für die Befreiung Arabistans« verursacht hatten.

Falkland-Inseln, Juni 1982. Hubschrauber nehmen Angehörige der »D« Kompanie auf, um sie hinter die feindlichen Linien zu fliegen.

Bei dem Hinterhalt in Loughall 1987 starben acht Angehörige der IRA. Der SAS verwandelte ihr Fahrzeug in ein Sieb.

Vor laufenden Kameras seilten sich schwarz gekleidete SAS-Männer an den Außenwänden der Botschaft ab und stürmten unter Einsatz von Wurfkörpern und Maschinenpistolen das Gebäude. Die meisten Fernsehzuschauer erfuhren hier erstmals von einer Organisation namens *Special Air Service*. Und seither kam der SAS nicht mehr aus dem Scheinwerferlicht der Medien heraus.

Der Sprachenspezialist ist auch im Umgang mit Sprengmitteln beschlagen

Als im April 1982 der Falkland-Krieg entbrannte, bekam der SAS wieder Gelegenheit, sich seinen speziellen militärischen Aufgaben zu widmen: Der verdeckten Nachrichtenbeschaffung und der Durchführung von Handstreichunternehmen. Diese Arbeiten teilte er sich mit der *Special Boat Squadron* (SBS) der Marine. Hinter den Linien der Argentinier verbrachten Fernspähtrupps viele Tage damit, aus ihren Verstecken heraus feindlichen Kräfte zu lokalisieren, zu identifizieren und ihre Stärke festzustellen. Diese Informationen trugen entscheidend zum Sieg der Engländer bei. Die spektakulärste Aktion des SAS war wohl der Überfall auf Pebble Island am 15. Mai, bei dem Angehörige der »D« Kompanie in einer klassischen Nachtoperation elf feindliche Flugzeuge zerstörten.

Im Golfkrieg 1991 sickerten SAS-Trupps in den Irak und nach Kuwait ein, um für die alliierten Interventionstruppen Informationen zu beschaffen und bestimmte Punktziele anzugreifen. Zu ihren Aufgaben gehörte unter anderem, strategische und taktische Ziele wie Befehls- und Nachrichtenzentralen oder Abschußrampen der *Scud* Boden-Boden-Raketen ausfindig zu machen, und anschließend den alliierten Bombern anhand tragbarer Laserleitsysteme den Weg zu weisen. Der Leitstrahl wurde vom Zielobjekt weg in den Himmel reflektiert, wodurch ein »Tunnel« für lasergesteuerte Bomben in Richtung Ziel entstand.

Andere Unternehmen umfaßten die Rettung und Evakuierung abgeschossener alliierter Flugzeugbesatzungen.

Derzeit untersteht der SAS, wie der *Special Boat Service* (früher *Squadron*) der *Royal Marines* auch, der *UK Special Forces Group*. Zwei der drei SAS-Regimenter – nämlich der 21. und der 23. SAS – gehören zur Territorialarmee. Der *22nd Special Air Service*, der aktive Verband, liegt in den Stirling-Lines-Kasernen in Hereford. Er gliedert sich in vier »Sabre« Squadrons (Kampfkompanien) »A«, »B«, »D« und »G«, und eine Kompanie z.b.V. der Heeresführung, der »R« Squadron. Jede Kompanie ist in vier Einsatzzüge unterteilt: einen Gebirgs-Zug, einen amphibischen Zug, einen mobiler Zug und einen Luftlande-Zug, die jeweils auf andere Infiltrationsmethoden oder Aufgabenbereiche spezialisiert sind. Jeder Zug besteht aus vier Vier-Mann-Patrouillen, von denen jede einen Spezialisten für das Fernmeldewesen, für Sprachen, für Erste Hilfe und für das Sprengwesen aufweist. Alle Männer sind »fachübergreifend« ausgebildet und beherrschen mehr als ein Spezialgebiet, so daß etwa der Sprachenspezialist auch im Umgang mit Sprengmitteln

beschlagen sein kann. Alle erhalten darüberhinaus eine umfassende Ausbildung in sämtlichen Bereichen der Fernaufklärung.

Außerdem gehören zum Regiment noch eine Stabskompanie, eine eigene Planungs- und nachrichtendienstliche Abteilung (genannt der »Kreml«), die Antiterror-Staffel, die Sprengstaffel, die Ausbildungsstaffel, sowie Unterstützungselemente von anderen Waffengattungen der britischen Armee: Fernmeldewesen (*264 Signal Squadron*), Transport (*Royal Corps of Transport*) und ein Sondereinsatzschwarm des *Army Air Corps*.

Diese Scharfschützen sind ein gutes Beispiel für die Bedeutung, die der SAS dem Tarnen und Täuschen beimißt.

Die Green Berets

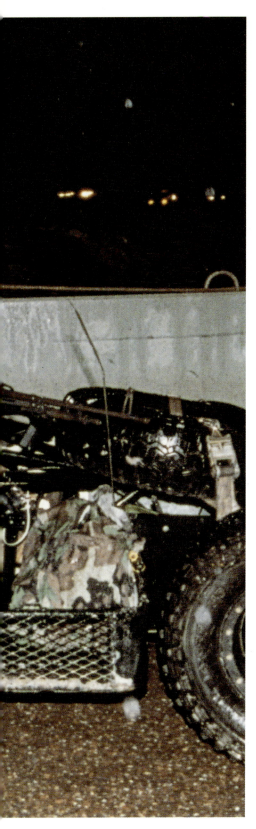

Seit ihrer Aufstellung Anfang der 50er Jahre haben sich die amerikanischen *Green Berets* zu Experten in der unkonventionellen Kriegführung entwickelt. In den Reisfeldern Südostasiens und den Dschungeln Mittelamerikas konnten sie ihr Können unter Beweis stellen.

Die *US Army Special Forces* (»*Green Berets*«) wurden aufgestellt, um der *US Army* ein Instrument für die unkonventionelle Kriegführung in die Hand zu geben. Diese wußte zunächst jedoch absolut nichts damit anzufangen.

Die besondere Art der Kriegsführung, für die sie gedacht waren, schlug sich in den Doktrin der *Green Berets* nieder: »...die Organisation von Widerstandsbewegungen und die Steuerung ihrer diversen Zellen, die Führung eines Partisanenkrieges, Spionage, Sabotage, Subversion, sowie Aktivitäten zur Bergung und Rettung von US-Personal...«. Von den Kommando-Einheiten des Zweiten Weltkrieges unterschieden sich die *Green Berets* also gründlich. Obwohl sie die Traditionen der *Rangers* und der amerikanisch-kanadischen *1st Special Service Force* übernahmen, war ihr eigentlicher Vorläufer das *Office of Strategic Services* (OSS).

Dieses »Büro für Strategische Dienste« wurde während des Zweiten Weltkrieges ins Leben gerufen und sollte gemeinsam mit der britischen SOE (*Special Operations Executive*) Partisanenverbände organisieren sowie Sabotageakte im feindlichen Hinterland durchführen.

Außerdem wurde die Organisation mit dem Sammeln von Informationen beauftragt – wofür bei den Briten der militärische Nachrichtendienst verantwortlich war – so daß sie die unterschiedlichen Aufgaben der britischen SOE und des MI6 in sich vereinigte. Nach Kriegsende wurde das OSS aufgelöst. Seine Nachfolgerin, die CIA (*Central Intelligence Agency*), beschränkte sich vorwiegend auf die Beschaffung von Nachrichten und Informationen. Die *US Army* hatte aus verschiedenen Gründen mit Eliten absolut nichts am Hut, und schon gar nicht mit Leuten, die augenscheinlich nichts weiter als bessere Spione waren. Das Heer wollte Soldaten, die »wie es sich gehörte« als Kampftruppen ins Feld zogen.

In Präsident John F. Kennedy fanden die jungen *Special Forces* einen mächtigen Verbündeten

Während des Korea-Krieges (1950 – 53) gab es keinerlei einheitliche Doktrin oder Strategien für den Einsatz von Spezialeinheiten. Zwar wurden Partisanenverbände aufgestellt, die hinter den kommunistischen Linien einen Guerillakrieg führen sollten. Eine Gelegenheit wahrzunehmen, die noch wesentlich mehr Möglichkeiten geboten hätte, wurde jedoch versäumt. Im Reisgürtel Nordkoreas war bereits seit längerem eine einheimische, anti-kommunistische Widerstandsbewegung tätig.

»Leg bloß den Foto weg...!« In Kuwait-Stadt ertappte ein Reporter diese *Special-Forces*-Soldaten in ihrem *Fast Attack Vehicle*, das mit einem Maschinengranatwerfer, Panzerabwehr-Lenkraketen sowie einem MG bestückt wurde.

Green Berets als Berater in einem vietnamesischen Wehrdorf. In Südostasien kamen die 1., 5. und 7. SFG zum Einsatz.

Sie hätte der Motor eines großangelegten und sorgfältig abgestimmten Aufstandes werden können, wenn die Amerikaner nur ein klein wenig Weitblick besessen hätten.

Freilich gab es auch Ausnahmen: Brigadegeneral Robert McClure und drei ehemalige OSS-Angehörige, die nun für die SOS (*Special Operations Section*, Abteilung für Sondereinsätze) tätig waren, bearbeiteten das Pentagon solange, bis sie die Genehmigung zur Aufstellung einer kleinen Einheit für unkonventionelle Kriegführung erhielten. Am 20. Juni 1952 riefen sie die *10th Special Forces Group (Airborne)* (SFGA) ins Leben. Ihr Einsatzgebiet hieß allerdings Mitteleuropa, wo die US-Führung den großen Zusammenstoß zwischen Ost und West erwartete. Die neue Einheit war in Fort Bragg stationiert, einem Ausbildungszentrum in Nordcarolina, aus dem sich schließlich die *Special Warfare School* entwickelte.

Im Verlauf der 60er Jahre wurde immer deutlicher, daß sogenannte Stellvertreterkriege in Afrika und Asien an die Stelle einer großen Ost-West-Auseinandersetzung traten. Von Indochina bis Kuba wurden von den Kolonialmächten eingesetzte oder westlich-orientierte Regierungen durch unterschiedliche revolutionäre/nationalistische Befreiungsbewegungen gestürzt, die sich zum Teil stark an Moskau beziehungsweise Peking orientierten. Vielen »Kalten Kriegern« in den USA kam es so vor, als ob sich die politische Weltkarte im Pentagon allmählich rot färbte.

Der Unterricht an der *Special Warfare School* wurde fachbezogener und konzentrierte sich nun vor allem auf aktive konterrevolutionäre Maßnahmen. Die führenden US-Militärs hingegen waren immer noch der Auffassung, die revolutionären Kräfte mit konventionellen Taktiken und Strategien besiegen zu können. Auch in Südvietnam spielte der »Kampf um Herzen und Seelen« der Zivilbevölkerung eine untergeordnete Rolle – mit fatalen Folgen: Nach Schätzungen der US-Geheimdienste waren beispielsweise von den 35 000 Viet-Cong, die 1961 im Süden kämpften, über 34 000 auch dort angeworben worden.

In US-Präsident John F. Kennedy fanden die jungen *Special Forces* einen mächtigen Verbündeten. Kennedy glaubte, daß für einen Sieg in Vietnam eine »...völlig neue Art Strategie, eine vollkommen andere Art von Streitkräften und daher auch eine neue und vollkommen andere Art von militärischer Ausbildung...« erforderlich sei. Um diesen neuen Ansatz in die Tat umzusetzen, kamen die *Special Forces* gerade recht. Kennedy sah in ihnen eine Auswahl der »Aufgewecktesten und der Besten« – der US-Präsident verlieh ihnen in einer Feierstunde höchstpersönlich die ersten offiziellen grünen Baretts [A.d.Ü.: diese Kopfbedeckung, von der die *Green Berets* ihren Namen ableiten, wurde inoffiziell Ende 1953 erstmals bei der 10. SFGA eingeführt. Erst seit Dezember 1961 gehört das »Beret, Man's, Wool, Rifle Green« auch offiziell zur Uniform]. Mehrere *Teams* der *Special Forces* wurden nach Vietnam in Marsch gesetzt, um dort gemeinsam mit der CIA am sogenannten CIDG-Programm zu arbeiten [A.d.Ü.: Abkürzung von *Civilian Irregular Defense Group*. Es handelte sich um ein Projekt, bei dem verschiedene ethnische und religiöse Minderheiten Vietnams in Selbstschutzgruppen organisiert wurden]. Nach Kennedys Besuch in Fort Bragg im Oktober 1961 wurden vier weitere SFGs aufgestellt, die für den Einsatz in Afrika, dem Mittleren Osten, Lateinamerika und Südostasien vorgesehen waren.

Tatsächlich befanden sich *Green Berets* bereits in Vietnam und hatten damit begonnen, Einheiten der südvietnamesischen Armee (ARVN) in der unkonventionellen Kriegführung auszubilden. Die Arbeit des *14th Special Forces Operational Detachment*, das seit 1957 im *Nha Trang Commando Training Center* tätig war, hatte zur Aufstellung eigener südvietnamesischer *Rangers* und verschiedener Spezialeinheiten, der *Luc-Luong-Dac-*

144

Mörser wie dieser 107-mm-Granatwerfer bildeten in den abgelegenen CIDG-Lagern oft die einzigen schweren Unterstützungswaffen.

Biệt (LLDB), geführt. Das CIDG-Programm unterschied sich allerdings von diesem Bereich vollkommen. Die Ausbildung der Montagnards (Bergbewohner) in den Techniken der Guerillabekämpfung hatte nicht nur das Ziel, dem Viet-Cong die Kontrolle über das südvietnamesische Zentralhochland zu entreißen, sondern in Folge sollte damit gleichzeitig auch eine Pufferzone zwischen Vietnam und den Versorgungswegen der Kommunisten entlang der Grenzen zu Laos und Kambodscha errichtet werden. Die ihre Unabhängigkeit über alles liebenden Bergstämme spielten innerhalb der vietnamesischen Gesellschaft eine absolute Außenseiterrolle. Da es nur zwei Stämme unter ihnen gab, die überhaupt eine Schrift entwickelt hatten, wurde die Stärkung des Selbstbewußtseins und des Wertgefühls neben wirtschaftlicher und medizinischer Hilfe zur Grundlage der *Special-Forces*-Programme. Der Erfolg dieser Arbeit fand Ausdruck in der *Civic Action Medal*, welche der *5th Special Forces Group* 1970 verliehen wurde. Die Verleihungs-Begründung führte 49 902 wirtschaftliche Hilfsmaßnahmen, 10 959 medizinische und 34 334 Bildungsprojekte an. Das heißt in anderen Worten: die 5. SFG errichtete 129 Kirchen, 110 Krankenhäuser, 1003 Schulen, 398 Apotheken, 272 Märkte, 6436 Brunnen, 1949 km Straße und 14 934 Transportlager und betreute außerdem über eine halbe Million Flüchtlinge.

Doch mit zivilen Hilfsprojekten alleine ließ sich der Viet-Cong nicht vom strategisch wichtigen Zentralhochland vertreiben. So machten sich die *Special Forces* daran, örtliche Milizen aufzustellen, die die Dörfer schützten. Dabei kam wieder die »Ölfleck-Taktik« zur Anwendung, bei der Spähtrupps in die Umgebung ausschwärmten und ihren Einflußbereich in immer größer werdenden Kreisen ausdehnten. Vom Gegner beherrschte Dörfer wurden eingenommen, die Infiltrationswege der Kommunisten entlang der kambodschanischen und laotischen Grenzen überwacht und Nachschubkolonnen aus dem Hinterhalt überfallen. Den Boden für dieses Programm bereiteten die zehn *A-Teams* vor, die 1961 und 1962 mit dem Stamm der Rhade in der Provinz Darlac zusammengearbeitet hatten. 1963 ging die Kontrolle über dieses Programm von der CIA an das *Military Assistance Command, Vietnam* (MACV) über.

Unter der Betreuung der 5. SFG wuchsen die paramilitärischen Kräfte weiter an und umfaßten schließlich insgesamt 40 000 Mann. Dieselbe Stärke erreichten die »Ruff-Puffs«, wie die Angehörigen der *Regional and Popular Forces*, der regionalen Dorfmiliz, genannt wurden.

Den *Special Forces* gelang es, den Spieß umzudrehen

Doch der Viet-Cong und die nordvietnamesische Armee schlugen zurück. Sie schleusten Montagnard-Agenten in die Wehrdörfer hinein, um sie von innen her zu schwächen, bevor sie diese mit geballten Massenangriffen wegfegten. Einmal zog der Viet-Cong 1000 Guerillas zusammen, um das *Special-Forces*-Lager in Nam Dong zu stürmen, einen entlegenen Stützpunkt nahe der laotischen Grenze. Der Angriff begann am 6. Juli 1964 um 02.31 Uhr. Weiße Phosphorgranaten setzten das Lager in Brand, dann griff der Viet-Cong an. Hauptmann Roger Donlon, der Führer des »A-Teams« (A-726), leistete mit seinen Männern hartnäckig Widerstand. Trotz einer Bauchverletzung bleib er auf seinem Posten und organisierte die Verteidigung. Seine Tapferkeit und außergewöhnliche Führungsqualität trugen ihm später eine *Congressional Medal of Honor* ein [die höchste amerikanische Tapferkeitsauszeichnung] – die erste, die seit Ende

September 1966. Eine Aufklärungspatrouille der »*Mike Forces*« nahe der laotischen Grenze.

Hauptmann Roger Donlon inspiziert nach dem Viet-Cong-Angriff vom 6. Juli 1964 das arg in Mitleidenschaft gezogene Lager Nam Dong.

des Korea-Krieges verliehen worden war. Als Stunden später Verstärkungen eintrafen, fanden sie 55 gefallene und 65 verwundete Angehörige der *Special Forces* und der Dorfmiliz vor.

Nach dem Nam-Dong-Überfall sorgten die Amerikaner für eine bessere Luft- und Artillerie-Unterstützung der Wehrdörfer. Außerdem stellten sie eine spezielle Eingreifreserve auf, die einen belagerten Stützpunkt innerhalb kürzester Zeit zu Hilfe eilen konnte.

Dieses schnelle Eingreif-Element für die CIDG-Lager erhielt die Bezeichnung *Mobile Strike Forces* oder »Mike Forces«. Aus den Reihen dieser irregulären Elite ging auch die Einsatzreserve für die im Rahmen der sogenannten »Greek Letter Projects« operierenden CIDG-Fernspähtrupps hervor (LRRPs, nach dem englischen Begriff *Long Range Reconnaissance Patrols*). Die Spähtrupps waren zwar äußerst effektiv, doch um auch einen Nutzen aus ihren Aufklärungsergebnissen ziehen und die Trupps notfalls heraushauen zu können, war eine entsprechende Einsatzreserve vonnöten.

Im Rahmen der Operation »Leaping Lena« wurden Bergstämme in der Kunst der aktiven Fernaufklärung unterwiesen. Der punktgenauen Bestimmung feindlicher Stützpunkte, Nachschubplätze und Infiltrationswege folgten Überfälle, Hinterhalte und Luftangriffe. Nach diesem Schema spielte sich auch das Unternehmen »Delta« ab, bei dem Aufklärungs- und »Roadrunner«-Teams – als Viet-Cong verkleidet – in den südvietnamesischen Grenzregionen Jagd auf ihre Gegner machten. Bald folgten die Unternehmen »Sigma«, »Omega« und »Gamma«, bei denen eine Reihe ethnischer Minderheiten eingespannt wurden – Kambodschaner, Cham, Nung (eine chinesische Volksgruppe), Rhade und andere.

Unter dem Strich gelang es den *Special Forces* letztendlich, den Spieß umzudrehen und ihrerseits einen erfolgreichen Guerillakrieg zu führen.

Speziell für die Durchführung längerfristiger Operationen in den Rückzugsgebieten des Viet-Cong wurde die sogenannte *Mobile Guerilla Force* (MGF) geschaffen. Zu jeder MGF gehörte normalerweise ein »A-Team«, eine »Mike Force« mit 150 Mann und ein 34 Mann starker Gefechtsaufklärungs-Zug. Ihre Aufgabe war es, die »sicheren Plätze« des Viet-Cong ausfindig zu machen, zu beobachten und immer wieder zu überfallen. Dieses »Mike-Force«-Konzept war so erfolgreich, daß es auch auf die Unterstützung regulärer Einheiten ausgedehnt wurde. 1967 wurden sämtliche vorhandenen »Mike Forces« und MGFs in fünf *Mobile Strike Forces* zusammengefaßt, die jeweils unter der Leitung eines *Mobile Strike Force Commands* (MSFCs) standen. Im Herbst 1968 dienten über 3500 »Green Berets« in den fünf MSFCs, die für 7000 »Mike Force«-Angehörige und 27 000 CIDG-Milizionäre verantwortlich waren.

Grenzüberschreitende Vorstöße nach Laos, Kambodscha und Nord-Vietnam fielen allesamt in die Zugehörigkeit der sogenannten *Military Assistance Command, Vietnam/Studies and Observation Group* (MACV/SOG) [A.d.Ü.: diese Bezeichnung verschleierte eine große Sondertruppe]. Die SOG wurde ihrerseits vom einem Sonderbeauftragten, dem *Special Assistant for Counter-Insurgency and Special Activities* (SACSA) kontrolliert, der wiederum den *Joint Chiefs of Staff* (JCS) im Pentagon verantwortlich war.

Die meisten MACV/SOG-Angehörigen rekrutierten sich aus der 1., 5. und 7. SFG, doch auch südvietnamesische *Luc-Luong-Dac-Biêt* (LLDB), CIDG-Angehörige, Nung-Söldner und Überläufer des Viet-Cong stießen hinzu. Es gab mehrere »Studiengruppen« für »schwarze« Propaganda und verdeckte Operationen; die *Ground Studies Group* (Oplan 34A und Ops 31) war die größte. Die Streifzüge nach Nord-Vietnam trugen den Decknamen »Kit Cat«, während »Prairie Fire« und »Daniel Boone« gegen Laos beziehungsweise Kambodscha gerichtet waren. Die direkte Kontrolle über die SOG-Aktivitäten übten drei Führungs- und Kontrollstellen, die sogenannten *Command and Control (CC) Units*, aus. Sie zeichneten für die drei Grenzzonen CCN (*Command and Control North*, Nord-Vietnam und Laos), CCC (*Command and Control Central*, »Dreiländereck« Süd-Vietnam, Laos

Ein Unteroffizier der *5th Special Forces Group (Airborne)*. Die südvietnamesischen Nationalfarben spiegeln sich auf dem Stoffabzeichen des Baretts wider.

und Kambodscha) und CCS (*Command and Control South*, Kambodscha) verantwortlich. Von mehreren vorgeschobenen Stützpunkten aus wurden Routineoperationen durchgeführt, wobei verdeckte Einsätze den *Mobile Launch Teams* überlassen wurden. Die wichtigsten Kampfeinheiten in diesen Stützpunkten waren die *Spike Recon Teams*, die sich jeweils aus drei *Green Berets* und neun eingeborenen Soldaten zusammensetzten.

Obgleich sich die SOG vorwiegend auf grenzüberschreitende Aufklärung konzentrierte, die Versorgungswege, Truppenkonzentrationen und andere lohnende Ziele ausfindig machen sollte, betrieb sie unter der Bezeichnung »Bright Light« auch ein Fluchthilfe-Programm. Es gab zwei Arten von »Bright Light«-Einsätzen. Die einen dienten dazu, eigene Soldaten aus Feindgebiet zurückzuholen. Da es sich meist um abgeschossene Piloten oder Fernaufklärer handelte, arbeitete die SOG in diesen Fällen mit der Such- und Rettungsorganisation (SAR) der US-Luftwaffe und örtlichen LRRP-Einheiten zusammen. Die Erfolgsrate wurde bisher noch nie veröffentlicht. Die SAR ging jedoch davon aus, daß sie innerhalb von 30 Minuten nach einer Notmeldung bei den abgeschossenen Piloten sein mußte, um ihnen helfen zu können. Trotzdem konnten selbst bereits verloren geglaubte Militärangehörige durch SEALs, Rangers oder »Spike Recons« gerettet werden.

Die zweite Art von Einsätzen zielte darauf ab, Kriegsgefangene zu befreien und Flüchtige aufzunehmen, doch diese Aktionen erwiesen sich als ziemliche Fehlschläge: nur ein einziger US-Soldat wurde befreit, und dieser erlag später seinen Verletzungen. Bei den übrigen 368 Gefangenen, die insgesamt befreit werden konnten, handelte es sich allesamt um Vietnamesen.

1970 lösten einige Fotos, die ein Luftaufklärer 37 km westlich Hanois über Son Tay geschossen hatte, die Operation »Ivory Coast« aus. Die Luftbild-Auswerter erkannten ein von Mauern umgebenes Kriegsgefangenenlager, dessen Insassen anscheinend gerade Waschtag hatten. Ihre zum Trocknen aufgespannte Wäsche schien eine Botschaft zu vermitteln: »55 POWs – sechs bedürfen dringender Rettung«.

Das Befreiungskommando führte vor dem Einsatz 368 Probeläufe durch

Das anlaufende Rettungsunternehmen wurde schon im Vorfeld durch politische Querelen und Zuständigkeitsreibereien der US-Nachrichtendienste erheblich behindert. Die detaillierte Planungsarbeit, die nunmal für eine derart schwierige und gefährliche Operation erforderlich war, verursachte weitere Verzögerungen. Weitere Aufklärungsergebnisse legten offen, daß sich 12 000 reguläre nordvietnamesische Soldaten in eben diesem Gebiet aufhielten: Rund um Son Tay lag das 12. Infanterie-Regiment, dazu kamen noch ein Versorgungsdepot, eine Artillerieschule und eine Luftabwehrbatterie. Die ersten, ausschlaggebenden Fotos lagen schon im April 1970 vor, doch Brigadegeneral Donald Blackburn, der damalige SACSA-Sonderbeauftragte, mußte bis zum 10. Juli warten, bis er endlich die offizielle Zustimmung zu der Befreiungsaktion erhielt. Die Leitung der Operation wurde Oberst Arthur »Bull« Simons übertragen, der in Fort Bragg ein Kommando aus 15 Offizieren und 82 Unteroffizieren zusammenstellte (an der Aktion selber nahmen nur 56 Mann teil). Die CIA baute auf dem Luftwaffenstützpunkt Eglin ein Modell des Lagers in Originalgröße nach. Die DIA (*Defense Intelligence Agency*) hielt ständig Ausschau nach sowjetischen Aufklärungssatelliten, damit die Anlage schnell wieder abgebaut werden konnte, bevor ein Himmelsschnüffler das Gebiet überflog. Trotz aller Unterbrechungen führte das Befreiungskommando insgesamt 368 Probedurchläufe durch, während der es 1107 Stunden in der Luft verbrachte.

Am 20. November 1970, um 23.18 Uhr, verließ eine Armada aus *HH-53*-Kampfhubschraubern und *HC-130P*-Tankflugzeugen die geheime CIA-Basis in Udorn, Thailand. Die letzten Meldungen waren äußerst ungünstig: sowohl das Luftaufklärungsmaterial als auch ein nordvietnamesischer DIA-Agent deuteten darauf hin, daß die Gefangenen verlegt worden waren [A.d.Ü.: diese Information war bereits einen Monat alt, doch niemand in den verantwortlichen Stellen hatte sich darum gekümmert, diese Nachricht auch an die Führung der »Ivory Coast« weiterzuleiten]. US-Kampfflugzeuge bombardierten in einem Ablenkungsmanöver die Radar- und Flugabwehranlagen um Hanoi. Drei Stunden später nahmen die Hubschrauber die Wachtürme in Son Tay unter Beschuß, während Simons Deckungsgruppe versehentlich ein Kasernengebäude dem Erdboden gleichmachte, das sowjetische Berater beherbergte. Die Angriffsgruppe unter Major Meadows landete im Innenhof des Lagers und staunte nicht schlecht – die Gefangenen waren weg.

Allerdings sei die Operation kein völliger Reinfall gewesen, gaben US-Militärs kund. Das Pentagon versuchte sich und die Öffentlichkeit mit allerhand »Bla-bla« über die Blamage hinwegzutrösten: die Genauigkeit der ursprünglich gewonnenen Informationen habe zusammen mit der entschlossenen Demonstration politischer und militärischer Macht die Nordvietnamesen ziemlich erschüttert und indirekt dazu beigetragen, daß sie amerikanische Kriegsgefangene fürderhin besser behandelten....

Die Unternehmen der *Special Forces* in Vietnam wurden vorzeitig abgebrochen

Die Unternehmen der *Special Forces* in Vietnam wurden vorzeitig abgebrochen. Die 5. SFG, die bei der *Army* ohnehin nicht sonderlich beliebt war, verließ am 31. Dezember 1970 das Land, drei Jahre vor dem vollständigen Abzug der regulären US-Bodentruppen. Der Vietnamkrieg warf einen Schatten auf das Denken einflußreicher amerikanischer Militärs, unter dem die *Special Forces* zu verkümmern drohten. Da sie angeblich zu spezialisiert waren, löste man die 1., 3., 6. und 8. SFG auf und verkleinerte die 5., 7. und 10. *Special Forces Group* auf insgesamt 3600 Mann. Diese Maßnahmen gerieten späterer Sondereinsätzen nicht eben zum Vorteil.

1961 nahm die 7. SFG ihre Militärhilfe- und Beratertätigkeit in Lateinamerika auf. Die Einheit stellte später das Stammpersonal der 8. SFG in Fort Gulick/Panama. Fort Gulick beherbergt auch die *School of the Americas*, in der bisher an die 44 000 Soldaten aus lateinamerikanischen Staaten in der Guerilla-Bekämpfung geschult wurden (*Counter-Insurgency*). Die Ausbildung wurde durch *Mobile Training Teams* (MTTs) vor Ort weiter vertieft, die bei der Umgliederung bestehender Infanterieeinheiten in Spezial- oder Rangerbataillone Hilfestellung leisteten. Von 1955 bis 1969 entstanden so mit US-Hilfe Kommando-Bataillone in Peru, Spezial- und Luftlandeeinheiten in Chile, sowie diverse Eliteverbände in der Dominikanischen Republik, Venezuela, Bolivien und Kolumbien.

Mehrere dieser Länder stellten zur Bekämpfung ihrer Stadtguerillas Polizei-Sondereinheiten auf.

Aus den Erfahrungen in Vietnam hatten die Vereinigten Staaten jedoch Lehren gezogen. Der Kongress war sich sehr wohl bewußt, daß amerikanische *Mobile Training Teams* das US-Engagement in Vietnam mit ausgelöst hatten. Aus diesem Grund wurde den MTTs das Betreten von Kampfgebieten offiziell untersagt und die Dauer ihres Aufenthaltes in den jeweiligen Ländern auf sechs Monate begrenzt. Nach dem Willen des Außenausschusses des US-Repräsentantenhauses sollte es nun nurmehr zwei Arten von Militärberatern geben:

Offen operierende *Mobile Training Teams* – die 1983/ 84 rund 65 Länder besuchten – und verdeckt operierende *Teams* in ziviler »Tarnung«. Der größte Teil der Berater entstammt(e) den *Special Forces*, den SEALs oder dem Geheimdienst CIA.

Zu den MTTs gehört(e) auch die Antiterror-/Geiselbefreiungs-Einheit »*Delta Force*«, deren vollständige Bezeichnung *1st Special Forces Operational Detachment Delta* lautet. Sie wurde 1978 auf eine Anregung von Oberst Charles Beckworth hin aufgestellt. Die 400 Mann starke Einheit, die nach dem Vorbild des britischen SAS aufgebaut wurde, gliedert(e) sich in zwei Einsatz- und eine Stabskompanie. Während sich die Stammeinheit auf *Counter-Insurgency* spezialisierte, konzentrierte sich *Delta* vor allem auf die Terroristenbekämpfung. Zusammen mit dem *SEAL Team Six* gilt *Delta* als die beste Geiselbefreiungs-Einheit der Vereinigten Staaten. Angehörige der Einheit bilden Soldaten der *Army* im *Joint Readiness Training Center* in Little Rock, Arkansas, in den verschiedenen Techniken des Anti-Terror-Kampfes aus. Zu den MTTs gehören auch *Delta*-Ausbilder, die entsprechende Maßnahmen gegen Entführungen, Anschläge und andere terroristische Aktivitäten vermitteln.

Während der 70er und 80er Jahre sahen sich die Vereinigten Staaten in ihrem mittelamerikanischen »Hinterhof« mit revolutionären Befreiungskriegen konfrontiert. Der Bürgerkrieg in Nicaragua etwa endete am 19. Juli 1979 mit dem Sieg der sandinistischen Befreiungsfront FSLN über die Truppen des Diktators Somoza. Kurze Zeit darauf organisierten die zahlreichen Gegner der Sandinisten in Costa Rica und Honduras eine konterrevolutionäre Streitmacht, die »Contras«, die sich aus ehemaligen Angehörigen von Somozas Nationalgarde rekrutierte.

Sie waren wenig erfolgreich, bis ihnen die Regierung unter Präsident Reagan 1981 verdeckte Hilfe zukommen ließ. Das Pentagon befürchtete einen »Export« der nicaraguanischen Revolution, womöglich nach El Salvador. Die CIA vereinigte daraufhin die Mehrheit der Contra-Gruppen, nannte das Ganze *Nicaraguan Democratic Force* und stellte Ausbildungslager in Guatemala und Florida sowie Operationsbasen entlang der Grenze zu Honduras zur Verfügung. Die Contras wurden jetzt von »*Green Berets*«, CIA-Agenten, Exil-Kubanern und verschiedenen Söldnergruppen trainiert, die von der CIA angeworben worden waren. Diese 15 000 Mann starke Truppe sollte nach den Vorstellungen der USA in Nicaragua einen erfolgreichen Guerillakrieg gegen die sandinistische Regierung führen, brachte in Wirklichkeit jedoch nur Plünderzüge und Stoßtruppunternehmen über die

Operation »*Eagle Claw*«. *Sea-Stallion*-Hubschrauber auf dem Flugdeck der NIMITZ vor ihrem Flug in den Iran. Technische Probleme mit den Hubschraubern ließen das Geiselbefreiungs-Unternehmen scheitern.

Der *Delta*- Einsatz nahm ein vorzeitiges und unrühmliches Ende

Einer der Hauptgründe für die Regierung Reagan, die Contra-Rebellen zu unterstützen, waren die angeblichen Hilfeleistungen der Sandinisten für die Guerillas im benachbarten El Salvador. Die dortige Regierung wurde von den USA gegen sechs maoistische, marxistische und christliche Guerillagruppen, die sich zusammen als die Nationale Befreiungsfront Farabundo Marti (FMLN) bezeichneten, unterstützt. Als Reaktion auf die zahllosen Verletzungen der Menschenrechte durch die Sicherheitskräfte stellte Präsident Carter im Dezember 1980 die Militärhilfe ein, was die Guerillas für sich zu nutzen suchten – im Januar 1981 begannen sie mit einer landesweite Offensive, die sicherlich mit dem Sturz der Regierung geendet hätte, wenn nicht der frischgewählte US-Präsident Ronald Reagan im Juli eine Wiederaufnahme der Hilfe angeordnet hätte.

Allein für das Jahr 1986 belief sich diese Militärhilfe auf 133 Millionen US-Dollar, einschließlich der Kosten für 55 *Special-Forces*- und 150 CIA-Berater. Die übliche *Search and Destroy*-Taktik machte einer flexibleren Aufstandsbekämpfung Platz. Schnelle Eingreiftruppen der Infanterie, etwa das Elite-Bataillon »*Atlacatl*«, führten hubschraubergestützte Stoßtruppunternehmen in die Gebiete der Guerillas durch, während insgesamt sechs Infanteriebrigaden für die Verteidigung von Städten und Schlüsselpositionen eingesetzt wurden. Andere Einheiten dagegen operierten vereckt, darunter die beiden salvadorianischen *Grupos Operaciones Especiales* – das 1. Bataillon »*Prial*« (Fernspähaufgaben) und das 2. »*Ha-*

Grenze zuwege. Die Sandinistas hielten schließlich Wahlen ab, die sie verloren, woraufhin der damalige US-Präsident George Bush die honduranischen Bemühungen zur Vertreibung der Contras aus ihren Dschungelcamps guthieß.

Leichte, schnelle Schlauchboote gehörten zu den bevorzugten Transportmitteln von Dschungelpatrouillen der *Special Forces*.

Ein Angehöriger des USMC in den Außenbezirken von Kuwait-Stadt nach der Operation »*Desert Storm*«.

cha« (Spezialaufgaben). Die FMLN verlagerte nun ihre Aktivitäten in die Städte und Dörfer. Präsident Duarte nahm 1984 erstmals Gespräche mit den Guerillas auf, mußte jedoch wegen eines Krebsleidens von seinem Amt zurücktreten. Die *US Army Special Forces* hatten sich zwischenzeitlich auf die Durchführung ziviler Hilfsprojekte konzentriert, um so den starken Zulauf, den die Guerillas erhielten, etwas einzudämmen. Gegenwärtig (1994) herrscht jedoch zwischen der Regierung von Roberto d'Aubuisson und den Guerillas Waffenstillstand.

Die *Green Berets* nahmen an der amerikanischen Invasion Grenadas im Jahr 1983 ebenso teil wie am Golfkrieg 1991. In Grenada wurde eine Abteilung von *Delta* damit betraut, das Richmond-Hill-Gefängnis auf der Westseite der Insel zu stürmen und die dort einsitzenden Gefangenen zu befreien, die anschließend per Hubschrauber evakuiert werden sollten. Unglücklicherweise verzögerte sich der Hubschrauberangriff. Als *Delta* das Gefängnis endlich erreicht hatte, waren die Flugabwehrbatterien der Grenadier bereits in Alarmbereitschaft. Sie holten einen *UH-60 »Black Hawk«*-Hubschrauber herunter und vertrieben die übrigen durch konzentriertes Fla-Feuer, so daß der *Delta*-Einsatz ein vorzeitiges und eher unrühmliches Ende nahm.

Nachdem der Irak am 2. August 1990 in Kuwait einmarschiert war, lief die Operation »Desert Shield« an. Zu den ersten US-Truppen, die nach Saudi-Arabien verlegten, gehörten die drei Bataillone der *5th Special Forces Group*, die *160th Special Operations Aviation Brigade* und *Delta*. Sie bereiteten sich umgehend auf Einsätze hinter den irakischen Linien vor. Die 5. SFG erhielt zudem den Auftrag, Angehörige der saudischen Streitkräfte und des kuwaitischen Widerstandes auszubilden. Letztere sollten die irakischen Truppen in Kuwait durch Überfälle verunsichern und Nachrichten sammeln.

Special-Forces-Teams waren schon lange vor Beginn der alliierten Bodenoffensive am 24. Februar 1991 in den Irak und nach Kuwait eingesickert, wo sie die unterschiedlichsten Aufträge durchführten. Kurz bevor Mitte Januar der Luftkrieg begann, zerstörten sie irakische Frühwarn-Radaranlagen, was den Kampfflugzeugen der Alliierten erlaubte, durch den so entstandenen »Korridor« unbemerkt in den irakischen Luftraum einzudringen. Darüber hinaus kümmerten sich die *Green Berets* auch um abgeschossene Flugzeugbesatzungen, versuchten diese noch vor den Irakern zu erreichen und blieben dann solange als Schutz bei ihnen, bis sie mit Hubschraubern ausgeflogen werden konnten.

Zu ihren weiteren Aufgaben zählten Sabotageakte, Überfälle und die Beschaffung von Informationen. Während des Golfkrieges setzten die *Special Forces* erstmals das FAV-»Dünen-Buggy« ein; allem Anschein nach hat es unter den im Irak und Kuwait herrschenden morphologischen und klimatischen Bedingungen ausgezeichnet abgeschnitten.

Civil Affairs informiert über fremde Sitten und Gebräuche, *SERE* lehrt das Verhalten im Verhör

Zur Zeit bestehen die amerikanischen *Special Forces* aus der *10th Special Forces Group* (Operationen in Europa), der 5. SFG (Naher und Mittlerer Osten), der 1. SFG (Südostasien), der 3. SFG (Afrika), der 7. SFG (Karibik, Süd- und Mittelamerika), der 11. SFG (*US Army Reserve*, Fort Meade, Maryland), der 12. SFG (*US Army Reserve*, Arlington Heights, Illinois), der 19. SFG (Nationalgarde, Salt Lake City, Utah) und der 20. SFG (Nationalgarde, Birmingham, Alabama).

Am 1. Oktober 1982 wurde das *1st Special Operations Command (Airborne)* – 1. SOCOM – aufgestellt, in dem die *Special Forces* gemeinsam mit dem 75. Ranger-Regiment, einer Gruppe für psychologische Kampfführung (Psyops), einem Heeresfliegerregiment für die Sondereinsatztruppen, einer *Civil Affairs Group* – die für die Zusammenarbeit zwischen militärischer Führung und der Zivilbevölkerung Sorge trägt – sowie Fernmelde- und anderen Unterstützungselementen organisatorisch zusammengefaßt wurden.

Daraus wurde am 16. April 1987 das *US Army Special Operations Command* (USASOC), das zusammen mit den entsprechenden Organisationen der anderen drei Teilstreitkräfte das *United States Special Operations Command* (USSOCOM) bildet – eine Dachorganisation aller Sondereinsatzverbände der amerikanischen Streitkräfte.

Die *John F. Kennedy Special Warfare Center and School* ist das Ausbildungszentrum der *Green Berets*. Das Lehrpersonal der Schule ist für die Beurteilung und die Auswahl der angehenden Bewerber zuständig und führt außerdem weiterführende Lehrgänge durch – wie z. B. Kampfschwimmerausbildung, militärischer Freifall, Infiltration auf dem Wasserweg und die Zerstörung ausgewählter Zielobjekte. Weitere Bereiche sind *Psyops* (Motivierung von befreundeten Kräften und Beeinträchtigung der gegnerischen Kampfmoral); *Civil Affairs* (informiert über fremde Sitten und Gebräuche und stellt eine wichtige Verbindung zwischen den Kommandeuren vor Ort und der einheimischen Bevölkerung dar); SERE (Überleben, Ausweichen, Verhalten im Verhör und auf der Flucht), sowie die Terrorismusbekämpfung.

In dieser Ausbildungseinrichtung werden auch die Beförderungslehrgänge durchgeführt, etwa der *Operations and Intelligence*-Lehrgang, der für die Beförderung zum Hauptfeldwebel Bedingung ist.

Im *International Studies Department* werden außenpolitische Themen und Sprachen gelehrt. Die Schule unterrichtete im Jahr 1988 insgesamt 8600 Schüler und seit Anfang der 90er Jahre sollen sich jährlich über 14 000 Bewerber melden.

Der australische SAS

Wie sein britisches Gegenstück ist auch der australische SAS hervorragend ausgebildet und ausgerüstet. Aufgestellt während des Malaya-Konfliktes, wurde er später auch im Vietnamkrieg eingesetzt, wo er eine auffallend hohe Erfolgsquote erzielte. Ende der 70er Jahre stieg die Spezialeinheit in die Terroristenbekämpfung ein und gehört – nach Ansicht vieler Experten – in diesem Feld mittlerwelle zur Weltspitze.

Die Stammbäume der australischen Spezialeinheiten wurzeln im Zweiten Weltkrieg. Als die kaiserlich-japanische Armee Anfang 1942 Neu-Guinea und die Inseln im Pazifik besetzte, kam sie Australiens Küsten bedrohlich nahe. Im spärlich besiedelten Norden Australiens bereiteten sich Rinderzüchter, Farmer, Dingo-und Känguruhjäger deshalb schon einmal auf einen Guerillakrieg vor.

Aus Einheimischen, die im trockenen Buschland und den Wüsten des »Outback« zuhause waren, wurde im Juli 1942 die *1st/2nd North Australian Observer Unit* (Nordaustralische Aufklärungs-Einheit) aufgestellt. Sie sollte in den abgelegenen, damals kartographisch nicht voll erfassten Küstengebieten berittene Patrouillen durchführen und Landungen der Japaner melden. Im Falle einer Invasion hatten diese »Nakkeroos« die Aufgabe, möglichst unbemerkt am Gegner zu bleiben und dessen Truppenbewegungen zu melden. An der Ostküste wollten andere Gruppen – etwa die zivilen *Coastwatchers* und die *M Special Force* – Nachrichten hinter den feindlichen Linien sammeln, während die *Australian Independent Commando Companies* (Selbständige australische Commando-Kompanien) und die *Z Special Force* für Kampfeinsätze vorgesehen waren.

Nach Kriegsende wurden die meisten australischen Einheiten wieder aufgelöst. Doch am 23. Oktober 1951 wurde mit der Bildung eines Fallschirmjägerzuges innerhalb des *Royal Australian Regiment* (RAR) ein erster Schritt hin zu einem Luftlande-Spezialverband getan. Dieser Zug diente vor allem als eine Lehr- und Versuchseinheit für taktische Fragen und wurde außerdem im luftgestützten Such- und Rettungsdienst sowie zur Unterstützung der zivilen Dienststellen bei Naturkatastrophen und Buschfeuern eingesetzt. Aufgrund der Erfahrungen des Zweiten Weltkrieges stellten die militärbegeisterten »Aussies« 1955 zwei Kommando-Kompanien auf, die jedoch der *Citizen's Military Force* – der Territorialarmee – unterstellt wurden. Daß es bereits im April 1957 zur Aufstellung der *1st Special Air Service Company (Royal Australian Infantry)* kam, ist hauptsächlich den Erfolgen des britischen SAS in Malaya zu verdanken, aber auch der Notwendigkeit, die um sich greifenden Aufstandsbewegungen in Südostasien einzudämmen. Es handelte sich allerdings um keine selbständige Truppe, sondern – wie beim Fallschirmjägerzug – um eine Teileinheit des RAR.

Das ausgedehnte westaustralische *Outback* ist wie geschaffen für eine realitätsnahe Ausbildung der SAS-Männer. Hier meldet sich eine Buschpatrouille gerade über Funk.

Malaya, 1956: Soldaten des *Royal Australian Regiment* auf Spähtrupp. Der vordere Mann führt eine Browning-Schrotflinte – im Dschungel eine bewährte Waffe.

Der neue SAS sollte in erster Linie Fernaufklärung betreiben. Per Fallschirm abgesetzte Trupps sollten Nachrichten sammeln und einige besondere Aufgaben durchführen, bis sie schließlich von vordringenden konventionellen Kampftruppen entsetzt wurden. Die Kompanie wurde entsprechend den Richtlinien für Kommando-Infanterie-Einheiten organisiert und fand in den Campbell Barracks in Swanbourne/Perth (Westaustralien) ihre Heimat. Die Männer trugen weinrote Baretts mit dem Abzeichen des *Royal Australian Infantry Corps* – einem Känguruh vor zwei gekreuzten Gewehren.

Sämtliche Anträge auf Bereitstellung des für Spezialaufträge benötigten Materials – Kanus, Plastiksprengstoff, Kommandodolche, Handfesseln und Seile – wurden vom Chef der Operationsabteilung mit großem Mißtrauen behandelt. Er wollte nach Beamtenmanier ständig wissen, wofür eine »gewöhnliche« Aufklärungseinheit diese Ausrüstung eigentlich brauche.

»Shoot and Scoot« bedeutete häufig, einen verwundeten Kameraden zurücklassen zu müssen

Die Kompanie verbrachte die nächsten Jahre mit der Ausbildung in der unwirtlichen Wildnis des australischen Nordwestens. Ihre Übungen verliefen meist nicht ohne kleinere Zwischenfälle, wie Oberstleutnant David Horner in seiner Regimentsgeschichte *SAS: Phantoms of the Jungle* zu berichten weiß: »Zwei Angehörige der Kompanie mußten ihr zwölf Fuß langes (3,65 m) Schlauchboot verlassen, als ein Krokodil an Bord kletterte. Es gab Haie in der Nähe, doch die beiden Männer zogen behutsam den Anker ein und schleppten das Boot, mit dem Krokodil als Fahrgast, an Land.«

Der australische SAS wurde 1964 zu einem Regiment erweitert, als klar wurde, daß die Commonwealth-Truppen in Borneo dringend weitere SAS-Einheiten benötigten. Die alte SAS-Kompanie wurde aufgelöst und ihr früheres Unterstellungsverhältnis zum RAR fand ein Ende. Dafür gab es nun ein selbständiges SAS-Regiment (SASR), das aus zwei Kampfkompanien und einer Stabskompanie bestand – insgesamt 15 Offiziere und 86 Unteroffiziere und Mannschaften. 1965 verlegten die »Diggers« (wie »Aussies« Spitzname für Australier) nach Borneo.

Sie behielten ihre roten Baretts noch eine Zeitlang bei. Die Männer mit Fallschirmsprungausbildung durften außerdem das charakteristische, nach unten geschwungene Springerabzeichen des SAS – die sogenannte Motte – an ihre Uniform nähen. Das australische Regiment sah sich zudem mit der Notwendigkeit konfrontiert, neue Einsatzgrundsätze für die *»low-intensity«*-Kriege (sogenannte Schwellenkriege) in Südostasien zu entwickeln. Anstelle von den Neun-Mann-Gruppen der Amerikaner und den Vier-Mann-Patrouillen der Engländer entschied sich der australische SAS wie seine neuseeländische Komponente für den Fünf-Mann-Trupp als kleinste taktische Einheit. Die Australier konnten freilich von den schwer erkämpften Erfahrungen des *22nd Special Air Service* in Borneo profitieren. Aber die »Aussies« setzten durchaus auch eigene Ideen in die Tat um. Zu den britischen Einsatzgrundsätzen, die sie nicht übernahmen, gehörte die *»Shoot and Scoot«*-Methode (»Schießen und Abhauen«). In Borneo war es meist der Spitzenmann einer Patrouille, der bei plötzlicher Feindberührung und den anschließenden Feuergefechten auf den schmalen Dschungelpfaden den »Hauptsegen« abkriegte. »Shoot and Scoot« bedeutete dann häufig, einen verwundeten Kameraden zurückzulassen, der dann selber zusehen mußte, wie er den Ausweich-Sammelpunkt erreichte. Die Patrouillen des australischen SAS setzten stattdessen darauf, zuerst den Feind mit intensivem Feuer niederzuhalten, um dann ständig weiterfeuernd auf den letzten Mann zurückzufallen. Sobald auch der Spitzenmann am diesem vorbei war, setzte sich die Patrouille soweit ab, bis sie gefahrlos eine defensive Stellung beziehen konnte; hier mußte sich der Patrouillenführer nun entscheiden, entweder zum Ausweich-Sammelpunkt weiterzugehen, oder, falls die Situation dies erlaubte, wieder vorzugehen und nach den Männern zu suchen, die eventuell vermißt wurden.

Die Fähigkeit, bestehende Spähtrupptaktiken den Gegebenheiten anzupassen, sollte dem Regiment später in Vietnam noch zugute kommen.

In Borneo hatten die SAS-Einheiten aus Großbritannien und den Commonwealth-Staaten vor allem drei Hauptaufgaben zu erfüllen: Erstens durch »Herzen und Seelen«-Patrouillen, also vertrauensbildende Maßnahmen, mit Hilfe der Dschungelstämme ein umfassendes Überwachungsnetz aufzubauen. Bevor medizinische und sonstige Hilfe zur Verfügung gestellt werden konnten, mußte zuerst Kontakt mit diesen zurückgezogen lebenden Völkern aufgenommen werden, die häufig ein Nomadenleben führten und über die Grenze hin und her zogen. Diese langen Patrouillen – eine dauerte sogar 89 Tage – waren von der Versorgung aus der Luft und dem Wohlwollen der Stämme abhängig.

Die zweite Aufgabe umfaßte die Ausbildung und Führung der aus Stammesangehörigen aufgestellten Einheiten, der sogenannten *Border Scouts*. Dies brachte gefährliche Streifzüge jenseits der Grenze mit sich, die strengster Geheimhaltung unterlagen. Im Rahmen dieser »Claret«-Operationen wurden Ausgangsbasen ausfindig gemacht, von denen aus die Indonesier ihre Einfälle nach Borneo unternahmen. Einmal lokalisierte Stützpunkte belegten die Briten mit Granatwerfer- und Artilleriefeuer. Andere SAS-Patrouillen legten Hinterhalte an Flußübergängen und Urwaldpfaden, über die die feindlichen Stützpunkte versorgt wurden.

Die Handgranate prallte ab und landete zwischen den Australiern

Ab und zu mußte der SAS größere Infanterie-Verbände über die Grenze führen, die dort Schläge gegen feindliche Truppenkonzentrationen durchführen sollten. Auch wenn die höhere Zahl an Beteiligten mehr Sicherheit versprach, zeigte es sich doch, daß diese Operationen häufig gefährlicher waren als die Aufklärungspatrouillen. Eine größere Kampfgruppe stellte sich am 30. Januar

Eigensicherung nach allen Seiten gehört zu den Fertigkeiten, die jeder Angehörige einer SAS-Dschungelpatrouille wie im Schlaf beherrschen muß.

1966 bereit, um eine indonesische Abteilung am Fluß Sekayan anzugreifen, die sich allem Anschein nach für einen Überfall jenseits der Grenze vorbereitete. Die Commonwealth-Truppe setzte sich aus einer Infanteriekompanie und der nicht ganz vollzähligen, allerdings durch Teile des australischen und des neuseeländischen SAS verstärkten »B« Kompanie des 22. SAS zusammen.

Die SAS-Kompanie überschritt unbemerkt die Grenze und erreichte am 3. Februar bei Einbruch der Dunkelheit schließlich den Fluß. Es war geplant, die Indonesier im Morgengrauen des nächsten Tages zu überraschen. Also überquerte der SAS den Fluß, wobei ein britischer Infanteriezug das Vorgehen überwachte. Dann arbeiteten sich die SAS-Männer entlang des Flußufers langsam vor. Plötzlich platzte die Spitzengruppe ins feindliche Lager – und wurde sofort durch Handwaffenfeuer zu Boden gezwungen. Drei Unteroffiziere der australischen 2. Kompanie und mehrere Männer retteten sich in eine Hütte, aus der sie das Feuer erwiderten. Doch das Blatt wendete sich schnell zugunsten der Indonesier – dank eines schweren Maschinengewehrs im Kaliber .50 (12,7 mm). Die »Aussies« mußten abhauen. Um ihr Zurückweichen zu decken, warf ein SAS-Mann eine Phosphorhandgranate, die jedoch unglücklicherweise an einem Hüttenpfosten abprallte und mitten zwischen den Australiern detonierte. Einige erlitten schwere Verbrennungen, darunter

auch Sergeant John Coleman, einer der erfahrensten Unteroffiziere. Coleman und zwei weitere Verwundete nutzten ein kurzes Abflauen des Gefechts, um Deckung in einem wassergefüllten Graben zu suchen.

Inzwischen hatte sich die britische Hauptmacht wieder über den Fluß zurückgezogen. Die Lage der Männer, die nun vom Rest der Kompanie abgeschnitten waren, wurde noch verzweifelter, als der Führer der Kampfgruppe – völlig zu Recht – einen Feuerschlag der Artillerie auf das Lager befahl. Sobald die ersten Granaten detonierten, stürmten die immer noch in Flammen stehenden Versprengten geradewegs durch die näherrückenden Gegner und eine weitere Gruppe Indonesier hindurch, die der zurückgehenden Kompanie folgten. Als die Versprengten endlich den Fluß überquert hatten, gestaltete sich der lange Rückweg bis zum Sammelpunkt an der Grenze zum Alptraum für die Schwerverwundeten; sie mußten einen großen Teil der Strecke kriechend auf Wildwechseln zurücklegen, konnten sich dabei nur nach dem Kompaß in der Hand orientieren und mußten ständig auf der Hut vor Indonesiern sein, die möglicherweise nach ihnen suchten. Nachdem sie die Grenze etwa im Morgengrauen erreicht hatten, zwangen sich die Soldaten weiter, bis sie schließlich kurz vor Mittag auf das Lager einer Gurkha-Patrouille stießen.

Die Kommunisten setzten ein Kopfgeld von $ 5000 auf jeden SAS-Mann aus – tot oder lebendig

Zu den letzten Operationen der Australier in Borneo gehörten mehrere Einsätze, bei denen sie verschiedene größere, über die Grenze eingedrungene Gruppen verfolgen mußten. Im August 1966, als das Ende des Konfliktes absehbar war, kehrte die letzte Kompanie wieder nach Perth zurück. Tatsächlich wurde das Regiment bereits wieder in einem anderen Krieg eingesetzt. Schon mehrere Monate vorher hatte die 3. Kompanie in die vietnamesische Provinz Phuoc Tuy verlegt. Dort diente sie als »Augen und Ohren« der *1st Australian Task Force*, der australischen Kampfgruppe in Vietnam [A.d.Ü.: Teile des SAS befanden sich schon seit 1962 als Militärberater im Land].

Vom Nui Dat aus unternahm der SAS zunächst Fernpatrouillen und Überfälle auf kleinere Vorposten des Viet-Cong (VC).

Doch bald schon schlug dieser massiv zurück. Am 18. August 1966 kam es zum berühmten Gefecht an der Long-Tan-Kautschukplantage, bei der das *6th Royal Australian Regiment* die 275. Division des Viet-Cong übel zurichtete. Vier- und Fünf-Mann-Patrouillen des SAS stießen nach und suchten nach versprengten Guerillas.

Aber auch in der vom Viet-Cong kontrollierten Gegend südöstlich von Saigon kam es häufig zu Feindkontakten. Innerhalb von fünf Jahren hatten der australische und der neuseeländische SAS über 500 Gegner getötet, selber jedoch nur einen Toten und 27 Verwundete verloren. Angesichts dieser Erfolge stellte die Armeeführung Überlegungen an, alle australischen Infanteristen in den SAS-Patrouillentaktiken auszubilden. Aus erbeuteten Unterlagen wurde ersichtlich, daß die Kommunisten den SAS als *Ma Rung* (Dschungelgeister) bezeichneten, und ähnlich wie für die *Z Force* des Zweiten Weltkriegs hatte der Feind auch auf die SAS-Männer ein Kopfgeld ausgesetzt, das angeblich $ 5000 betrug – tot oder lebendig.

Der Spähtrupp, in dessen Folge der einzige australische SAS-Mann fiel, zeigte deutlich die Vorteile der Fünf-Mann- gegenüber der britischen Vier-Mann-Patrouille auf. Am 17. Januar 1967 setzte ein Hubschrauber die Patrouille unter Sergeant Norm Ferguson

Zwei-Mann-Kanus erlauben eine unauffällige, lautlose Annäherung von der Wasserseite her, die nichtsdestotrotz geübt sein will. Die Tausende von Kilometern lange Küstenlinie Australiens bietet dem SAS hervorragende Möglichkeiten.

Sicheres Orientieren gehört zu den wichtigsten Fähigkeiten, die der SAS-Mann im unwirtlichen, wasserarmen und immer gleich aussehenden *Outback* beherrschen muß.

in der Phuoc-Tuy-Provinz (vietnamesische Zentralebene) nordwestlich von Binh Ba ab. Das Gelände bestand vorwiegend aus offenem Grasland und Buschland. Auf Wegen und Pfaden tummelte sich der Vietcong; aus einem nahegelegenen Lager klangen Geräusche zum Spähtrupp herüber.

Am nächsten Morgen, als die Patrouille gerade das feindliche Lager einkreisen wollte, passierte es. Die Australier gerieten in einen Hinterhalt, wobei der Sanitäter und Schlußmann der Patrouille, Soldat Russell Copeman (»*Tailend Charlie*«) zweimal getroffen wurde. Mitten im Feuergefecht kann es sich eine Vier-Mann-Patrouille kaum leisten, einen Verwundeten mitzuschleppen und dadurch an eigener Feuerkraft zu verlieren, weshalb Copeman eigentlich erwartete, daß er zurückgelassen würde. Doch noch während die Patrouille mit ihrem Abwehrfeuer den Gegner niederhielt, rannte Funker John Matten nach vorne zu Copeman und feuerte auf kürzeste Entfernung in den Feind. Hinter dem schützenden, weißen Rauchvorhang einer Phosphorhandgranate packte sich Matten den Sani auf die Schultern und schloß sich wieder der Patrouille an.

Obwohl sie durch ihren Schwerverwundeten sehr behindert wurden, konnten die Australier den feindlichen Suchtrupps immer einen Schritt voraus bleiben. Im Ver-

lauf der nächsten Stunde hielt die Patrouille nur einmal kurz an, um die Wunden des Sanitäters zu verbinden und über Funk einen Hubschrauber anzufordern. Als über ihren Köpfen der RAAF-*Chopper (Royal Australian Air Force* = Königlich-australische Luftwaffe) auftauchte, wurden Copeman und Matten mit der Winde an Bord gehievt. Obwohl der Bord-MG-Schütze des Hubschraubers die Viet-Cong praktisch pausenlos beharkte, stürmten die auf die kleine Lichtung. Der letzte Mann am Seil war Sergeant Ferguson, der sich eine Gruppe VC schießend vom Leib halten mußte, als er bereits in der Luft hing. Der beherzte Einsatz von Soldat Matten bei der Rettung Copelands und die anschließenden Behandlung seiner Schußwunden retteten dem Sanitäter das Leben. Seine schweren inneren Blutungen konnten auf dem Hauptverbandplatz behandelt werden, doch tragischerweise starb Copeland vier Monate später an auftretenden Komplikationen.

Amphibische Anladungen erfahren in der SAS-Ausbildung einen besonderen Stellenwert – zumal Australien keine eigene Marineinfanterie besitzt.

Zu den Toten, die das Regiment in Vietnam ohne Feindeinwirkung verlor, gehörte Corporal Ronald Harris, ein australischer Ureinwohner. Er wurde versehentlich erschossen, als er von einem Beobachtungsstand zur Lauerstellung seiner Patrouille zurückkehrte. Bei einem ähnlichen Vorfall gab es ein weiteres Opfer, ebenso bei einem Unfall mit Handgranaten; ein SAS-Soldat kam während einer Hubschrauber-Evakuierung ums Leben; ein anderer starb an einer Krankheit.

Die SAS-Kompanien wurden während des zehnjährigen australischen Engagements in Vietnam gewöhnlich nach dem Rotationsprinzip für jeweils neun Monate einer

Haupt-Kampfgruppe zugeteilt. Fernspähtrupps gehörten immer noch zu den wichtigsten Aufgaben des Regiments, doch es führte auch Handstreichunternehmen durch oder organisierte Gefangenen-Greifkommandos. Gegen Ende des Vietnam-Einsatzes wurden die riskanten Fernspäheinsätze in Rückzugsräume des Viet-Cong wie die May-Taos-Berge verstärkt. Andere Aufgaben umfaßten die Befreiung von Kriegsgefangenen (die sogenannten »Bright Light«-Missionen) zusammen mit den US Navy SEALs, sowie Einsätze als »Feuerwehr« bei konventionellen Operationen. Gerade letztere konnten sich sehen lassen – so zogen sich die Kommunisten völlig aus der Phuoc-Tuy-Provinz zurück. Sie kehrten erst wieder zurück, nachdem die Australier im Dezember 1972 Vietnam verlassen hatten.

Zur TAG-Ausbildung gehören auch Angriffe auf Hochhäuser

Nach dem Vietnamkrieg bekam der SAS zwei neue Aufgabenbereiche innerhalb Australiens zugeteilt: die Durchführung von Fernüberwachungspatrouillen (Long Range Surveillance Patrols oder LRSPs) in den ausgedehnten Wüsten des australischen Nordwestens und die Terroristenbekämpfung. Den ausschlaggebenden Impuls für die Einrichtung einer australischen Geiselbefreiungs- und Antiterror-Einheit (Hostage-Rescue Unit/Counter-Terrorist, HRU/CT) gab der Bombenanschlag auf das Hilton-Hotel in Sydney am 13. Februar 1978, der angeblich von der religiös-extremistischen Ananda-Marga-Sekte verübt wurde.

Eine Übung im Busch. Zwei SAS-Männer, bewaffnet mit dem Steyr-AUG, stützen ihren verletzten Kameraden auf dem Weg zum wartenden Hubschrauber.

Bereits ein Jahr später erteilte die Regierung ihre Genehmigung zur Einrichtung einer TAG (Tactical Assault Group, also einer Taktischen Einsatzgruppe) innerhalb des SASR, die der Commonwealth-Polizei zur Seite stehen sollte. Die Gruppe bekam dieselbe Ausrüstung, die sich schon beim britischen 22. SAS bewährt hatte, und wurde in fortgeschrittenen Nahkampf- und Geiselbefreiungstechniken ausgebildet. Das Erstürmen von Flugzeugen und anderen Transportmitteln wurde zwar auch geübt, doch umfaßte die Ausbildung der TAG genauso Angriffe auf Hochhäuser, wobei auf das Eindringen über die Rohre der Klimaanlagen, Aufzugsschächte und andere Zugänge besonderer Wert gelegt wurde.

Eine weitere Einheit, das OAT (Offshore Assault Team), das sich aus Angehörigen des SASR und Minentauchern der Marine (Royal Australian Navy's Clearance Diving Teams) rekrutierte, kümmerte sich um die Sicherheit der zahlreichen Öl- und Gasbohrplattformen in der Bass-Straße. Später wurden beide Organisationen zu einer Antiterror-Einheit zusammengefaßt, die sich aus der 1. SAS-Kompanie, der 1. Fernmeldestaffel und der Führungsgruppe zusammensetzte. Es heißt, daß die Anlagen, die für die Antiterror-Ausbildung errichtet wurden, etwa 22 Millionen australische Dollar kosteten. Dazu gehören ausgeklügelte und elektronisch gesteuerte Nahkampfbahnen in Swanbourne, eine spezielle Schießbahn in Bindoon bietet Präzisionsschützen u. a. Gelegenheit, das Vorgehen gegen Terroristen in der Stadt zu üben; und auf dem Gin-Gin-Flugplatz in Westaustralien stehen mehrere Flugzeugattrappen.... Die Antiterror-Einheit stellt Leute ab für die routinemäßige Bewachung von wichtigen Persönlichkeiten und bei wichtigen öffentlichen Veranstaltungen, etwa den Commonwealth-Spielen. Schon dreimal wurde die Einheit in erhöhte Alarmbereitschaft versetzt: im Dezember 1982 nach dem Anschlag auf das israelische Konsulat in Sydney; im Januar 1983 nach einer Bombendrohung gegen ein TAA-Flug-

In Vietnam benutzte der australische SAS aus naheliegenden Gründen vor allem amerikanische Ausrüstung. Dieser reichlich mit Munitionsgurten behangene MG-Schütze führt das US-Standard-MG M 60.

zeug; und schließlich im August 1983, als die ASIO (*Australian Security and Intelligence Organisation*, der australische Nachrichtendienst) meldete, daß armenische Terroristen höchstwahrscheinlich Anschläge in Australien verüben wollten.

Derzeit setzt sich das *Special Air Service Regiment* aus einer Stabs- sowie sechs weiteren Kompanien zusammen. Die 1. Kompanie ist Bestandteil der Antiterror-Einheit, während die 2. und die 3. Kompanie in den Aufgaben ausgebildet werden, die das Regiment in Kriegszeiten zu erfüllen hat. Diese Kompanien sind jeweils in einen Stabszug, einen Freifaller-Zug, einen Zug für amphibische Operationen und einen fahrzeugverlasteten Zug gegliedert. Bei den Operationen werden Patrouillen von vier bis sechs Mann eingesetzt, je nach Auftrag und Personalstärke. Die 151. Nachrichtenkompanie ist für den Funkverkehr zuständig. Dem Stab jeder »Sabre« *Squadron* ist ein Nachrichtenzug unterstellt. Die Versorgungs-Kompanie ist verantwortlich für die Verwaltung vor Ort und die logistische Unterstützung. In Fällen, in denen die »*Sabre*« *Squadrons* selbständig eingesetzt werden, stellt sie Spezialisten für medizinische, technische und logistische Versorgung bereit. Die Ausbildungskompanie ist für die Auswahllehrgänge und die weiterführende Ausbildung des SASR zuständig und unterteilt sich in sechs Staffeln: die Amphibische Staffel führt spezielle Lehrgänge für Kampftaucher und kleinere wassergestützte Operationen durch; in der Kletter- beziehungsweise Survival-Staffel werden die Grundlagen des Militärischen Überlebens und die Grundtechniken des Bergsteigens gelehrt; die Sprengstaffel übernimmt die Ausbildung in sämtlichen Aspekten, die mit Sprengmitteln und Sabotage zu tun haben; die Fahrzeuggestützte Staffel lehrt Überland-Navigation, Fahrzeugwartung und sämtliche Aspekte der Langstrecken-Fahrzeugpatrouillen; und die Verstärkungsstaffel schließlich führt die SAS-Auswahllehrgänge durch und koordiniert außerdem den Ausbildungszyklus der Bewerber.

Die Antiterror-Einheit verfügt über Sonderwaffen

Das SASR trägt die normale Uniform der australischen Armee und dazu das charakteristische sandfarbene Barett mit dem berühmten SAS-Flügeldolch-Abzeichen. Das Fallschirmspringerabzeichen nach dem Muster des britischen SAS wird gewöhnlich am rechten Oberarm getragen. Zu den Handwaffen des Regiments gehören unter anderem das amerikanische M 16, das kompakte österreichische Steyr-AUG-Sturmgewehr oder die deutsche H&K-Maschinenpistole MP 5. Besondere Abteilungen, wie etwa die Antiterror-Einheit, besitzen Sonderwaffen, zu denen beispielsweise Spezialausführungen der Heckler & Koch MP 5, das israelische Galil-Sturmgewehr oder das Scharfschützengewehr M 85 von Parker Hale gehören. Für die grundsätzlichen Fragen der Vorbereitung und Planung, der Verbindung zu anderen beteiligten Stellen und der Koordination von SAS-Operationen ist der Inspekteur der *Special Action Forces* beim Heeresamt in Canberra zuständig.

Der Kampf gegen den Terrorismus

Auf die Bedrohung durch Geiselnehmer und Terroristen reagierten die westlichen Regierungen in den 70er Jahren mit der Aufstellung schlagkräftiger Antiterror-Einheiten. Bedingt durch die weltweite Zunahme des Terrorismus und der organisierten Schwerkriminalität verfügt inzwischen fast jedes Land der Welt über spezielle polizeiliche oder militärische Sonderverbände zu ihrer Bekämpfung.

Die US-Regierung beschloß beispielsweise, aus ihren *Special Forces* eine unabhängige Antiterror-Einheit aufzustellen – die *Delta Force*. London entschied, alle »*Sabre*«-*Squadrons* des SAS nach dem Rotationsprinzip eine Antiterror-Ausbildung durchlaufen zu lassen. Andere europäische Länder, vor allem Frankreich, Belgien und Deutschland, stellten ihre Antiterror-Einheiten aus nationalen Polizeikräften auf.

Die Aufstellung der bekannten deutschen »Grenzschutzgruppe 9« (GSG-9) erfolgte sozusagen als Antwort auf die Demütigung der Bundesrepublik während der Olympischen Spiele in München im Jahr 1972: damals wurden elf israelische Sportler von arabischen Terroristen ermordet. Die GSG-9, die als selbständige Einheit innerhalb des Bundesgrenzschutzes (BGS) besteht, hat bundespolizeiliche Befugnisse. Genau wie andere Antiterror-Einheiten auch, sind die Deutschen ausgezeichnete Schützen und dahingehend ausgebildet, Geiseln aus jeder erdenklichen Notsituation zu befreien. Doch auch für andere Szenarien sind die GSG-9-Männer hervorragend ausgebildet; etwa in nachrichtendienstlichen und polizeitechnischen Aufgaben wie Personenschutz, Beschattung und Festnahme Schwerstkrimineller in sensiblem Umfeld oder im Vorgehen gegen gefährliche Rowdys. Doch der Kampf gegen den internationalen Terrorismus steht ganz oben auf der Liste.

Die GSG-9 hat eine Einsatzstärke von rund 250 Mann und ist in St. Augustin-Hangelar nördlich von Bonn stationiert. Sie gliedert sich in die Führungsgruppe, fünf Einsatzeinheiten zu je 30 Mann, eine Fernmelde- und Dokumentationseinheit, eine technische Einheit, eine Ausbildungseinheit, einen Hubschrauber-Einsatzschwarm und eine Versorgungseinheit. Die Einsatzeinheiten setzen sich aus je einem Führungstrupp und fünf Spezialeinsatztrupps (SETs) zusammen, die die kleinste taktische Einheit darstellen. Jeder SET besteht aus einem Truppführer, einem Schützen, der verschiedene Aufgaben erhalten kann (etwa Werfer von Ablenkungsgranaten), einem Sicherer, dem Spitzenmann und dem Präzisionsschützen. Im Falle einer Geiselnahme gibt der Deckungstrupp (Präzisionsschützen und Sicherer) dem Sturmkommando Feuerschutz, das sich aus dem Schützen und dem Spitzenmann zusammen-

Zwei Angehörige von GEO, der schlagkräftigen spanischen Antiterror-Einheit. Die Einheit ist 120 Mann stark und in 24 Fünf-Mann-Trupps gegliedert. Der linke Beamte trägt eine schallgedämpfte MP5 SD, der rechte eine Schrotflinte.

setzt. Der Truppführer koordiniert das Vorgehen seiner Leute und gibt sämtliche Weisungen des Kommandeurs/Einsatzleiters an diese weiter.

Ähnlich wie bei anderen militärischen und polizeilichen Spezialeinheiten durchlaufen auch die Angehörigen der SETs turnusmäßig sämtliche Spezialaufgaben innerhalb des Spezialeinsatztrupps, damit der kleine Trupp nicht gelähmt wird, falls im Verlauf einer Operation jemand ausfallen sollte. Eine Einsatzeinheit der GSG-9 befindet sich rund um die Uhr in Alarmbereitschaft, um gegebenenfalls auf terroristische Anschläge im In- und Ausland unmittelbar reagieren zu können.

Die »Einsatzeinheit Drei« wird besonders intensiv in Freifalltechniken ausgebildet

Die enge Bindung, die zwischen der GSG-9 und dem britischen *Special Air Service* besteht, spiegelt sich unter anderem in der weitergehenden Spezialisierung wider, die auf der Ebene der Einsatzeinheiten existiert. So durchlaufen beispielsweise die Angehörigen der »Einsatzeinheit Zwei« eine Kampfschwimmer-Ausbildung. Diese Männer, die sich vor allem auf Einsätze im nassen Element spezialisiert haben, widmen auch der Sicherheit der deutschen Ölbohrinseln in Nord- und Ostsee ihr Augenmerk – außerdem sind sie, zumindest in besonderen Fällen, auch für den Schutz der deutschen Tankerflotte zuständig. Die »Einsatzeinheit Drei« wird besonders intensiv in HALO-Freifalltechniken (*High Altitude, Low Opening*) ausgebildet, die es ihr ermöglichen, unauffällig und lautlos beispielsweise in ein Gebiet einzudringen, das von Terroristen kontrolliert wird. Die übrigen Einsatzeinheiten, ausgebildet in der Durchführung verschiedener Maßnahmen auf dem Gebiet der Objektüberwachung und des Personenschutzes, werden zur Unterstützung der bundespolizeilichen Dienststellen und der SEKs herangezogen (Sondereinsatzkommandos – die polizeilichen Spezialeinheiten der Bundesländer). Angehörige der GSG-9 tragen die Uniform des Bundesgrenzschutzes, dazu das grüne Barett mit dem silbernen Adler. Von ihren »gewöhnlichen« BGS-Kollegen unterscheiden sich die »springenden« Beamten der GSG-9 durch ein Fallschirmspringerabzeichen, das über der rechten Brusttasche getragen wird.

Am 17. Oktober 1977 schlug die GSG-9 in Mogadischu zu

Viele Elite-Einheiten wurden durch herausragende Persönlichkeiten geprägt, und die GSG-9 bildet hier keine Ausnahme. Ihr erster Kommandeur war der charismatische Ulrich K. Wegener, der – als er die GSG-9 aufstellte – bereits 15 Jahre Dienstzeit beim BGS auf dem Buckel hatte. Er war d e r deutsche Experte auf dem Gebiet der Terrorismusbekämpfung mit den nötigen guten Kontakten zu Spezialeinheiten verschiedener anderer Länder.

Bei der Geiselbefreiungsaktion der Israelis in Entebbe im Juli 1976 soll Wegener, Gerüchten zufolge, sogar das *Sayeret*-Kommando begleitet haben. Seinen größten Triumph erlebte er jedoch im Oktober 1977 in Mogadischu, der Hauptstadt Somalias, als seine GSG-9 die entführte Boeing 737 »Landshut« der Lufthansa stürmte. Die Maschine wurde während eines Fluges von Mallorca nach Frankfurt von palästinensischen Terroristen entführt, die im Namen der Baader-Meinhof-Bande handelten. Sie zwangen den Piloten, auf dem Flughafen von Mogadischu zu landen. Als die Luftpiraten drohten, das Flugzeug mitsamt den Passagieren in die Luft zu sprengen, erhielt die GSG-9 die Genehmigung, am 17. Oktober einen Befreiungsversuch zu unternehmen [A.d.Ü.: in erster Linie war natürlich eine Genehmigung der somalischen Behörden dazu erforderlich]. Das Unternehmen »Feuerzauber« ging wenige Minuten vor Mitternacht über die Bühne: Der Sturm auf das Flugzeug und das kurze Feuergefecht, bei dem bis auf eine Palästinenserin alle Terroristen starben und sämtliche Geiseln befreit werden konnten, verschaffte der GSG-9 zu Recht weltweit großes Ansehen.

Ulrich Wegener erkannte von Anfang an, daß eine erfolgreiche Bekämpfung des Terrorismus eine enge Zusammenarbeit der Sicherheitsorgane auf internationaler Ebene und einen ungehinderten Austausch von Fahndungserkenntnissen, Ausbildungsprogrammen und Technologien voraussetzt. Folglich nahm die GSG-9 auf diesem Gebiet eine der Vorreiterrollen ein. Wegener selbst wurde vom SAS vor dem Sturm auf die iranische Botschaft in London am 5. Mai 1980 konsultiert, und er nahm seinerseits zwei Fachleute des *Special Air Service* (nebst ihren Ablenkungsgranaten) nach Mogadischu mit. Während der Planungsphase der amerikanischen Operation »Eagle Claw« im April 1980 – dem völlig gescheiterten Versuch der *Delta Force*, 53 amerikanische Geiseln in Teheran zu befreien – soll Wegener den Amerikanern angeboten haben, ein GSG-9-Team nach Teheran hineinzuschleusen, das dort Aufklärungsergebnisse beschaffen sollte.

Aus Gründen, die noch immer im Dunkeln liegen, wiesen die US-Behörden dieses Hilfsangebot jedoch zurück. Als im Juni 1977 südmolukkische Terroristen bei Assen in Nord-Holland einen Zug in ihre Gewalt brachten, waren GSG-9-Beamte vor Ort, um den Königlich-Niederländischen Mariniers (Marineinfanteristen) zur Seite zu stehen. Die GSG-9 bildete sogar im Vorfeld des Parteitages der nordamerikanischen Demokraten 1988 in Atlanta sechs Angehörige der Georgia-Nationalgarde in verschiedenen Sicherheitstechniken aus. Und nach dem entsetzlich fehlgeschlagenen Befreiungsversuch der ägyptischen *Force 777* auf Malta im September 1978, den 57 Passagiere mit dem Leben bezahlen muß-

Ein GIGN-Trupp übt das blitzschnelle Einrichten einer Strassensperre mit anschließender Festnahme von Flüchtigen. Ständige Übungen sind erforderlich, um den hohen Leistungsstand zu halten, den Antiterror-Einheiten nun einmal haben müssen.

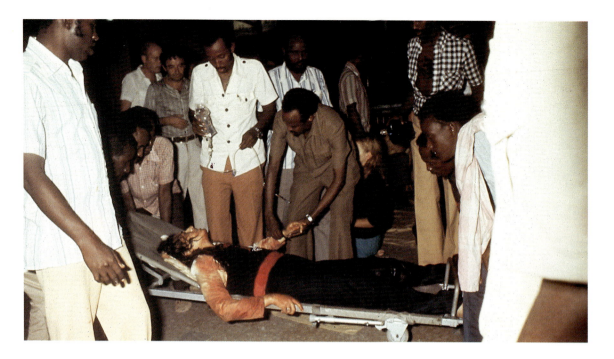

ten, gehörte die GSG-9 offensichtlich zu den wenigen Organisationen, die sich bereit erklärten, den Ägyptern Ausbildungshilfe zu leisten.

Bei heftigem Regen und Schneefall harrte der Beobachtungstrupp fünf Tage lang aus

Die Grenzschutzgruppe 9 richtet darüber hinaus einmal im Jahr einen internationalen Vergleichswettkampf für Spezialeinheiten aus, den sogenannten CTC (*Combat Team Competition*), der inoffiziell auch gerne als »Antiterror-Olympiade« bezeichnet wird. Jede der rund 20 teilnehmenden Länder schickt zwei Mannschaften ins Rennen, die gewöhnlich aus unterschiedlichen Einheiten kommen. Der Wettkampf dauert etwa eine Woche, und in dieser Zeit messen sich die Teilnehmer unter anderem im Combat-Schießen, in Geiselbefreiungs-Übungen und verschiedenen Ausdauerwettkämpfen auf Zeit, die einen Hindernisparcours und Abseiltechniken beinhalten.

Als Ulrich Wegener Anfang der 80er Jahre zum stellvertretenden Kommandeur des Bundesgrenzschutzes ernannt wurde, übernahm Polizeidirektor im BGS Uwe Dee das Kommando über die Einheit [A.d.Ü.: entspricht dem Rang eines Oberstleutnants]. Es war zwar kein leichtes Unterfangen, Wegeners Platz einzunehmen, doch die Inlandsoperationen, die unter Dee durchgeführt wurden, richteten in den Reihen der Linksterroristen ebensoviel Schaden an wie vormals die Operation »Feuerzauber«. Im Oktober 1982 erhielt die Polizei Hinweise auf verdächtige Aktivitäten, die sich in einem Waldstück am Frankfurter Stadtrand zutrugen. Dee schickte einen Fünf-Mann-

Suhaila Sayeh überlebte als einzige Terroristin den Sturm der GSG-9 auf die entführte Lufthansa-Maschine in Mogadischu. Heute gibt sie Interviews in deutschen Magazinen.

Trupp aus, der einen verdeckten Beobachtungsposten einrichtete. Bei heftigem Regen und Schneefall harrte der Beobachtungstrupp fünf Tage lang geduldig aus. Am sechsten Tag tauchten zwei Personen auf, die sich vorsichtig durch das Unterholz ihrem Versteck näherten. Damit gingen der GSG-9 zwei der meistgesuchtesten Terroristinnen ins Netz; doch wichtiger noch war, daß in dem Erdversteck Waffen und Sprengstoff sichergestellt werden konnten, außerdem gefälschte Truppenausweise, Zulassungspapiere von gestohlenen Autos sowie Aufzeichnungen über US-Militäreinrichtungen und Lebensgewohnheiten westdeutscher Politiker. Außerdem fand man Landkarten, auf denen 14 weitere RAF-Verstecke und Waffendepots eingezeichnet waren.

Sie wurden alle genau observiert, und nur fünf Tage später konnte bei einem dieser Verstecke in der Nähe von Hamburg Christian Klar, einer der hochkarätigsten RAF-Terroristen, festgenommen werden. Der damalige Generalbundesanwalt Kurt Rebmann bezeichnete diese Festnahmen als einen »katastrophalen Schlag« für die RAF.

1994 geriet die GSG-9 durch eine Festnahmeaktion auf dem Bahnhof von Bad Kleinen in die Schlagzeilen, wobei ein Angehöriger der Truppe und ein gesuchter Terrorist ums Leben kamen. Während große Teile der bundesdeutschen Medienwelt wochenlang über einen möglichen »Fangschuß« des Terroristen spekulierten, widmeten sie dem Tod des Beamten Newrzella nur geringe Aufmerksamkeit.

Jeder Einsatztrupp hat einmal im Monat Bereitschaftsdienst

Auf Verfügung der Regierung in Paris stellte die französische Polizei im November 1973 eine nationale Antiterror-Einheit auf. Sie rekrutierte sich aus Angehörigen der *Gendarmerie Nationale*, einer 60 000 Mann starken paramilitärischen Polizeiformation, die dem französischen Verteidigungsminister untersteht. Die neue Antiterror-Einheit erhielt den Namen *Groupement d'Intervention de la Gendarmerie Nationale*, abgekürzt GIGN. Zu ihren Aufgabenbereichen zählt auch das Eingreifen bei politisch heiklen Missionen und Gefängnisrevolten.

Wie die GSG-9 wurde auch die GIGN von einer außergewöhnlichen Führerpersönlichkeit geprägt: Lieutenant Christian Prouteau verstand es von Anfang an, den Männern seinen persönlichen Stempel aufzudrücken. Prouteau, Inhaber des schwarzen Gürtels in Karate und vielseitiger, begeisterter Sportler, übte auf die Ausbildung der Einheit einen ungeheuren Einfluß aus – alle Rekruten mußten sowohl eine Fallschirmspringer- als auch eine Kampfschwimmer-Ausbildung absolvieren. Prouteau legte ihnen darüberhinaus nahe, sich mit Klettern und Vollkontakt-Karate zu befassen. Ursprünglich war die Einheit in zwei Teileinheiten unterteilt: GIGN-1, stationiert im Pariser Vorort Maison-Alfort, war für Einsätze im Nordfrankreich zuständig; GIGN-2, stationiert in Mont-de-Marsan, kümmerte sich um den Süden. 1976 wurde die GIGN dann zu einem einzigen Kommando mit Sitz in Paris zusammengefaßt.

Als die französische Regierung den Wert einer unauffällig operierenden Antiterror-Einheit erkannt hatte, wurden der GIGN immer mehr Aufgabenbereiche übertragen, infolgedessen stieg auch ihre Mannschaftsstärke an. Ende der 70er Jahre bestand die Einheit aus lediglich 40 Unteroffizieren und zwei Offizieren, die insgesamt drei taktische Einsatzgruppen bildeten. Die einzelnen Gruppen setzten sich jeweils aus zwei Eingrifftrupps zu je fünf Mann zusammen, einem Truppführer und einem Hundeführer. 1982 erteilte Staatspräsident Mitterand Prouteau den offiziellen Auftrag, »Koordination, Ermittlungen und Handlungen gegen den Terrorismus« durchzuführen. Gleichzeitig wurde die Einheit aufgestockt, um auch noch die Sicherung von Atomkraftwerken und ähnlich sensiblen Einrichtungen übernehmen zu können. 1983 wurde der GIGN eine weitere verantwortungsvolle Aufgabe übertragen – der Schutz des Präsidenten. GIGN erhielt die Genehmigung, einen zusätzlichen Einsatztrupp (die alle vier mittlerweile von einem Offizier geführt wurden) mit zwölf Unteroffizieren aufzustellen, so daß die Gesamtstärke der Einheit auf offiziell 54 Mann anwuchs.

Ein Einsatztrupp steht rund um die Uhr in Alarmbereitschaft und ist innerhalb von 30 Minuten bereit, an jeden Ort der Welt verlegt zu werden. Nach einer Woche werden die Männer dann vom nächsten Trupp abgelöst. Im Einsatz steht der Trupp gewöhnlich unter dem Befehl seines dienstältesten Unteroffiziers oder aber direkt unter dem des kommandierenden Offiziers der jeweiligen Einsatzgruppe, je nachdem wie heikel der Auftrag ist.

Die Angehörigen der GIGN tragen vorwiegend schwarze Uniformen; das Verbandsabzeichen auf der linken Schulter zeigt einen Fallschirm und darunter die französische *grenade*, die von einem Karabinerhaken umschlossen wird. Alle GIGN-Gendarmen tragen außerdem das bekannte französische Armee-Springerabzeichen auf der rechten Brust.

Seit ihrer Aufstellung befreite die GIGN über 450 Geiseln

Es ist dem Beharren Prouteaus auf einen enorm hohen Ausbildungsstand zu verdanken, daß die Einheit respektable Erfolge erzielen konnte. Im Februar 1976 befreite sie in Dschibuti französische Schulkinder aus einem Bus, den Mitglieder der »Front für die Befreiung der Küste Somalias« entführt hatten. Im Januar 1978 befreite sie im Gefängnis Clairvaux den stellvertretenden Gefängnisdirektor und zwei Aufseher, die zwei gewalttätige Insassen in ihre Gewalt gebracht hatten. Beide Geiselnahmen wurden durch Schüsse der GIGN-Präzisionsschützen beendet. Daß zum Gelingen von Geiselbefreiungsaktionen neben der richtigen Taktik und professionellem Können auch eine gehörige Portion Glück gehört, bewies der Sturm auf den Air-France-Airbus auf dem Flughafen Marseille-Marignane im Dezember 1994: Von rund 35 am Sturm beteiligten GIGN-Gendarmen wurden neun verwundet, dazu 21 Passagiere. 173 Flugreisende und die Crew blieben unverletzt. Alle vier Geiselnehmer – algerische Islamisten – kamen ums Leben. An Bord der Maschine wurden vier Sprengsätze gefunden.

Seit ihrer Aufstellung 1973 bis zum Jahre 1994 konnte die GIGN insgesamt über 450 Geiseln befreien.

Die Niederlande stellten ihre Antiterror-Einheit aus den Reihen des *Koninklijk Nederlands Korps Mariniers* (KNKM) auf, dem Königlich-Niederländischen Marinekorps. Der 2800 Mann starke Verband ist in drei operative Kommandos gegliedert: Heimatkommando (mit Standort Rotterdam), Antillen-Kommando und Korps-Kommando. Letzteres ist zuständig für die Ausbildung und Planung der Operationen. Die beiden erstgenannten Kommandos verfügen jeweils noch über einen amphibischen Kampfverband (ACG).

Der 1. ACG spezialisierte sich auf arktische Kriegsführung. Im Falle eines Angriffes auf Westeuropa wäre er gemeinsam mit amphibischen Verbänden aus Großbritannien, Kanada und den USA für die Verteidigung der empfindlichen Nordflanke der NATO zuständig. Alljährlich zieht es die Holländer für drei Monate nach Norwegen, wo sie unter anderem an den dortigen NATO-Wintermanövern teilnehmen. Während dieser Zeit unterstehen sie der britischen *3 Commando Brigade*. Die 700 Mariniers der 2. ACG gliedern sich in drei Schützenkompanien. Der Standort der 2. ACG liegt auf den niederländischen Antillen, wo sich die Soldaten im Dschungelkampf üben können. Sie nehmen regelmäßig an den amphibischen Landungsmanövern teil, welche die NATO einmal im Jahr in der Karibik durchführt.

Zusätzlich zu seiner Rolle im Rahmen der NATO hat das KNKM auch den Vereinten Nationen gegenüber Verpflichtungen übernommen und hält für friedenserhaltende und -schaffende Maßnahmen mehrere Einheiten in 24-Stunden-Bereitschaft.

Eine unabhängige Einheit innerhalb des KNKM ist die »Whiskey Company«, die für je fünf Monate im Jahr Bestandteil der *3 Commando Brigade* ist. Fast jeder Angehörige der Kompanie hat eine Fallschirmspringer-Ausbildung absolviert; viele haben darüberhinaus in der niederländischen *Special Boat Section* (7 (NL) SBS) einen Kampfschwimmer-Lehrgang durchlaufen oder sich beim *Mountain and Arctic Warfare Cadre* der *Royal Marines* zum Bergführer ausbilden lassen. Die *»Whiskey Company«* hat vor allem zwei Aufgaben: sie ist verantwortlich für die Ausbildung der beiden ACGs, der 7 (NL) SBS und der *Company Boat Group* im Gebirgs- und Winterkampf; außerdem stellt sie die Spezialisten für die *Marine Close Combat Unit*, der wichtigsten Antiterror-Einheit der Niederlande [A.d.Ü.: durch seine enge Bindung zu den britischen *Royal Marines* finden sich beim KNKM viele englische Begriffe – auch und gerade für Einheitsbezeichnungen].

Die *Marine Close Combat Unit* (Marine-Nahkampf-Einheit) gliedert sich in eine Führungsgruppe und drei Einsatzzüge zu je 33 Mann. Jeweils ein Zug befindet sich in ständiger Alarmbereitschaft, wobei er von einem zweiten Zug unterstützt wird, der in erhöhter Bereitschaft steht. Der dritte Zug fungiert als Ausbildungseinheit und führt das 16wöchige Grundausbildungsprogramm für Anwärter der Einheit durch. Weitere Ausbildungsschwerpunkte werden bei der GSG-9, dem britischen SAS und der *Comacchio Group* der *Royal Marines* vermittelt. Zusätzlich finden am Flughafen Schiphol und in verschiedenen Häfen der Niederlande äußerst wirklichkeitsnahe Übungen statt. Ihren ersten »scharfen« Einsatz erlebte die Geiselbefreiungs-Einheit der Mariniers im Oktober 1974, als sie im Knast von Scheveningen einen inhaftierten palästinensischen Terroristen »beruhigen« mußte. In den frühen Morgenstunden wurde das Schloß an der Zellentür des Gefangenen mit einem Schneidbrenner herausgeschnitten und Ablenkungsgranaten in die Zelle geworfen. So konnten die Mariniers den Gefangenen überwältigen, ohne ihn zu töten.

Bei der Ausbildung achten die Mariniers verstärkt auch auf die waffenlose Bewältigung von Konflikten, was gerade bei den zahlreichen Verpflichtungen der Einheit im Falle von Krawallen und Ausschreitungen angebracht ist.

Dennoch sind die Mariniers auch jederzeit für Situationen gerüstet, bei denen es ums Ganze geht. Knapp die Hälfte von ihnen erhielt eine Scharfschützenausbildung. Es werden – wie auch bei anderen Spezialeinheiten üblich – stets drei Präzisionsschützen pro Zielperson eingeteilt, um auf diese Weise bereits vor dem Eindringen der

Zwei mit Nachtsichtgeräten und schallgedämpften Heckler & Koch-Maschinenpistolen ausgerüstete GIGN-Gendarmen.

In diesem Zug hielten neun südmolukkische Geiselnehmer im Mai 1977 drei Wochen lang 51 Reisende fest.

Fünf-Mann-Trupps gegebenfalls möglichst viele Ziele ausschalten zu können.

Die Einheit wurde im Dezember 1975 in Alarmbereitschaft versetzt, als südmolukkische Terroristen einen Zug kaperten. Die Geiselnahme konnte dann noch ohne ein bewaffnetes Eingreifen beendet werden. Ende Mai 1977 brachten südmolukkische Terroristen zeitgleich die Grundschule in Bovensmilde und einen Personenzug auf der Strecke Groningen-Assen in ihre Gewalt. Den vier Molukkern in der Schule fielen 106 Kinder und vier Lehrer in die Hände. Kurze Zeit später brach eine Darminfektion unter den Grundschülern aus, woraufhin die Terroristen alle Kinder freiließen und nur noch die Lehrer als Geiseln behielten.

Im Zug hielten zur selben Zeit neun Südmolukker insgesamt 51 Reisende fest. Kampfschwimmer der Marine näherten sich über einen nahegelegenen Kanal dem Zug und brachten verschiedene hochempfindliche Überwachungsgeräte an den Waggons an. Auch um die Schule herum wurden ähnliche Geräte in Stellung gebracht.

Nachdem sich die Verhandlungen beinahe drei Wochen hingezogen hatten, wurde nach Ansicht des Psychologen, der die Gespräche mit den Molukkern führte, die Situation für die Geiseln lebensbedrohlich. Die *Marine Close Combat Unit* erhielt den Befehl zum Zugriff. Eine Abteilung von 50 Mariniers, in jeweils fünf Mann starke Sturmkommandos aufgeteilt, näherte sich im Schutz der Dunkelheit verschiedenen Stellen des Zuges. Als Ablenkungsmanöver dröhnten sechs F-104 *Starfighter* im Tiefflug über den Zug, während Präzisionsschützen die Waggons unter Feuer nahmen, die den Terroristen als Schlafplätze dienten. Dank der Überwachungsgeräte hatte man sie genau lokalisieren können.

Mit Rahmensprengladungen brachen die Mariniers die Waggontüren auf und stürmten den Zug, wobei sie sechs Geiselnehmer erschossen und die restlichen drei festnahmen. Doch auch zwei Geiseln wurden getötet, die voller Panik in die Schußlinie der Sturmkommandos gelaufen waren.

Zur selben Zeit lief in der Schule die zweite Befreiungsaktion an: mit einem Schützenpanzerwagen brachen die Mariniers geradewegs durch die Wand des Raums, in dem die Terroristen schliefen – sie ergaben sich völlig benommen. Die Lehrer konnten weiter unterrichten.

Kaum ein Land der Erde blieb bisher vom Terrorismus verschont

Die Einheit wurde im März 1978 erneut eingesetzt, als südmolukkische Terroristen ein Regierungsgebäude in Assen besetzten. Das Gebäude wurde schließlich gestürmt, nachdem die Terroristen ihre Drohung, eine Geisel zu erschießen, wahrgemacht hatten. Die übrigen Geiseln konnten befreit werden, wobei sechs verwundet wurden.

Kaum ein Land der Erde blieb bisher von Terrorismus – in welcher Form auch immer – verschont. Es zeigte sich, daß weder die geographische Lage noch politische Neutralität irgendwelchen Schutz bieten konnten. Sogar Neuseeland, am anderen Ende der Welt, mußte bereits Bombenanschläge über sich ergehen lassen: den ersten in der Trades Hall in Wellington und einen weiteren bei der Versenkung des Greenpeace-Schiffes RAINBOW WARRIOR durch Agenten des französischen Geheimdienstes. Bei beiden Anschlägen kamen unschuldige Menschen ums Leben. Um bereits im Vorfeld gegen mögliche terroristische Bedrohungen gewappnet zu sein, setzt die neuseeländische Regierung hauptsächlich auf die nachrichtendienstlichen Erkenntnisse der Polizei und des SIS (*Security Intelligence Service*, neuseeländischer Nachrichtendienst). Sie werden mit der schnellen Reaktion der Antiterror/Geiselbefreiungseinheit gekoppelt, die von der *1 New Zealand SAS Squadron* (NZSAS) gestellt wird.

Der neuseeländische SAS wurde 1955 gegründet. Damals erbot sich Neuseeland – in Übereinstimmung mit dem ANZAM-Vertrag (Pazifik-Verteidigungsbündnis zwischen Australien, Neuseeland und den USA) – Truppen nach Malaya zu entsenden. Die »Kiwis« (Spitzname der Neuseeländer nach ihrem Wappenvogel) stellten daraufhin eine Ablösung für die abziehende rhodesische SAS-Kompanie. Der NZSAS blieb zwei Jahre in Malaya, wo ihm 26 kommunistische Guerillas zum Opfer fielen, darunter drei Abschnittsführer. Doch wichtiger noch als diese Erfolge war der gewichtige Beitrag, den die »Kiwis« zum »Herzen und Seelen«-Programm beisteuern konnte. Ein Drittel der neuseeländischen SAS-Soldaten waren Maoris, die beim Aufbau eines Vertrauensverhältnisses zu den eingeborenen Stämmen von Nord-Malaya überaus großes Geschick bewiesen. Mit unendlicher Geduld konnten die Stämme dazu gebracht werden, in die

Ein molukkischer Terrorist hält mit seiner israelischen Uzi-Maschinenpistole eine weibliche Geisel in Schach.

Viele europäische Terroristen erhielten ihre Waffenausbildung in Lagern der PLO. Hier ein PLO-Kämpfer mit einer russischen RPG-7-Panzerfaust.

1965 und 1966 beteiligten sich vier ihrer Detachments gemeinsam mit den Kameraden des britischen und australischen SAS an der »Konfrontation« in Borneo, wobei sie sich des öfteren Einheiten der indonesischen Armee gegenübersahen, die die Grenze überschritten hatten. Im November 1968 wurde dann *4 Troop, NZSAS*, eine Abteilung von 25 SAS-Männern unter der Führung eines Offiziers, nach Vietnam in Marsch gesetzt. Die Abteilung garnisonierte in Nui Dat in der Phuoc-Tuy-Provinz und unterstand dem Stab des australischen SAS. Sie führte, genau wie die Australier, vorwiegend Fernspähunternehmungen und Überfälle (»*Recce-ambush*«) gegen den Viet-Cong und die nordvietnamesische Armee durch. Gelegentlich nahmen die »Kiwis« entlang der Nordgrenze der Phuoc-Tuy-Provinz auch an Operationen der amerikanischen *Special Forces*, der *US Navy SEALs* und der *Marine Recons* teil. Anscheinend hat der NZSAS in anderen Landesteilen Söldner der Khmer Serei ausgebildet und auch für das CIDG-Programm (*Civilian Irregular Defense Group*, irreguläre Selbstschutzgruppen der Wehrdörfer) Ausbilder gestellt.

Mit ihren insgesamt fünf Einsatzzügen zu je zwölf Mann, dem Kompanieführungszug und einer kleinen Ausbildungsabteilung ist die heutige *1 NZSAS Squadron* nicht besonders groß. Es gibt allerdings eine kleine Kerntruppe aus Angehörigen der Territorialarmee, die dieselben Auswahllehrgänge und die gleiche Ausbildung durchlaufen wie ihre Kameraden des regulären NZSAS. Infolgedessen werden die Aufgaben im Bereich der Terrorismusbekämpfung auf dieselbe Art und Weise gehandhabt, wie ihre übrigen Verpflichtungen auch.

Das mag auch der Grund dafür sein, weshalb die Neuseeländer in ihrer Antiterror-Ausbildung größeren Wert auf die traditionellen und bewährten soldatischen Fertigkeiten legen, als auf Hi-Tech-Ausrüstung. Während einer Antiterror-Vorführung, die für den neuseeländischen Premierminister abgehalten wurde, ließ man den Politiker zusammen mit seinem Gefolge in einem Raum zurück, in dem auch eine Terroristenattrappe stand. In einer eindrucksvollen Demonstration, die durchweg mit scharfer Munition durchgeführt wurde, sprengten die SAS-Männer die Tür aus den Angeln und schalteten in Sekundenschnelle den »Terroristen« aus. Es wurde hinterher berichtet, die Politiker hätten dieses Erlebnis »erstaunt, benommen und halbtaub« überstanden.

Die Antiterror-Einheiten anderer Länder mußten allerdings erkennen, welche Gefahren es mit sich bringen kann, wenn man dieses militärische Spezialgebiet nicht genügend ernst nimmt.

Zu ihnen zählt auch die wichtigste Antiterror-Einheit Ägyptens. Sie ging aus einem Para-Commando-Bataillon hervor, das in den 60er und 70er Jahren viel Kampferfahrung bei Einsätzen im Jemen und in den Kriegen mit Israel gewonnen hatte. Diese Einheit, die den Decknamen *As-Sa'iqa* (Blitzschlag) trug, befreite 1975 auf dem Flughafen Luxor sämtliche Geiseln aus einer entführten

befestigten Dschungel-Wehrdörfer überzusiedeln, wo aus ihren Reihen bewaffnete Selbstschutzmilizen aufgestellt wurden. Dieses Programm konnte die Versorgung der Guerillas mit Lebensmitteln und Rekruten weitgehend unterbinden, die es ihnen ermöglicht hatte, den Kampf in letzten Rückzugsgebieten fortzuführen.

Nach dem Malaya-Einsatz wurde die Kompanie zunächst aufgelöst, um 1960 dann fester Bestandteil des neuseeländischen Heeres zu werden. 1962 wurden Teile der Kompanie nach Thailand entsandt, wo sie die *US Special Forces* im Kampf gegen kommunistische Guerillas unterstützten. Im Jahr darauf wurde die Einheit zum Gedenken an den 100. Geburtstag der *Forest Rangers* und der *Taranaki Bush Rangers* – beides unkonventionelle Einheiten, die im 19. Jahrhundert gegen die Maoris gekämpft hatten – in *1st Ranger Squadron, NZSAS* umbenannt.

Die »Kiwis« legen größten Wert auf bewährte soldatische Tugenden

Die Kompanie wurde im Verlauf der nächsten Jahre immer wieder im Dschungelkrieg eingesetzt. Zwischen

Flughafen Lod, Juli 1977: Die von israelischen Kommandos aus Entebbe geretteten Passagiere werden begeistert empfangen.

Boeing 737, ohne daß ihnen dabei ein Haar gekrümmt wurde. Doch im März 1978 bahnte sich für die ägyptische Spezialeinheit eine Katastrophe an, als zwei Attentäter der palästinensischen Befreiungsorganisation PLO einen engen Freund des damaligen ägyptischen Präsidenten Anwar Al-Sadat in Nikosia auf Zypern ermordet hatten.

Die Terroristen hatten 15 Geiseln in ihre Gewalt gebracht, worauf ihnen sicheres Geleit zugesichert wurde. Eine DC-8 der zypriotischen Fluggesellschaft sollte sie in ein befreundetes arabisches Land ausfliegen. Doch ein Land nach dem anderen verweigerte die Landeerlaubnis, so daß die Maschine schließlich wieder nach Zypern umkehren mußte, wo es den Behörden durch geschicktes Verhandeln gelang, die Freilassung aller Geiseln zu erwirken. Mittlerweile waren jedoch 54 Mann von *As-Sa'iqa* unangemeldet in Nikosia eingetroffen, die sich als ägyptische »Unterhändler« ausgaben. Sie stürmten das Flugzeug – möglicherweise in der Anahme, daß die Terroristen erneut zu entkommen suchten. Der anschließende Schußwechsel mit der zypriotischen Nationalgarde kostete 15 ägyptische Commandos das Leben – und *As-Sa'iqa* seinen einst so guten Ruf.

Im selben Jahr noch wurde aus Angehörigen der Kommandotruppen des Heeres eine neue ägyptische Antiterror-Einheit aufgestellt, die den Namen *Force 777* erhielt. Auch ihnen geriet eine Auslandsoperation völlig daneben: Im September 1985 kaperten Luftpiraten eine Maschine der *Egypt Air* (Flug 648) und entführten sie mit 98

Flughafen La Valetta, September 1985: Leichen von Passagieren, die von ägyptischen Scharfschützen versehentlich erschossen wurden, säumen die Rollbahn.

Passagieren nach Malta. Als die Terroristen fünf Passagiere ermordet hatten, gaben die Malteser den Ägyptern widerstrebend die Genehmigung zum Erstürmen des Flugzeuges auf dem Flughafen La Valeta. Doch die Voraufklärung, die generelle Planung und die Durchführung der darauffolgenden Operation waren absolut ungenügend.

Die Ägypter verwendeten keine Ablenkungsgranaten – sie gingen »kalt« hinein

Als die Sturmkommandos in das Innere der Maschine eindrangen, wurden sie von den Terroristen bereits erwartet. Sie hatten die Sturmgruppe bemerkt, als sie die Tür zum Gepäckschacht öffnete. Außerdem verwendeten die Ägypter keine Ablenkungsgranaten, sondern sie gingen »kalt« hinein. Doch damit nicht genug – die ganze Passagierkabine füllte sich mit Rauch, als eine von den Sturmkommandos im Frachtraum plazierte Sprengladung, die eigentlich die Terroristen verwirren sollte, detonierte. Dies wiederum hatte zur Folge, daß viele Passagiere später an Rauchvergiftungen starben. Weitere Opfer gab es unter jenen, die aus dem Flugzeug zu entkommen suchten – sie wurden von den ägyptischen Scharfschützen unter Beschuß genommen, die sie irrtümlich für fliehende Terroristen hielten. Bei der Befreiungsoperation kamen von 98 Flugreisenden 57 ums Leben.

Aus beiden fehlgeschlagenen ägyptischen Operationen läßt sich eine klare Lehre ziehen: Alle Operationen im Bereich der Terrorbekämpfung setzen planerische Fähigkeiten in den Führungsstäben voraus, die weit über das hinausgehen, was bei der üblichen militärischen Ausbildung von Elite-Einheiten vermittelt wird.

Waffen und Ausrüstung

Eliteverbände benötigen für die Durchführung ihrer Aufträge eine große Vielfalt an militärischem Material. Von allen unterschiedlichen Ausrüstungsgegenständen, die bei den heutigen Spezialeinheiten Verwendung finden, ist die persönliche Waffe noch immer der wichtigste.

Bei den Eliteverbänden der ganzen Welt ist ein breites Spektrum an Waffen und Gerät im Einsatz, das von Pistolen und Maschinenpistolen mit Laserzielgeräten, Maschinengranatwerfern und Präzisionsgewehren bis hin zu luftverlastbaren Geländefahrzeugen, speziellen Luft- und Unterwasserfahrzeugen oder extrem schnellen Sturmbooten reicht. Wollte man dieses facettenreiche Thema im Detail behandeln, wäre – sofern man überhaupt an alle Informationen gelangen könnte – ein eigenes, umfangreiches Werk vonnöten. Deshalb kann hier nur eine Zusammenfassung der gängigsten Ausrüstung gegeben werden.

Ein großer Teil der Operationen, die von Spezialeinheiten durchgeführt werden, unterscheidet sich wesentlich von jenen konventioneller Infanterie. Letztere wird dahingehend ausgebildet, als eine Komponente im Rahmen eines übergeordneten taktischen Verbandes zu funktionieren, unterstützt durch Panzerfahrzeuge, Artillerie, Kampfflugzeuge und Hubschrauber. Spezialeinheiten hingegen operieren meist in kleinen, auf sich allein gestellten Trupps im Rücken des Gegners. Daß jeder Mann seine persönliche Waffe wie im Schlaf beherrschen muß, leuchtet ein. Doch um für Spezialeinsätze geeignet zu sein, müssen auch die Waffen selbst gewisse Grundansprüche erfüllen, als da sind:

1) Absolute Zuverlässigkeit. Da die Kampfeinsätze von Spezialeinheiten häufig kurze, gewaltsame Berührungen mit dem Feind einschließen, ist eine zuverlässige Waffe überlebenswichtig. Sie muß auf Anhieb funktionieren und darf niemals versagen.

So mögen Waffen wie das sowjetische AK-74 zwar für westliche Augen recht grob wirken, doch die Männer, die es verwenden, wissen, daß sie sich in allen Einsatzlagen darauf verlassen können, auch dann, wenn es völlig dreckverschmiert oder mit Schnee verstopft sein sollte. Und ähnlich verhält es sich bei den Geiselbefreiungs-Trupps des SAS, die genauso sicher sein können, daß ihre Heckler & Koch-Maschinenpistolen der MP5-Baureihe während einer Befreiungsaktion stets funktionieren werden.

2) Gewicht. Da Spezialeinheiten viele Einsätze zu Fuß und in unwegsamem Gelände durchführen, ist es wesentlich, daß ihre persönlichen Waffen möglichst leicht sind. Diese Forderung nach einem geringen Gewicht spielt bei Luftlandetruppen eine noch größere Rolle, da sie sämtliche Ausrüstung am Mann ins Gefecht schleppen müssen. Paradoxerweise läßt sich jedoch gerade in den letzten 60 Jahren ein Trend hin zu

Das SA-80 ist das Standardgewehr der britischen Streitkräfte. Obwohl es leicht, kompakt und gut ausbalanciert ist, leidet es noch an verschiedenen Kinderkrankheiten. Der Para im Vordergrund führt zusätzlich die leichte Panzerabwehrwaffe LAW mit.

immer schwereren Gewehren beobachten – eine Folge der immer komplexeren mechanischen Teile im Inneren der Waffe. Das alte britische Lee-Enfield-Gewehr vom Kaliber .303 British wog beispielsweise mit vollem Magazin 4,10 kg, das Sturmgewehr L1A1 (Kaliber 7,62 mm x 51 NATO) hingegen 4,30 kg und das neue britische L85A1 vom Kaliber 5,56 mm x 45, auch SA-80 genannt, 4,98 kg [A.d.Ü.: Dazu sollte jedoch erwähnt werden, daß das Lee Enfield ein Repetierer mit zehn Patronen im Magazin ist und die übrigen erwähnten automatischen Waffen eine Magazinkapazität von 20 bzw. 30 Schuß aufweisen. Das angegebene Gewicht des L1A1 bezieht sich auf das Gewicht der Waffe ohne Magazin, die geladen 5,02 kg wiegt, während das Gewicht des L85 A1 sich auf die geladene Waffe bezieht, die ohne Magazin und Zielvorrichtung gerade mal 3,8 kg schwer ist]. Im Vergleich dazu wiegt das neue sowjetische bzw. russische AK-74 (Kaliber 5,45 mm x 39) 4,00 kg, gegenüber den 4,80 kg des früheren AK-47 vom Kaliber 7,62 mm x 39. Die zunehmende Verwendung von Kunststoffen in der Waffentechnik, allen voran das G11 der deutschen Firma Heckler & Koch, das österreichische Waffensystem Steyr AUG, das SA-80 und die innovative Reihe der ebenfalls in Österreich gebauten Glock-Pistolen, scheint jedoch diesem Trend ein Ende zu bereiten. Obwohl das Gesamtgewicht des Infanteriegewehres seit Ende des Zweiten Weltkrieges angestiegen ist, bedeutet die Umstellung auf kleinere Kaliber, daß die einzelnen Patronen nun weniger als ihre Vorgänger wiegen, wodurch es dem Soldaten möglich ist, mehr Munition mitzuführen.

Straftäter wurden bei Schußwechseln mit der Polizei bis zu 40 Mal getroffen und schossen dennoch weiter

3) Größe. Die Länge einer Waffe bestimmt ihre Führigkeit und die Leichtigkeit, mit der sie in die verschiedenen Anschlagsarten – sitzend, liegend, von der Schulter oder aus der Hüfte – gebracht werden kann. Mit Ausnahme des L1A1 waren alle Nachfolger des Lee Enfield kürzer als dieses: Lee Enfield (113 cm), L1A1 (114 cm), M16 A2 (94 cm) und SA-80 (78,5 cm). Zum Vergleich eine kompakte Maschinenpistole: Die MP5K von Heckler & Koch, die vom SAS und anderen Antiterror-Einheiten verwendet wird, ist gerade mal 32,5 cm lang.

4) Maximale Feuerkraft. In den 80er Jahren wurden vermehrt Waffen eingeführt, die ein kleineres Kaliber aufwiesen als ihre Vorgänger; so löste etwa in Großbritannien das SA-80 das L1A1 ab, und das sowjetische AKM mußte dem AK-74 weichen. Durch die kleinere 5,56 mm x 45 Patrone konnten auch die Maße und der Rückstoß der Waffe reduziert werden. Verglichen mit der älteren und schwereren Patrone des Kalibers 7,62 mm x 51 wies die neue Munition auch eine erhöhte tödliche Wirkung auf, da sie beim Aufschlag auf das Ziel kräftig ins »Taumeln« geriet und dabei ihre Energie besser abgab, anstatt das Ziel mit nur geringem Energieübertragung zu durchschlagen. Dies gilt auch für Pistolenpatronen wie die herkömmliche 9 mm x 19 Patrone mit Vollmantelgeschoß, die dazu neigt, den Körper eines Opfers geradewegs zu durchschlagen und anschließend einfach weiterzufliegen. Das FBI beispielsweise hat in seinen Archiven Fälle dokumentiert, bei denen Straftäter im Verlauf von langen Schußwechseln mit der Polizei von 30 bis 40 9-mm-Projektilen getroffen worden waren und dennoch weiterschossen, ja sogar noch mehrere Polizeibeamte töteten, bevor sie selber kampfunfähig wurden!

Für das *Advanced Combat Rifle* (ACR) Programm der amerikanischen Streitkräfte wurden auf der Suche nach einer geeigneten Handfeuerwaffe für das 21. Jahrhundert vier Waffen-Prototypen in die engere Wahl gezogen, die als zukünftige Individualwaffe (*Future Individual Combat Weapon*) möglicherweise das zur Zeit verwendete M16 A2 ersetzen könnten. Dieses ACR-Programm, das vom *Army Armament Research, Development and Engineering Center* (ARDEC), dem *Army Training and Doctrine Command* (TRADOC) und dem *Joint Services Small Arms Program* (JSSAP) gemeinsam durchgeführt wird, ist so konzipiert, daß dabei die vorgelegten Waffen der einzelnen Hersteller unter Bedingungen getestet werden, die den Gefechtsstress simulieren sollen. Diesem Gesichtspunkt gilt besondere Aufmerksamkeit, denn obwohl die Treffergenauigkeit des M16 A2 auf 300 m bei 100 Prozent und auf 600 m bei 80 Prozent liegt, fallen diese Werte unter »Einsatzbedingungen« rapide ab: bei einer Zielentfernung von 100 m auf 20 Prozent; bei 300 m auf 10 Prozent und bei 600 m beträgt die Trefferquote nur noch 5 Prozent. Folglich werden die Waffen-Prototypen dahingehend geprüft, wie groß die Wahrscheinlichkeit ist, mit ihnen unter Gefechtsbedingungen eine höhere Trefferquote zu erzielen. Daraus ziehen einige Beobachter den Schluß, daß die US Army es vorzieht, auf die moderne Technologie zu vertrauen, anstatt die Kosten einer intensiveren Ausbildung zu tragen.

Folgt man jedoch der Analyse von General S. Marshall, die er in seinem Buch *Men Against Fire* darlegt, erscheint das Ganze in einem anderen Licht. In seinen Ausführungen weist er nach, daß im Zweiten Weltkrieg durchschnittlich nur 15 Prozent der amerikanischen Infanteristen ihre Waffen während eines Gefechtes auch wirklich einsetzten – andere Experten veranschlagen einen etwas höheren Prozentsatz für einige Schlachten, nämlich 25 Prozent. Die vier Gewehre, die in dem ACR-Programm unter die Lupe genommen werden, stammen von der deutschen Firma Heckler & Koch, von Steyr aus Österreich, den amerikanischen *Colt Industries* und der *Aircraft Armaments Inc.*.

Die Konstruktion des von Heckler & Koch entwickelten G11 ist ungemein innovativ. Seine (praktische) Schußfolge von 600 Schuß in der Minute [bei Dauerfeuer] liegt ähnlich hoch wie die eines Maschinengewehres aus dem Zweiten Weltkrieg. Für Feuerstöße mit Drei-Schuß-Begrenzer liegt die theoretische Feuergeschwindigkeit

Das US-Sturmgewehr M16 führen auch Teile der *Royal Marines* wie der *Mountain and Arctic Warfare Cadre*. Dieser Marineinfanterist führt die Version mit integriertem 40-mm-Granatgerät M203.

Das belgische FN Minimi – hier auf Dreibeinlafette – gehört zu den leistungsfähigsten leichten Maschinengewehren im Kaliber 5,56 mm × 45 (.223) und ist bei verschiedenen Eliteverbänden im Einsatz – unter anderem als SAW bei den Marines.

sogar bei 2000 Schuß in der Minute, wodurch gewährleistet wird, daß alle drei Schuß die Mündung verlassen haben, bevor sich der Rückstoß an der Schulter des Schützen bemerkbar macht – was ein Verreißen der Garbe zuverlässig verhindert. So entsteht bei 100 – 300 m ein wesentlich dichteres Trefferbild als es bisher möglich war.

Ein ungewöhnliches Merkmal des G11 ist seine hülsenlose Munition vom Kaliber 4,73 mm x 33. Mit 0,6 kg/100 Schuß wiegt sie gerade mal ein Viertel des Gewichtes von herkömmlichen 7,62 mm x 51 NATO Patronen; eingebettet sind die Geschosse in einen Treibmittelpreßling, der beim Schuß vollständig verbrennt und der das traditionelle Problem des Hülsenklemmers hinfällig werden läßt, das mit dem Auszug und dem Auswurf von leeren Patronenhülsen zusammenhängt – besonders für den Feuerkampf von Kleinkampfverbänden eine ausgezeichnete Eigenschaft. Die Waffe besitzt ein staubdichtes Gehäuse, welches das Eindringen von Wasser und Schmutz weitgehend verhindern soll, und auch die Munition, die in Ladestreifen zu je 15 Schuß abgepackt ist, wird in versiegelten Kunststoffbehältern geliefert. Inzwischen ist allerdings bekannt, daß Heckler & Koch die Arbeiten am G11 einstellte, da sich die Bundesregierung nicht mehr für die Waffe interessiert.

Der kurze Lauf des Commandos produziert grelles Mündungsfeuer

Ein weiterer Kandidat im ACR-Programm ist das ACR der österreichischen Firma Steyr. Auf den ersten Blick ähnelt der Prototyp dem erfolgreichen Steyr Armee-Universalgewehr AUG 77, dem österreichischen *Bullpup*-Sturmgewehr, das mittlerweile bei den Streitkräften Österreichs, Australiens, Irlands, Marokkos, Tunesiens, Neuseelands, des Omans und Saudi-Arabiens eingeführt wurde. Die ACR-Waffe ist 76,5 cm lang und wiegt leer nur 3,23 kg. Truppenversuche und Härtetest bestätigten die extreme Robustheit des Steyr, was es gerade für ausgedehnte Operationen hervorragend geeignet macht.

Für das Kaliber 5,56 x 45 wurden diverse Sondermunitionen entwickelt, so daß das ACR – und natürlich auch andere Waffen dieses Kalibers – auch Pfeilgeschosse mit Treibspiegel verschießen kann.

Diese Pfeilgeschosse weisen zwar eine erhöhte Durchschlagskraft auf, doch fehlt ihnen möglicherweise die Aufhaltewirkung herkömmlicher Munition, selbst wenn sie bündelweise verschossen werden. Die Mündungsgeschwindigkeit liegt bei rund 1500 m/sek.

Welche Handwaffen verwenden nun die internationalen Eliteverbände? Für spezielle Einsätze, besonders im Rahmen von Geiselbefreiungen, kommen natürlich Waffen zum Einsatz, bei denen es z. B. weniger auf Robustheit, denn auf höchste Präzisionsleistung oder möglichst geringe Schußgeräuschentwicklung ankommt. Ansonsten führen militärische Sondereinheiten die übliche Infanteriebewaffnung ihrer Armeen als Grundausstattung.

Bei den Briten löste 1987 das SA-80 das alte Selbstladegewehr L1 A1 und zugleich die 9-mm-Sterling-Maschinenpistole ab. Diese »Bullpup«-Konstruktion [AdÜ.: Bezeichnung für die neue Waffengeneration, die sich durch eine besonders kompakte Bauweise auszeichnet] ist im Unterschied zum alten L1 A1 für Einzel- und Dauerfeuer eingerichtet. Allerdings verfügt sie über keinen Feuerstoß-Begrenzer. Die Mündungsgeschwindigkeit der Geschosse beträgt 940 m/sek. Die theoretische Feuergeschwindigkeit liegt zwischen 600 und 850 Schuß in der Minute. Die Waffe kann mit dem optischen Zielgerät SU-SAT (*Sight Unit Small Arms Trilux*) ausgestattet werden, das auch bei schlechten Lichtverhältnissen noch gute Schießleistungen ermöglicht, oder aber mit einem Restlichtaufheller.

Mit einem Gewicht von nur 3,23 kg ist die verkürzte Ausführung des M16, das Colt Commando im Kaliber 5,56 mm, leichter als das SA-80 und wird auch weiterhin bei britischen Einheiten, etwa dem SAS, in Verwendung bleiben. Sogar mit ausgezogener Schulterstütze ist das Commando nicht länger als 787 mm und damit nur um 2 mm länger als das SA-80. Das Commando läßt sich so als Sturmgewehr und als Maschinenpistole einsetzen. Bedingt durch den kurzen Lauf tritt allerdings grelles Mündungsfeuer aus, woran auch diverse Mündungsfeuerdämpfer nicht viel ändern können.

Das Galil-Sturmgewehr – das es im Kaliber 5,56 mm x 45, aber auch in 7,62 mm x 51 gibt – ist eine robuste Waffe und beim Großteil der israelischen Elite-Einheiten im Einsatz. Speziell für den Einsatz unter den besonderen Bedingungen des Mittleren Ostens ausgelegt, verdankt das Galil viele seiner Konstruktionsmerkmale dem russischen AK-47. Das Galil, dessen theoretische Feuergeschwindigkeit bei 650 Schuß in der Minute liegt, ist für Einzel- und Dauerfeuer ausgelegt, wobei seine Mündungsgeschwindigkeit 980 m/sek. (5,56 mm) bzw. 850 m/sek. (7,62 mm) beträgt. Beide Versionen wiegen unter 4 kg.

Sie gilt als eine der besten Kompakt-Maschinenpistolen der Welt – die MP5 KA von Heckler & Koch.

Geiselbefreiungstrupps wählen für bestimmte Situationen Gewehre im Kaliber .22 oder .250

Scharfschützengewehre für den Einsatz auf mittlere Entfernungen werden auch weiterhin für Patronen des Kalibers 7,62 mm x 51, ausgelegt, da diese ausreichende Durchschlagskraft, eine gute Stabilität und gute ballistische Eigenschaften besitzen. Mit dem Parker-Hale- oder dem Steyr SSG vom Kaliber 7,62 mm x 51 liegt die Trefferwahrscheinlichkeit auf Mannscheiben bei Entfernungen bis 600 m bei 100 Prozent und bei Entfernungen zwischen 600 und 900 m bei 85 Prozent. Neben diesen in Ehren ergrauten Veteranen kommen inzwischen auch neuere Modelle von Accuracy International, Remington, Mauser, Sako und anderen namhaften Herstellern zum Einsatz. Außerdem läßt sich ein Trend zu stärkeren, rasanteren Kalibern wie .300 Winchester Magnum oder .338 Lapua Magnum feststellen. Für extreme Weitschüsse jenseits der 1000 m etablieren sich Repetierer und Halbautomaten im Kaliber .50 (12,7 mm) oder sogar im 14-mm-Kaliberbereich.

Verschiedene Geiselbefreiungsteams ziehen in manchen Situationen auch Gewehre vom Kaliber .22 oder .250 vor, die sich wegen ihrer geringen Durchschlagskraft gerade dann besonders eignen, wenn ein 7,62-mm- oder 9-mm-Geschoß möglicherweise den Straftäter durchschlagen und hinterher noch einen Passanten oder die Geisel verletzen könnte.

Ein Präzisionsgewehr, das nicht nur von deutschen Spezialeinheiten wie der GSG-9 oder den Kampfschwimmern der Bundesmarine bevorzugt wird, ist das Selbstlade-Scharfschützengewehr Modell HK PSG1 im Kaliber 7,62 mm x 51. Diese Waffe, die einen rückstoßverzögernden Rollenverschluß besitzt, wird auf Entfernungen bis zu 600 m eingesetzt. Ein verstellbarer Kolben, der den Körpermaßen des Schützen angepaßt werden kann,

und ein verstellbares Zweibein gehören auch hier zum Standard. Das PSG1 wiegt ungeladen 7,20 kg.

Die Maschinenpistole steht bei Antiterror-Einheiten nach wie vor hoch im Kurs

Auf die überlegene Feuerkraft von Maschinengewehren kann keine militärische Elite-Einheit verzichten. Ab Ende der 70er Jahre begannen Leichtversionen im Kaliber 5,56 mm x 45 die alten Gruppen-MG im Kaliber 7,62 mm x 51 abzulösen, die als schwere Zug-MG weiter Verwendung fanden. Die Briten stellten das L86 A1 *Light Support Weapon* in Dienst, die LMG-Version des SA-80 mit schwererem Lauf und Zweibein. Die Amerikaner führten – zunächst beim Marinekorps – das kompakte belgische FN Minimi unter der Bezeichnung M249 *Squad Automatic Weapon* (SAW) ein. Die Munitionszuführung erfolgt wahlweise über einen Zerfallgurt oder durch M16-Magazine. Von der Waffe existiert eine verkürzte Version für Luftlande- und Fallschirmjägerverbände mit abklappbarer Schulterstütze. Sie wiegt 6,8 kg, nur unwesentlich weniger als die Standardausführung des SAW, die leer 6,9 kg und mit 200-Schuß-Gurt 9,97 kg auf die Waage bringt.

Freifaller einer österreichischen Spezialeinheit mit der neuen Kleinst-Maschinenpistole TMP aus dem Hause Steyr.

Die Waffe ist mit einem gepolsterten Kolben und integrierten Zweibein ausgestattet, wobei die M122-Dreibein-Lafette seine maximale Kampfentfernung von 900 m auf 1800 m erhöht. Der übliche Einsatzbereich der 5,56-mm-LMG liegt bei Entfernungen zwischen 100 und 400 m.

Viele Experten gehen davon aus, daß die Maschinenpistole – zumindest beim regulären Militär – keine Zukunft mehr hat. Sie wurde durch die neuen kompakten Sturmgewehre abgelöst, die die Aufgaben des Gewehres mit denen der MPi vereinigen. Allerdings fehlt den kleinen, rasanten Kalibern dieser Waffen generell die größere Stoppwirkung der klassischen MPi-Patrone 9 mm x 19 Para. Andere Punkte, die noch immer für die Maschinenpistole sprechen, sind ihre geringen Abmessungen und die gute Beherrschbarkeit im Dauerfeuer. Außerdem lassen sich MPs besser schalldämpfen. Diese und andere Aspekte waren letztendlich entscheidend dafür, daß Antiterror-Einheiten und Kommandotrupps sie auch weiterhin führen.

Die von Heckler & Koch in Oberndorf entwickelten Maschinenpistolen des Waffensystems MP5 gehören bei Elite-Einheiten wohl zu den mit Abstand beliebtesten MPis. Das Grundmodell wurde ursprünglich für den Einsatz bei Polizei und BGS konzipiert, darüber hinaus gibt es aber noch die MP5K-Serie, die speziell für verdeckte Einsätze und Antiterror-Einheiten gebaut wird. Das Grundmodell MP5 hat eine Gesamtlänge von 68 cm und ein Gewicht von nur 2,5 kg ohne Magazin. Damit läßt sich Einzel- wie auch Dauerfeuer schießen, und es gibt die Waffe in ihren unterschiedlichen Ausführungen – mit fester oder einschiebbarer Schulterstütze – wahlweise auch mit Drei- bzw. Fünf-Schuß-Automatik, wobei diese vom Baujahr abhängig ist. Die schallgedämpften Waffen der MP5-SD-Serie, die es ebenfalls in mehreren Ausführungen gibt (MP5 SD1 – mit Abschlußkappe; MP5SD2 – mit fester Schulterstütze; MP5 SD3 – mit einschiebbarer Schulterstütze), besitzen eine modifizierte Vorrichtung, durch die die Mündungsgeschwindigkeit der Geschosse und die Mündungsenergie reduziert werden. Die extrem kurze MP5K, in allen ihren Ausführungen (MP5 KA, MP5 KA1, MP5 KA4, MP5 KA5) nur 32,5 cm lang, wurde speziell für das verdeckte Tragen entwickelt – unter der Kleidung, in einer Aktentasche und in anderen unscheinbaren Behältnissen.

Es gibt diverses Zubehör für das MP5-Waffensystem, unter anderem Zielfernrohre, Nachtsichtgeräte, Zielpunktprojektoren; aber auch spezielle, ebenfalls von Heckler & Koch gefertigte Aktenkoffer für die MP5K – nicht nur, daß darin die Waffe verdeckt transportiert werden kann, sie läßt sich außerdem direkt aus dem Koffer heraus abfeuern, ohne daß man sie herausnehmen müßte.

Die italienische Klein-Maschinenpistole Spectre im Kaliber 9 mm x 19 wurde gezielt anhand der Erkenntnisse konstruiert, die durch eine sorgfältige Analyse von Terroristenüberfällen gewonnen wurden. Es stellte sich dabei heraus, daß bei derartigen Zwischenfällen die ersten fünf Sekunden über Leben oder Tod des Opfers und seiner Leibwächter entscheiden. Aus Gründen der Sicherheit werden die meisten MPis, darunter auch die Uzi, die Steyr MP 69 und die Beretta Modell 12, entweder im entspannten Zustand oder zumindest gesichert getragen. Bis die Waffe dann endlich feuerbereit ist, um einem überraschenden Angriff begegnen zu können, sind der Zielperson oder ihrem Leibwächter möglicherweise bereits diese wenigen, wertvollen Sekunden verlorengegangen. Das Double-Action-Prinzip der Spectre erlaubt das gefahrlose Führen der Waffe. Wird der Sicherungshebel gedrückt, schiebt sich ein Fangstück zwischen Schlagbolzen und Schlagstück, wodurch das unbeabsichtigte Lösen eines Schusses verhindert wird. Die Waffe ist nun also gesichert – doch muß man jetzt nur den Abzug kräftig durchziehen, um den ersten Schuß auszulösen. Die Spectre wiegt ungeladen nur 2,9 kg, hat bei eingeklappter Schulterstütze eine Länge von 35 cm und ist die einzige aufschießende Maschinenpistole mit Masseverschluß, die eine theoretische Feuergeschwindigkeit von 850 Schuß in der Minute aufzuweisen hat.

Deutsche und österreichische Pistolen stehen auf den Wunschlisten internationaler Spezialeinheiten ganz oben

Die Mini-Maschinenpistolen Modell 10 (Kaliber .45 ACP) und 11 (Kaliber .380 ACP) der Firma Ingram werden zwar nicht länger produziert, doch sie gehören noch immer zu den leichtesten (1,59 kg Leergewicht) und klein-

Mit der TMP (= *Tactical Machine Pistol*, hier mit Schalldämpfer) reagierte die österreichische Firma Steyr auf den Bedarf an Kleinst-Maschinenpistolen für spezielle Einsatzzwecke.

sten (24,8 cm) MPis, die jemals gebaut wurden [AdÜ.: beide Werte beziehen sich nur auf die Ingram Modell 11. Hier die entsprechenden Werte für das Modell 10: Gewicht 2,85 kg ohne Magazin, Länge 26,9 cm bei eingeschobener Schulterstütze]. Auf den Lauf der Ingram läßt sich ein Schalldämpfer schrauben, obwohl diese Lösung nicht dieselben Ergebnisse wie ein integrierter Schalldämpfer erzielt. Von der israelischen Uzi-Maschinenpistole im Kaliber 9 mm x 19 (Länge 65 cm mit abgeklappter Schulterstütze, Leergewicht von 3,5 kg) wurden die Mini- und die Micro-Uzi abgeleitet, die in Größe und Gewicht etwa mit den H & K MP5K- bzw. Ingram-Modellen vergleichbar sind.

Auf dem Kurzwaffensektor hat sich in den letzten Jahren einiges bewegt: Während früher bewährte und robuste Weltkrieg-II-Veteranen wie die belgische 9 mm-FN-Highpower hoch im Kurs standen, stehen nun moderne deutsche und österreichische Selbstladepistolen wie die SIG-Sauer P 226 und P 228, Heckler & Koch P7 M13, PSP sowie Glock 17 und 19 ganz oben auf den Wunschlisten internationaler Spezialverbände. Freilich vertrauen Verbände wie *Delta Force* oder das *SEAL Team Six* bei bestimmten Einsätzen immer noch auf die alte Colt Government im Kaliber .45 ACP (11,43 mm x 23), vor allem aufgrund ihrer hervorragenden Mannstoppwirkung. Laserzielgeräte, die das Zielen über Kimme und Korn überflüssig machen, gehören inzwischen zur Standard-Zusatzausrüstung der meisten Kurzwaffen.

Mit HAHO kann ein Fallschirmspringer bis zu 50 km in der Luft zurücklegen

Außer Handwaffen und geeigneter Munition benötigen Elite-Einheiten eine reichhaltige Auswahl an spezieller Ausrüstung, um ihre Aufträge erfüllen zu können. Schon immer stellte in diesem Zusammenhang die Frage nach den Transportmöglichkeiten zum jeweiligen Operationsgebiet und wieder zurück ein besonderes Problem dar, was gerade für Spezialeinheiten und Luftlandetruppen im verstärktem Maße gilt. Verdeckte Infiltrationsmethoden sind für Formationen wie den SAS, der häufig mit seinen Vier-Mann-Patrouillen tief im Hinterland des Gegners operieren muß, das A und O. Die spezielle HALO-Fallschirmsprungtechnik (*High Altitude – Low Opening*; ein Freifallverfahren bei dem der Absprung in großer Höhe erfolgt, der Schirm jedoch erst in geringer Höhe geöffnet wird) ermöglicht es den Soldaten, in Höhen um 10 000 m »auszusteigen« und sich lautlos und unentdeckt ihrer Landezone zu nähern. Ebenso gehören diverse HAHO-Verfahren (*High Altitude – High Opening*), bei denen der Soldat seinen Schirm unmittelbar nach Verlassen des Flugzeuges öffnet, zum Handwerkszeug. Mit HAHO kann der Springer bis zu 50 km und mehr in der Luft zurücklegen.

Herkömmliche Luftlandetruppen verwenden bei Sprungeinsätzen Automatikschirme mit selbsttätiger Aufziehleine, bei dem sich die Hauptschirme automatisch öffnen, sobald die Springer das Flugzeug verlassen haben.

Zu den verbreitetsten Transportflugzeugen gehört neben der *Transall* die viermotorige C-130 *Hercules*, Reichweite 4000 km, die 64 vollausgerüstete Fallschirmjäger aufnehmen kann. Die US-Luftwaffe verfügt z. B. über 520 Maschinen. Viele *Hercules* sind mit einer Sonde für die Luftbetankung bestückt, wodurch ihre Reichweite erhöht werden kann. Die riesigen amerikanischen C-141 *Starlifter* können ebenfalls in der Luft betankt werden. In ihrem Rumpf finden 155 Fallschirmjäger Platz. Auch die Sowjetunion konnte mit ihren 600 schweren Transportflugzeugen vom Typ *IL-76*, von denen jedes 120 Fallschirmjäger transportieren kann, einiges bewegen. In der UdSSR gab es nicht weniger als sieben Luftlande-Divisionen [A.d.Ü.: in der GUS hat sich deren Zahl auf fünf Divisionen verringert].

Der Hubschrauber ist ein ideales Transportmittel für Spezialeinsätze

Der Hubschrauber ist ideal für Spezialeinheiten, da es in punkto Schnelligkeit und Beweglichkeit in jedem Terrain kein anderes Militärfahrzeug mit ihm aufnehmen kann. Zahlreiche Hubschraubertypen eignen sich für Spezialeinsätze, darunter die *Bell UH-1N*, die aus dem berühmten *UH-1 Huey* weiterentwickelt wurde. Der größere Transporthubschrauber *CH-47 Chinook* kann 44 Soldaten befördern. Luftbetankbare Varianten dieses Modells schleusten während des Golfkriegs beispielsweise die SAS-und SEAL-Kommandos in den Irak und nach Kuwait ein. Die amerikanische Firma Sikorsky baut eine Anzahl von Hubschraubertypen, die gegenwärtig bei den US-Marines und anderen amerikanischen Luftlandeeinheiten im Einsatz sind. Der wuchtige *CH-53 Sea Stallion* der Firma hat, ohne aufgetankt zu werden, eine Reichweite von 2076 km, die sich jedoch dank ihrer Luftbetankungssonde erheblich vergrößern läßt. Der Kampf- und Transporthubschrauber *UH-60 Black Hawk* ist das »Arbeitspferd« der *101st Airborne Division*. Diese Maschine kann elf vollausgerüstete Soldaten befördern, aber auch mit Maschinengewehren und *Hellfire*-Panzerabwehrraketen in Bodenkämpfe eingreifen.

Ein Luftfahrzeug, welches die Eigenschaften von Hubschrauber und Flugzeug in sich vereinigt, ist die *V-22 Osprey* von Bell/Boeing Vertol, ein zweimotoriges Flugzeug mit Kipprotor, das sich noch im Truppenversuch befindet.

Es kann bis zu 24 Soldaten transportieren und wird sich besonders für Operationen des *US Marine Corps* (USMC) eignen, da es ein extrem schnelles und bewegliches Transportmittel zwischen Schiff und Land darstellt. Die *Osprey*, die bei Heer und Marine in Dienst gestellt werden soll, wird aufgrund ihrer Vielseitigkeit ganz sicher

Der amerikanische 60-mm-Granatwerfer M224 ist eine leichtbewegliche Steilfeuerwaffe, die speziell für den Einsatz bei Luftlande- und Spezialeinheiten entwickelt wurde.

Die *MC-130 Combat Talon*, eine Ausführung der Hercules für Spezialeinsätze. Die Gabel an der Nase (hier umgelegt) dient dazu, die Steigleine von Fesselballons aufzugreifen, mit Hilfe derer sich Soldaten vom Boden »aufsammeln« lassen (STABO-Technik).

auch für Aufgaben der Spezialeinheiten herangezogen werden.

Schon während des Zweiten Weltkriegs haben besonders ausgestattete Radfahrzeuge für die Mobilität der Spezialeinheiten eine wichtige Rolle gespielt. Für ihre Patrouillen in der nordafrikanischen Wüste benötigte die *Long Range Desert Group* besonders robuste Fahrzeuge, die imstande waren, außer den Männern selber auch die benötigten Mengen an Nahrung Wasser, Munition und Treibstoff zu transportieren. Heute wird diese Tradition durch Fernaufklärungs-Fahrzeuge der Land-Rover-Baureihe, das französische *ACMAT VLRA* und das israelische *M-325 Command Car* fortgesetzt. Bei Kommandounternehmen in Rhodesien und zuletzt im Golfkrieg kamen auch Unimogs wieder zum Einsatz. Kommando-Fahrzeuge sind so ausgestattet, daß die Besatzung notfalls längere Zeit völlig auf sich allein gestellt operieren kann. Maschinengewehre, Panzerabwehrwaffen, Funkgeräte, (Satelliten-) Navigationsanlagen und Zusatztanks gehören zur Grundausrüstung.

Ein weiteres beliebtes Mehrzweckfahrzeug ist das leichte amerikanische M998 »Humvee« oder »Hummer«. Dieses *High Mobility, Multi-Purpose Wheeled Vehicle* (Geländegängiges Mehrzweck-Radfahrzeug) löste den traditionellen *Jeep* ab. Die *US Army* schaffte rund 40 000, die US-Luftwaffe 11 000 und das Marinekorps 14 000 Exemplare an. Da die Karosserie dieses leichten Fahrzeugs aus Aluminium besteht, eignet es sich hervorragend für die Luftverlastung, entweder im Transportflugzeug oder verzurrt unter einem Hubschrauber: Ein *Chinook* kann zwei »Humvee« transportieren, ein *Black Hawk* ein Gefährt, und im Rumpf einer *C-5 Galaxy* finden bis zu 15 Stück Platz. Vom »Humvee« werden zur Zeit 15 verschiedene Versionen gebaut, darunter Mannschaftstransporter, Befehlsfahrzeuge und eine Panzerabwehr-Version.

Derzeit verfügt die US-Marine über rund 65 Hubschrauber-Landungsschiffe

Die von amerikanischen und britischen Spezialeinheiten verwendete neue Generation von Leichtfahrzeugen, die in ihrer Konstruktion dem Dünen-*Buggie* ähneln, weisen gegenüber größeren Fahrzeugen, wie dem Jeep oder dem Land Rover, mehrere Vorteile auf: sie lassen sich unkomplizierter auf dem Luftweg transportieren, sind wendiger und bieten dem Gegner ein kleineres Ziel. Diese Modelle, wie das *Fast Attack Vehicle* (FAV) von Chenworth, der Wessex *Saker* und das *Light Strike Vehicle* (LSV) von Longlines besitzen einen freiliegenden, luftgekühl-

ten Heckmotor und können mit einer Vielzahl von Waffen ausgerüstet werden, darunter Maschinengewehre, Maschinengranatwerfer und Panzerabwehrlenkraketen. Im Golfkrieg kurvten der SAS und die SEALs mit derartigen Fahrzeugen hinter den irakischen Linien herum und griffen Feldflugpätze und andere Ziele an.

Amphibische Landungen gehören zu den traditionellen Aufgaben von Elite-Einheiten – sei es die Infiltration in kleinen Gruppen, wie es etwa die britische *Special Boat Squadron* (SBS) und die amerikanischen SEALs praktizieren; oder ausgewachsene Invasionen, wie sie während des Zweiten Weltkriegs in der Normandie und auf Iwo Jima stattfanden. Die US-Marine verfügt derzeit über rund 65 Hubschrauber-Landungsschiffe in Größenordnung der Iwo-Jima-Klasse. Diese LPHs (*Landing Platform, Helicopter*) können je 1700 Marineinfanteristen, vier *Harrier*-Kampfflugzeuge, zwei *CH-46 Sea Knight* Hubschrauber, zehn *CH-53*-Transporthubschrauber und einen *UH-1N*-Hubschrauber transportieren. Darüberhinaus verfügt die *Navy* über jede Menge kleinerer Allzweck-Landungsboote. Die Sowjetunion betrieb drei amphibische Landungsschiffe der Iwan-Rogow-Klasse, auf denen je 520 Soldaten, 20 Panzer und fünf *KA-27*-Marinehubschrauber Platz fanden.

Sowohl die Vereinigten Staaten als auch die Gemeinschaft Unabhängiger Staaten (die ehemalige Sowjet-

Schnelle Leichtfahrzeuge wie dieser Wessex *Saker* werden von amerikanischen und britischen Spezialeinheiten getestet und eingesetzt.

Winterkampf-Spezialisten der britischen Marineinfanterie während einer Übung in Nordnorwegen. Zum Schutz gegen die beißende Kälte tragen sie Gesichtsschutzmasken.

Rechts: Sowjetische Marineinfanteristen stürmen von ihrem Luftkissenfahrzeug an Land. Die UdSSR hielt sich eine Flotte von über 80 dieser großen Luftkissenboote.

Das Amphibienfahrzeug *LVTP-7* ist das Arbeitspferd der US-Marines bei Landeoperationen. Auch in der Wüste Saudi-Arabiens leistete es den »Ledernacken« gute Dienste.

union) schafften sich eine Flotte von *Hovercraft*- und LCAC-Booten an (*Landing-Craft, Air-Cushion*, Luftkissen-Landungsboote). Die bis zu 75 Knoten schnellen Luftkissenfahrzeuge können die unterschiedlichsten Frachten transportieren, bis hin zu schweren Kampfpanzern.

Sie weisen im Vergleich zu traditionellen Landungsfahrzeugen mehrere Vorteile auf: sie sind schneller, können aufgrund des fehlenden bzw. sehr geringen Tiefgangs Hindernisse im Wasser besser überwinden und ihre Fracht unmittelbar auf dem Strand absetzen. Nicht zu vergessen ihre große Zuladungsfähigkeit und ihre Befähigung, von einer Vielzahl von Plattformen und Stützpunkten aus zu operieren – Sie sind also nicht auf Häfen angewiesen.

Während diese Transportfahrzeuge eher für Einsätze bei Großlandungen gedacht sind, dienen Kleinboote der unauffälligen Infiltration. Zu den Arbeitspferden von Marinekommandos und Kampfschwimmern gehören Zwei-Mann-Kanus wie das Klepper-Faltboot des SBS oder tauchfähige Gefährte wie der »*Sub-Skimmer*« der Firma Submarine Products Ltd. Dieses Boot mit einer Länge von fünf Metern und einer Überwassergeschwindigkeit von 27 Knoten läßt sich in ein Mini-U-Boot verwandeln, das vier Taucher befördert.

Korpsgeist steht nach wie vor an erster Stelle

Das hohe Ansehen, das Elite-Einheiten nunmal in militärischen Kreisen genießen, verdanken sie der sorgfältigen Auswahl ihrer Angehörigen, ihrer Ausrüstung und ihren durch langjährige Erfahrungen entwickelten Einsatzgrundsätzen. Aus diesen unterschiedlichen Komponenten wird durch Ausbildung und Einsatz ein wirksamer Kampfverband zusammengeschmiedet. Extrem spezialisierte Aufgabenbereiche verlangen nach einem immer höheren Standard in der Auswahl und bei der Ausbildung. Bei Wettkämpfen und Übungen, die von Einheiten wie den *Royal Marines* durchgeführt werden, wird großes Gewicht darauf gelegt, daß die Männer auch im Anschluß an lange, anstrengende Leistungsmärsche noch gute Schießleistungen erbringen können. Für Kommando- und Luftlandeunternehmen sind Überraschung und Schnelligkeit unerläßlich, doch ist dies nur der erste Schritt hin zur Erfüllung der eigentlichen Aufgabe, nämlich der Ausschaltung des Gegners. Für Einheiten wie den SAS oder die SEALs gehören Nachtschießen zur Selbstverständlichkeit. Die Ausbildung an fremden Waffen zählt für die »A-Teams« der *Special Forces* zu den wichtigsten Grundfertigkeiten, die jeder Mann beherrschen muß. Gerade bei den Antiterror-Einheiten wird die Schieß- und Waffenausbildung besonders intensiv betrieben. So verschießt ein Angehöriger der GSG-9, der GIGN oder der SAS-Antiterror-Staffel pro Jahr weit über 8000 Schuß Munition.

Treffsicherheit und gute Ausrüstung alleine sind nicht entscheidend. Viele Einsätze von Elite-Einheiten lassen sich einfach nicht mit logischen Analysen hinsichtlich einer überlegener Feuerkraft oder Ausrüstung begriflich machen. Will man die Erfolge der deutschen Fallschirmjäger auf Kreta oder in Cassino, der US-Marines im Pazifik, der SAS-Patrouillen in Malaya oder der israelischen Paras im Sinai erklären, kommt man kaum an jenem Begriff vorbei, hinter dem sich so viel verbirgt:
Esprit de Corps – Korpsgeist.

Stichwortverzeichnis

A

A-Teams 21, 147, 189
Achnacarry Commando School 13, 93
Achte Armee 130
ACR-Programm 178, 180
Aden 61, 62
Afghanistan 121, 122, 125
Amerikanische Einheiten und Verbände
  101st Airborne Division 58, 70, 71, 72, 73, 74, 75, 76, 79
  10th Special Forces Group 144, 153
  11th Special Forces Group 153
  12th Special Forces Group 153
  147th Infantry Regiment 43
  173rd Airborne Brigade 75
  187th Glider Infantry Regiment 74
  19th Special Forces Group 153
  1st Infantry Regiment 8
  1st Marine Aircraft Wing 48
  1st Marine Division 42, 47, 48, 51
  1st Marine Regiment 47
  1st Raider Battalion 42
  1st Ranger Battalion 93, 94, 100, 101
  1st Special Forces Group 150, 153
  20th Special Forces Group 153
  2nd Marine Division 42, 43, 51
  2nd Ranger Battalion 96, 97, 100
  3rd Marine Division 47
  3rd Special Forces Group 150
  4th Ranger Battalion 95
  501st Parachute Infantry Battalion 70
  504th Parachute Infantry Regiment 70
  505th Parachute Infantry Regiment 70
  5th Ranger Battalion 96
  5th Special Forces Group 48, 146, 147, 150, 152, 153
  6th Ranger Battalion 96
  6th Special Forces Group 150
  75th Ranger Regiment 17, 20, 153
  7th Marine Regiment 47
  7th Special Forces Group 144, 150, 153
  82nd Airborne Division 23, 50, 58, 69, 70, 72, 73, 74, 76, 77, 78, 79, 85, 101, 114
  8th Special Forces Group 150
Ardennenoffensive 73
Arnheim 57, 58, 60
As-Sa'iqa 174, 175
»*Atlacatl*«-Bataillon 151
Auchinleck, General Claude 130
AUG 162, 180

Australische Einheiten und Verbände
  1st Australian Task Force 158
  6th Royal Australian Regiment 158

B

Baader-Meinhof-Bande 166
Beckworth, Oberst Charles 150
Ben-Gurion, David 81
»Berdan's Sharpshooters« 8
Bir Hakeim 104, 107
Bishop, Maurice 49
Blitzkrieg 9
Bluff Cove 65, 66
Border Scouts 34, 137, 157
Borneo 136, 137, 138, 156, 157, 158, 173
Bovensmilde 171
Bradley, Generalleutnant Omar 70
Brandenburger 10
»Bright Light«-Programm 53, 148
Britische Einheiten und Verbände
  1st Air-Landing Reconnaissance Squadron 58
  1 PARA 59, 62
  1 SAS 131
  1 Special Boat Service 39
  1st Airborne Division 58, 70
  1st Parachute Brigade 58
  1st SAS Regiment 130
  1st Special Service Brigade 31, 33
  10 Commando 30
  10 PARA 60
  10th Parachute Division 12
  11 SAS Battalion 14, 130
  2 Commando 14, 30
  2 PARA 57, 59, 60, 63, 64, 65, 66, 67
  2 SAS 131, 132
  2nd Special Service (Commando) Brigade 30
  21 SAS 141
  21st Independent Parachute Company 58
  22 SAS 18, 133, 136, 138, 139, 141
  23 SAS 141
  3 Commando 30, 31
  3 Commando Brigade 36, 38, 170
  3 Para Brigade 35, 38, 59, 62, 64
  3rd Special Service (Commando) Brigade 30
  4 Commando 30, 31
  4 SAS 132
  4th Special Service Brigade 31, 33
  40 Commando 30, 33
  41 Commando 31, 32
  42 Commando 33, 34, 35, 38, 64
  43 Commando 30
  45 Commando 31, 33, 34, 35, 38, 64
  46 Commando 32
  47 Commando 32
  48 Commando 32
  4th Parachute Brigade 59
  5 Airborne Brigade 13, 18, 67
  5 SAS 132
  539 Assault Squadron 38, 39
  6 Commando 31
  62 Commando 131
  6th Air Landing Brigade 31
  6th Airborne Division 31, 33
  9 Commando 30
Buckner, General 45
BUDS 24, 25
Burenkrieg 9

C

C-130 Hercules 65, 75, 77, 185
C-141 Starlifter 77, 185
C-5 186
Cabanatuan 96
Cabourg 31
Calvert, »Mad« Mike 134
Camerone, Gefecht bei 104
Carl Gustav 67
CH-46 Sea Knight 188
CH-47 Chinook 75, 185
CH-53 Sea Stallion 81, 185
Challe, General 112
Chaundler, Oberstleutnant David 66
Chindits 100, 135
CIA 146, 150, 151
CIDG 144, 145, 147, 173
Citizen's Military Force 155
»Claret«-Operationen 137, 157
Contras 150, 151

D

Danjou, Hauptmann 104
Darby, Major William 93
de Gaulle, General Charles 106, 112
de Tassigny, Jean de Lattre 110
Dee, Oberst Uwe 168
Delta Force 11, 150, 166
Dempsey, General Miles 74
Deutsche Einheiten und Verbände
  12. SS-Panzer-Division »Hitlerjugend« 31
  15. Panzergrenadier-Division 74
  21. Panzer-Division 31
  9. SS-Panzer-Division »Hohenstaufen« 58

Deutsches Afrikakorps 107, 129
II. SS-Panzer-Korps 58
Panzerbrigade 150 10
SS-Panzer-Grenadier-Ersatz- und Ausbildungs-Bataillon 16 59
Dien Bien Phu 47, 109, 110, 111
Dieppe 10, 30
Division *Daguet* 114
Donlon, Hauptmann Roger 147
Dschebel Akhdar 138
Dschibuti 169

E

Eben Emael 10, 11
Einheit 101, 82
El Salvador 151
Entebbe 90, 174
Erulin, Oberst 113

F

F-18 Hornet 48
Falkland-Inseln 34, 38, 62, 139, 140
Fitzroy 65, 66
Force 777 166, 174
Franceville Plage 31
Französische Einheiten und Verbände
 13e DBLE 107, 109, 111, 112, 115
 1er BEP 109, 110, 111
 1er BPC 110
 1er RCP 110
 1er RE 115
 1er REC 112, 114, 115
 1er REP 112
 2e BEP 107
 2e REC 112
 2e REI 107, 114, 115
 2e REP 112, 113, 114, 115
 3e REI 109, 110, 112, 115
 4e RE 115
 5e REI 109, 115
 6e BPC 110
 6e REG 114, 115
 6e REI 107
 7e RTA 111
Frost, Oberstleutnant 59

G

G11 178, 180
Galil 90, 163, 181
Giap, General Vo Nguyên 109, 110
GIGN 11, 169, 170
Golani-Brigade 89, 91
Golfkrieg 11, 41, 55
Goose Green 64, 65
Grenada 43, 53, 75, 100, 152
Groupement Bayard 109
GRU 118, 123
GSG-9 11, 165, 166, 168, 170, 181, 189

Guadalcanal 42, 43
Guam 41, 43
Guderian, General Heinz 10

H

Hackett, Brigadegeneral 59
Haganah 81
Hambleton, Oberstleutnant 53
Harari, Oberst Yehudah 82
Henderson Field 42
Hill, General 7
HMS AMBUSCADE 66
Ho Chi Minh 107
Horner, Oberstleutnant David 156
Hurley, Patrick J. 41

I

Inchon 44, 47, 96
Indochina 107, 111
Iranische Botschaft, Sturm auf die 11, 139, 166
Israelische Einheiten und Verbände
 202. Fallschirmjäger-Brigade 85
 55. Reserve-Fallschirmjäger-Brigade 86
 66. Fallschirmjäger-Bataillon 86
 88. Fallschirmjäger-Bataillon 85
 890. Fallschirmjäger-Bataillon 84
Iwo Jima 43, 44

J

Jeanpierre, Oberstleutnant Pierre 112
Jerusalem 84, 86
John F. Kennedy Special Warfare Center and School 21, 144, 153
Jones, Oberstleutnant Herbert 64

K

Kawaguchi, Generalmajor 42
KGB 118, 123, 127
Khe Sanh 47, 48
Khmer Rouge 48
KNKM 169, 170
Kolwezi 111, 113
Königlich-Niederländisches Marine Korps 36, 169
Kowalew, Leutnant I. P. 120
Krafft, Sturmbannführer 59
Kursk, Panzerschlacht bei 121
Kuwait 114, 143, 152, 153

L

L7A2 67, 180, 182
Laycock, Brigadegeneral Robert 129
»*Layforce*« 129

Leicester, Brigadegeneral B. W. 31
Lloyd-Owen, Hauptmann David 10, 130
Long Range Desert Group 10, 13, 130, 186
»Long Toenail« 35
Lovat, Brigadegeneral Lord 31
LVTP-7 51, 55, 189

M

M-60 Panzer 50, 52, 55
M16 51, 101, 162, 178
M203 Granatwerfer 101, 178
M249 (SAW) 93, 182
M60 163
MacArthur, General Douglas 45, 96
Malaya 135, 136, 156, 173
Malayan Scouts 136
Maquis 133
Mariniers 166, 170
Maskirowka 121
Mayne, Oberstleutnant »Paddy« 130, 131, 133, 134
Mekong-Delta 53
Merrill's Marauders 100
Merville-Batterie 31
Mike Force 146, 147
Military Assistance Command, Vietnam 47, 99, 146, 147
Mitla-Paß 84, 85, 86, 88
Model, Feldmarschall Walter 58
Mogadischu 166, 168
Moore, Generalmajor 65
Mosby, John 8
Mount Harriet 35, 36
Mount Kent 34, 62
Mount Longdon 35, 66
MP5 101, 165, 178, 181, 183, 185
MTTs 149, 150
Mudschahedin 123, 125
Mussolini, Benito 10
MWD 122, 125, 127

N

Nam Dong 146
Napoleon 7, 8, 103
NATO 36, 117, 169
Neuseeländischer SAS 136, 157, 172
Niederländische *Special Boat Section* 170
Nimwegen 73
Normandie, Invasion in der 31, 70, 72, 95, 133, 187

O

OGBM 119, 120, 121
Okinawa 44, 45
»Omaha«-Angriffsabschnitt 32, 95, 96
Oman 137, 138
Operation »Castor« 110

Operation »Corporate« 62
Operation »Cut« 33
Operation »Desert Shield« 50, 69, 78, 79, 152
Operation »Desert Storm« 51, 79, 103, 114, 143
Operation »Eagle Claw« 166
Operation »Feuerzauber« 166, 168
Operation »Manta« 113
Operation »Market Garden« 59, 73
Operation »Musketeer« 32, 33
Operation »Overlord« 70
Operation »Torch« 70, 107
Operation »Urgent Fury« 53, 75, 152
Operation »Wacht am Rhein« 73
OSS 143, 144
Ost-Falklands 38, 62
Otway, Oberstleutnant 13

P

Pagoda-Einsatzzug 138
Pal'mach 82
Patton, General 74, 94
Pearl Harbour 71, 93
Phuoc-Tuy-Provinz 158, 160, 161, 173
PIRA 138, 139
Port Said 32, 33
Prouteau, Leutnant Christian 169
Pucara 64, 65

Q

»Q«-Lehrgang 21, 23

R

Radfan 33, 62
Ranger Training Center (Airborne) 96
Ridgway, Brigadegeneral Matthew 70
Rigid Raider 38, 39
Ritchie, Generalmajor Neil 129
»*Roger's Rangers*« 8, 93
Rommel, Generalfeldmarschall Erwin 130
Rote-Armee-Fraktion (RAF) 168
Royal Air Force 17, 81
Royal Australian Infantry Corps 156
Royal Marine Artillery 29
Royal Marines Division 29
Royal Marine Light Infantry 29
Royal Naval Division 29
Royal Navy 29, 129
Rudder, Oberstleutnant 95

S

SA-80 67, 177, 178, 181, 182
SACSA 147
Sadat, Anwar 174
Saipan 43
SAM HOUSTON 26
San Carlos 34, 38, 62
Scud 55
SDV-Teams 24, 26
Sea-King-Hubschrauber 38, 129
SEALs 24, 26, 53, 54, 55, 149, 161, 173, 187, 189
Sechs-Tage-Krieg 84, 86, 88
Sharon, Ariel 82, 83, 84, 85, 86, 88
Sidi-bel-Abbès 106, 107
Sinai 84
Skorzeny, Obersturmbannführer Otto 10, 91
SLR 67, 178, 181
SOE 143
SOG 147, 148, 149
Special Boat Unit 53
Special Boat Squadron 38, 131, 140
Special Raiding Squadron 131
Special Service (Commando) Brigade 30
Special Warfare Center and School 26, 153
Sainte Mère-Eglise 72
Stirling, Oberstleutnant David 13, 18, 129, 130, 131
Sturmbataillone 9, 10
Süd-Armagh 67, 138
Suez 33, 61, 87, 88
»Sword«-Angriffsabschnitt 31

T

Task Force Landing Craft Squadron 39
Teal Inlet 38, 62
Tet-Offensive 48, 76
Thompson, Brigadegeneral Julian 36, 62
TOW 52, 78
Trainasium 14, 17
Truscott, Brigadegeneral Lucien K. 93
Tschad 112, 113
Tscheka 118
TshON 118
Two Sisters 34, 35

U

UH-1 75, 185, 187
UH-60 Black Hawk 185, 187
US Navy
　USS INDEPENDENCE 50
　USS MAYAGUEZ 48
　USS THOMAS A. EDISON 26
　USS THOMAS JEFFERSON 26
US Navy Special Warfare Groups 23, 53
»Utah«-Angriffsabschnitt 70, 72, 95
Uzi 84, 185

V

Vaux, Oberstleutnant Nick 36
Vereinte Nationen 36, 170
Viet-Cong 11, 75, 99, 144, 145, 158, 161
Viet-Minh 106, 107, 109, 110, 111
Vietnamesische Einheiten und Verbände
　275. Division 158
　304. Division 47
　325. C Division 47
　5. BPVN 111
　LLDB 145, 147

W

Waffen-SS siehe deutsche Einheiten
Walcheren 32
Walt, Generalleutnant Lew 47
Waterloo, Schlacht bei 7
Wegener, Ulrich 166, 168
Wessex-Hubschrauber 38
Westmoreland, General 47, 49
»Whiskey«-Kompanie 36, 170
Wilson, Brigadegeneral 65
Wireless Ridge 66

Y

Yom-Kippur-Krieg 87, 88, 89

Z

Zeebrugge 29